pfeiffer

Zu diesem Buch

Die seit Jahren geführte Diskussion um die Integration der »Körperarbeit« in die analytische Psychotherapie ist durch viele Mißverständnisse und Widersprüche beeinträchtigt. Ziel dieses Buches ist es, zur Klärung der anstehenden Fragen beizutragen und anhand vieler Beispiele aus der Praxis zu zeigen, wie die Einbeziehung leib- und bewegungsorientierter Behandlungsformen die psychoanalytische Theorie sinnvoll und überzeugend ergänzen kann.

Bei einer leibfundierten analytischen Psychotherapie werden neben den verbalen Ausdrucksmöglichleiten des Patienten – systematisch und ausdrücklich – auch die nonverbalen Ausdrucksbewegungen als gleichbedeutsame Momente des therapeutischen Gesamtprozesses berücksichtigt. Damit erweitert sich der psychische Raum des Wahrnehmens, Verstehens und Behandelns. Im Rahmen bewegungs- und leib-orientierter Probehandlungen werden z.B. Kindheitserinnerungen tiefer erfaßt, frühe Schlüsselerlebnisse wiederbelebt und prototypische Beziehungsgestalten in Szene gesetzt. Schließlich eröffnet der Umgang mit den Verkörperungen des Widerstehens und der Selbstsicherung eine neue Dimension des Durcharbeitens und der Widerstandsanalyse.
Ein anschauliches Praxisbuch für alle Therapeuten, die ihre Patienten ganzheitlich zu verstehen versuchen.

Prof. Dr. phil. Günter Heisterkamp ist Diplompsychologe und Psychoanalytiker, Professor an der Universität Essen, Lehranalytiker am A. Adler-Institut, Düsseldorf

Günter Heisterkamp

Heilsame Berührungen

Praxis leibfundierter analytischer Psychotherapie

J. Pfeiffer Verlag · München

Die Deutsche Bibliothek – CIP-Einheitsaufnahme
Heisterkamp, Günter:
Heilsame Berührungen: Praxis leibfundierter analytischer Psychotherapie /
Günter Heisterkamp. – München: Pfeiffer, 1993
(Reihe leben lernen: Bd. 89)
ISBN 3-7904-0611-2
NE: DT

Reihe »Leben lernen«
Nr. 89
herausgegeben von Monika Amler und Siegfried Gröninger

Printed in Germany
Satz: PC-Print, München
Druck: G. J. Manz AG, Dillingen
Umschlagentwurf: Michael Berwanger, München
Titelabbildung: Karl Schmidt-Rottluff: Du und Ich (Detail)

ISBN 3-7904-0611-2

Inhalt

1. Vorklärungen

Wie die Erfahrung zeigt, ist die Diskussion um die Integration der »Körperarbeit« in die analytische Psychotherapie durch viele Mißverständnisse und Unklarheiten beeinträchtigt. Ich versuche mit dieser Veröffentlichung zur Klärung der anstehenden Fragen beizutragen. Ich möchte zunächst den Rahmen meiner Ausführungen abstecken, indem ich mein Thema auf die Bedeutung des »Körpers« und der »Körperarbeit« in der analytischen Psychotherapie begrenze. Dadurch erspare ich mir und dem Leser die abstrakte Auseinandersetzung mit einer heterogenen Vielfalt mehr oder weniger entwickelter Theorien zur Körperpsychotherapie und reihe meine Ausführungen in die Tradition der Tiefenpsychologie ein. Da diese ihrerseits sehr heterogen ist, lege ich mich, um weitere Unstimmigkeiten zu vermeiden, auf ein Grundkonzept fest, von dem aus ich die zu behandelnden Phänomene aufsuchen und theoretisch erfassen werde.

Um konzeptionelle Widersprüche zu vermeiden, erfolgt die Frage nach der Bedeutung des Körpers und der Körperarbeit auf der Grundlage einer einheitlichen psychologischen Gegenstandsbildung (Salber 1982), d.h. gemäß einer in sich stimmigen und den zu erfassenden Phänomenen adäquaten Form methodischen Vorgehens und theoretischen Ableitens. Als ein in der Adlerschen Entwicklungslinie der Tiefenpsychologie stehender Analytiker sehe ich in einer dialektisch verstandenen *Bewegung* des Seelischen die Grundidee einer psychoanalytischen Gegenstandsbildung (Adler 1933a, b; 1983, S. 21 ff. und S. 33 ff.). Sie soll meine Überlegungen und Darstellungen als durchgängiges Prinzip strukturieren. So werde ich die anstehenden Probleme im Rahmen eines Konzeptes erörtern, das Psychotherapie als einen Prozeß der verstehenden *Mit-Bewegung* mit der notgeborenen Selbstbehinderung des Patienten auffaßt. Vorweg mache ich aus meiner Überzeugung kein Geheimnis, daß ich in der Einbeziehung leiborientierter Formen des Erfassens und Behandelns eine wesentliche Bereicherung für die psychoanalytische Neurosen- und Behandlungstheorie sehe.

So werde ich vom übernächsten Kapitel an mit einem möglichst anschaulichen Bezug zur Behandlungspraxis die Wirkens- und Vorgehensweisen einer leibfundierten analytischen Psychotherapie herausarbeiten. Zuvor sollen jedoch die methodologischen Grundlagen dafür bereitet werden.

2. Zum Gegenstand der Psychologie

2.1. Der Körper in der Tiefenpsychologie

Die Psychologie untersucht die Prinzipien des Verhaltens und Erlebens. Unter dieser Sichtweise werden auch die leiblichen Ausdrucksformen des Seelischen für die Psychotherapie relevant. Zu diesem Punkt herrscht zwischen Befürwortern und Kritikern der Körperarbeit mehr Einigkeit, als Thomä annimmt: »worum es in der psychoanalytischen Methode nur gehen kann: um das Körpererleben« (1992, 1. S. 123). So verweisen er und Bittner (1986) zur Begründung ihres allgemein geteilten Standpunktes auf die bekannte Stelle in Freuds Veröffentlichung aus dem Jahre 1923 über »Das Ich und das Es« (GW Bd. 13, S. 235 – 289); hier ist die vielzitierte Aussage, nach der das Ich vor allem ein Körperliches sei, zu finden und Freuds bedeutungsvolle Unterscheidung zwischen äußerem und innerem Wahrnehmen des Körpers, insbesondere seiner Oberfläche:

»Der eigene Körper und vor allem die Oberfläche desselben ist ein Ort, von dem gleichzeitig äußere und innere Wahrnehmungen ausgehen können. Er wird wie ein anderes Objekt gesehen, ergibt aber dem Getast zweierlei Empfindungen, von denen die eine einer inneren Wahrnehmung gleichkommen kann« (Freud 1923a, S. 253).

Während Freud (1895) – wohl mit Rücksicht auf das damalige Wissenschaftsverständnis – noch eine naturwissenschaftliche Psychologie entwarf, »d.h. psychische Vorgänge darzustellen als quantitativ bestimmte Zustände aufzeigbarer materieller Teile« (S. 305), hebt Jung ausdrücklich die psychosomatische Einheit des Organismus hervor und gründet seine analytische Psychologie auf der Annahme, »daß Materie und Psyche zwei verschiedene Aspekte einer und derselben Sache sind« (GW 8, S. 247). In »Seelenprobleme des modernen Menschen« arbeitet er das Konzept vom beseelten Körper und der verkörperten Seele heraus, und zwar nicht ohne auf die langjährige Vernachlässigung der körperlichen Dimension aufmerksam zu machen.

»Die Faszination der Seele nämlich ist nichts anderes als eine neue Selbstbesinnung, eine Rückbesinnung auf fundamentale menschliche Natur. Es ist kein Wunder, daß dabei der Körper, welcher solange der Minderschätzung gegenüber dem Geiste unterlag, wieder entdeckt wird... Der Körper erhebt seinen Anspruch auf Gleichberechtigung, ja er übt eine Faszination aus wie die Seele. Ist man noch gefangen von der alten Idee des Gegensatzes von Geist und Materie, so bedeutet dieser Zustand eine Zerspaltung, ja einen unerträglichen Widerspruch. Kann man sich dagegen mit dem Mysterium aussöhnen, daß die Seele das innerlich angeschaute Leben des Körpers und der Körper das äußerlich geoffenbarte Leben der Seele ist, daß die beiden nicht zwei, sondern eins sind, so versteht man auch, wie das Streben nach Überwindung der heutigen Bewußtseinsstufe durch das Unbewußte zum Körper führt...« (GW 10, S. 112).

Die Entwicklung des Selbstgefühls, des Selbstbewußtseins und des Selbstwertgefühls gründen in der Körpererfahrung. Das ursprüngliche Selbst ist zunächst ein Körperselbst. Aus ihm heraus bilden sich nacheinander ein Körper-Ich und ein Körper-Schema heraus. Die senso-motorischen Prozesse des Körperselbst organisieren sich nach archetypischen Mustern. Für besonders wichtig halte ich die Feststellung des Jungianers Ware, dem ich hier folge (1984, S. 225 ff.), daß die archetypischen Verhaltensmuster auf der Ebene der Körpererfahrung nicht ersetzbar sind, wenn sich auch später die höher organisierten Formen an dem geistigen Ende des archetypischen Spektrums entwickeln.
Mit der »aktiven Imagination« (z.B. beim Tanzen, Malen, Musizieren usw.) erfaßt Jung alle Formen nonverbaler Ausdrucksbewegungen und kennzeichnet die Möglichkeit des Menschen, unbewußten Seiten seiner Persönlichkeit Ausdruck zu verschaffen und dabei eine Verbindungslinie zwischen dem Unbewußten und dem Bewußten herzustellen, die in der Symbolisierung ihren spannungsvollen und schöpferischen Ausgleich findet. Die sichtbaren

und erlebbaren Ausdrucksbewegungen »bilden« deswegen einen fundamentalen Zugang zum Unbewußten des Menschen und seinem ungelebten schöpferischen Potential.

»Die Symbole des Selbst entstehen in der Tiefe des Körpers und drücken dessen Stofflichkeit ebensosehr aus wie die Struktur des wahrnehmenden Bewußtseins« (GW 9.1, S. 187).

Für Adler war die ganzheitliche Sichtweise vom Menschen so wichtig, daß er sie zum Bestimmungsmerkmal seiner Individualpsychologie (in-dividuum: das Unteilbare) machte. Er hat in seinem Werk wesentliche Schritte auf die Überwindung der Körper-Seele-Spaltung hin getan, die ich dem Leser schon deswegen nicht vorenthalten möchte, weil seine Entdeckungen offenbar mit dem Dissidenten in die Verbannung geraten sind und in der übrigen Tiefenpsychologie entweder nicht mehr zur Kenntnis genommen oder ohne Bezug auf den Autor verwendet wurden. Es lassen sich fünf verschiedene Auffassungsweisen unterscheiden.

1. Kompensation

Adlers (1973) frühester Beitrag zum Problem des Körpers liegt in seiner 1907 vorgelegten Studie über die Organminderwertigkeit, in der er herausarbeitet, wie körperliche Beeinträchtigungen den Menschen zu besonderen kompensatorischen und überkompensatorischen Anstrengungen herausfordern. Nachdem sich die Theorie der Organminderwertigkeit sehr bald zu einer Theorie der Minderwertigkeitsgefühle erweiterte, wurde deutlich, daß nicht nur somatische Mängel durch somatische und/oder psychische Leistungen, sondern auch umgekehrt psychische Defizite durch somatische und/oder psychische Leistungen kompensiert bzw. überkompensiert werden können.

2. Wechselwirkung

Nach dieser Erweiterung versuchte Adler seine ganzheitliche Sichtweise durch das Konzept der »Wechselwirkung« zu fassen:

»Man muß immer nach diesen gegenseitigen Einwirkungen – des Geistes auf den Körper und des Körpers auf den Geist – Ausschau halten, da beide Teile des Ganzen sind, um das es uns geht« (Adler 1931, 1979, S.43).

Das Modell der Wechselwirkung erweist sich als eine Verlegenheitslösung, da hier zwei Elemente zu einem Ganzen zusammengefügt werden sollen, das bereits durch diese Aufspaltung verlorengeht. Hier bleibt derjenige, der die Wechselwirkung beruft, im Banne eines elementenpsychologischen Modells zweier isoliert aufeinander einwirkender Entitäten. Hierhin gehören auch die zahlreichen Stellen, in denen Adler nachweist, daß das Seelische Auswirkungen auf das Körperliche hat. Viele der heutigen Körpertherapien sind über dieses physikalische Impulsdenken nicht hinausgekommen.

»Bis zu einem gewissen Grade findet jedes Gefühl irgendeinen körperlichen Ausdruck. Jeder Mensch zeigt seine Erregung in sichtbarer Form, vielleicht in seiner Stellung und Haltung, vielleicht im Gesicht, vielleicht durch das Zittern seiner Beine und Knie. Ähnliche Veränderungen könnte man an den Organen selbst feststellen. Wenn er zum Beispiel errötet oder blaß wird, ist der Blutkreislauf in Mitleidenschaft gezogen. In Zorn, Angst, Trauer oder jeder anderen Emotion, immer spricht der Körper; und der Körper jedes Individuums spricht in seiner eigenen Sprache« (Adler 1931, 1979, S. 41 f.).

3. Mittel des Ausdrucks und der Sicherung

Von 1912 an, also mit Erscheinen seines Aufsatzes über den »Organdialekt« (1973) sowie seines Buches »Über den nervösen Charakter« (1972) werden organismische Ausdrucksformen »als modus dicendi, als Form des Redens, als Organdialekt« bezeichnet (Adler 1973), der im Dienste der Sicherung des individuellen Lebensplanes (später Lebensstils, noch später Bewegungsgesetzes) steht. Er macht deutlich, daß die Sprache voll von organismischen Metaphern ist. Besonders »die auffälligeren Erscheinungen des krankhaften Seelenlebens« zeigen uns, »wie es sich durch körperliche Haltungen und Ausdrucksweisen, abermals durch einen Organdialekt, auf die Bahn der Kunstgriffe begibt, um die Persönlichkeit zur Geltung zu bringen« (Adler 1912a, 1973, S. 118). Die »Seelentätigkeit« versuche auf diese Weise »zu einem wirkungsvolleren Ergebnis zu gelangen« (Adler 1912a, 1973, S. 117). Solche Wirkungen

»geben wohl nicht die Eindeutigkeit des wirkenden Wortes, eher die stärkere Resonanz der bildlichen Sprache, und verraten damit ihre Tendenz, sich als besondere Kunstgriffe durchzusetzen, wo das gesprochene Wort versagt, eine Herrschaft und Überlegenheit zu erringen über die Grenzen des Gewöhnlichen hinaus« (Adler 1912a, 1973, S. 118).

Der Organdialekt wird im Dienste der Sicherung des Persönlichkeitsgefühls und der Abwehr von innerer Not (Adler 1912a, 1973, S.118) gesehen.

4. Ausdrucksbewegungen des Lebensstils

Die Lehre von der Ausdrucksbewegung als einem generellen Gleichnis der Handlung nach Klages führte Adler zu dem Schluß, alle mentalen und materialen Phänomene des Seelischen als Ausformungen des Lebensplanes zu verstehen.

»Ausdrucksbewegung, Handlung, Affekt, Physiognomie und alle anderen seelischen Phänomene, die krankhaften mitinbegriffen, sind ein Gleichnis des unbewußt gesetzten und wirkenden Lebensplanes« (Adler 1912a, 1973, S. 122).

»Erst das erkannte Bewegungsgesetz gibt uns Aufschluß. Dabei stoßen wir auf den Sinn, auf die Meinung der Ausdrucksbewegungen, die Worte, Gedanken, Gefühle und Handlungen sein können. Wie sehr aber auch der Körper unter diesem Bewegungsgesetz steht, verrät der Sinn seiner Funktionen, eine Sprache, meist ausdrucksvoller, die Meinung deutlicher aufzeigend als Worte es vermögen, aber immerhin eine Sprache des Körpers, die ich Organdialekt genannt habe« (Adler 1933c, 1973, S. 57).

Die verschiedenen Dimensionen oder Momente des Seelischen können dabei »ineinander übergreifen« und im Dienste eines umfassenden und durchgängigen Sinnes oder Zieles fungieren. Alle mentalen und materialen Ausdrucksbewegungen des Seelischen sind funktionale Teile des umfassenden Bewegungsgesetzes.

5. Formgebung

Aus der heutigen Sicht lesen wir Adler so, daß er im Laufe seiner Entwicklung immer mehr zu einem Konzept von Leiblichkeit gefunden hat, in dem die Spaltung zwischen »Körper« und »Seele« überwunden wird, und die Leiberfahrung mit der Ego-Erfahrung (Kühn und Titze 1991, S. 203 ff.) bzw. mit der Lebens- oder Selbstbewegung (Heisterkamp 1985, 1990, 1991 a und b) zusammenfällt. Wenn nach Adler der Körper eine eigene Sprache, die Organe gar ihren eigenen Dialekt sprechen, wenn er in allen Ausdrucksbewegungen des Seelischen die schöpferische Tätigkeit des Lebensstils sieht und er in seiner späteren Phase das Gesamtseelische von der morphologischen Sichtweise einer durchgängigen Bewegung her zu verstehen sucht, dann macht er die Herausgestaltung des Selbstseins zum zentralen Gegenstand seines Systems, in dem »die leiblichen Ausdruckserscheinungen unmittelbare Manifestationen des Ich darstellen« (Kühn und Titze 1991, S. 206). Indem Adler als neuen Bezugspunkt seiner Psychologie die gestaltete und die gestaltende Bewegung, aus der sich die Vielfalt seelischer Formen bildet, herausstellt, vollzieht er eine morphologische Wende (1933c, 1973, S. 67). Von hier aus läßt sich dann ein Brückenschlag zu dem Zweig der Tiefenpsychologie schlagen, der durch Namen wie Ferenzci, Balint, Winnicott, Kohut gekennzeichnet ist sowie zu den neueren Strömungen der Psychoanalyse (z.B. der Objektbeziehungstheorie, der Säuglingsforschung, der Verlaufsorientierung, der projektiven Identifizierung) und andererseits auch zu den seit Reich entwickelten und bei Lowen und Keleman weitergeführten körpertherapeutischen Konzepten. In diesem Sinne zentriere ich mein Neurosenverständnis um den Begriff der Selbstbewegung, die sich in der polaren Grundspannung zwischen Erhaltung und Entfaltung entwickelt oder in neurotischen Sicherungs- und Kompromißformen steckenbleibt, betrachte seelische Störungen als notgeborene Selbstbehinderungen und sehe das Grundprinzip der Behandlung in der verstehenden Mit-Bewegung.

2.2 Die Entdeckung der Körpertherapie

Wilhelm Reich ist als der eigentliche Begründer der Körpertherapie anzusehen. Er hat zu entscheidenden Modifikationen der psychoanalytischen Behandlungstechnik beigetragen und darüber hinaus die bis dahin in der Psychoanalyse bestehende Vernachlässigung der leiblichen Ausdrucksformen des Seelischen überwunden. Obwohl er sich in seinen Veröffentlichungen drastisch von Adlers Konzept absetzte, lassen sich seine Entdeckungen unmittelbar in die individualpsychologische Tradition einfügen:

So führte er mit dem Begriff der Charakteranalyse, wie Adler bereits 20 Jahre vor ihm (1912) eine ausdrücklich holistische Auffassung in die Psychoanalyse ein, nach der er den »Charakter als Gesamtformation« (1933, 1971, S. 173) versteht und »es neurotische Symptome ohne eine Erkrankung des Gesamtcharakters nicht gibt« (1942, 1972, S. 36).

Ebenfalls wiederholte er auch die Entdeckung der Abwehr oder Sicherungsfunktion des Charakters. Dieser erweist sich vor allem »als ein narzißtischer Schutzmechanismus« (1933, 1971, S. 188). Das Gesamtwesen, der Charakter, die persönliche Eigenart: »Sie mußten wohl eine geheime Abwehr- und Schutzfunktion erfüllen« (1942, 1972, S. 114). Die Grundeigenschaften des Charakters wurden als Widerstand gegen die Aufdeckung des Unbewußten verdeutlicht. Psychotherapie wurde zur »Charakteranalyse«, zum Durcharbeiten des »Charakterwiderstandes«.

In den Jahren 1933 – 1937 arbeitete Reich seine fundamentale These von der funktionellen Identität zwischen individueller Verfassung (»Charakterpanzer«) und muskulärer Verspannung (»Muskelpanzer«) heraus.

»Der Begriff funktionell identisch, den ich neu einführen mußte, besagt nichts anderes, als daß muskuläre und charakterliche Haltungen *im seelischen Getriebe* (Hervorhebung vom Verfasser, G.H.) dieselbe Funktion haben, einander ersetzen und gegenseitig beeinflußt werden können. Im Grunde sind sie nicht zu trennen, in der Funktion identisch« (1942, 1972, S. 203).

»Schon früher war es ja klar gewesen, daß die muskuläre Verkrampfung, wo immer sie auftritt, nicht etwa eine »Folge«, ein »Ausdruck« oder eine »Begleiterscheinung« des Verdrängungsmechanismus ist; ich konnte mich am Ende dem Eindruck nicht entziehen, daß die körperliche Verkrampfung das wesentlichste Stück am Verdrängungsvorgang darstellt. Unsere Patienten berichten ausnahmslos, daß sie Perioden in der Kindheit durchmachten, in denen sie es durch bestimmte Übungen im vegetativen Verhalten (Atem, Bauchpresse etc.) lernen, ihre Haß-, Angst- und Liebesregungen zu unterdrücken.

Die analytische Psychologie hat bisher nur beachtet, was die Kinder unterdrücken und von welchen Anlässen getrieben sie ihre Affekte zu beherrschen lernen. Die Art, in der Kinder gegen Affektregungen anzukämpfen pflegen, blieb unbeachtet. Gerade der physiologische Vorgang der Verdrängung verdient unsere schärfste Aufmerksamkeit. Es überrascht immer wieder, wie die Lösung einer muskulären Verkrampfung nicht nur vegetative Energie entbindet, sondern darüber hinaus diejenige Situation in der Erinnerung reproduziert, in der die Triebunterdrückung sich durchgesetzt hatte. Wir dürfen sagen: Jede muskuläre Verkrampfung enthält die Geschichte und den Sinn ihrer Entstehung. Nicht in der Weise, als ob wir nun aus Träumen oder Einfällen erschließen müßten, in welcher Weise die muskuläre Panzerung entstand; sie ist vielmehr die Form, in der sich das infantile Erlebnis als Schädigung erhält. Die Neurose ist nicht etwa nur der Ausdruck einer Störung des psychischen Gleichgewichts, sondern in einem weit berechtigteren und tieferen Sinne noch der Ausdruck einer chronischen Störung des vegetativen Gleichgewichts und der natürlichen Beweglichkeit« (Reich 1942, 1972, S. 226).

Mit der emotionalen und muskulären Verhärtung ist »eine Einschränkung der psychischen Beweglichkeit der Gesamtperson« (1933, 1971, S. 174) verbunden. Beim Kranken ist die Verspannung chronisch, beim Gesunden reversibel. Sie unterscheiden sich durch den Grad ihrer »charakterlichen Beweglichkeit«, nämlich der Fähigkeit, sich einer Situation entsprechend zu öffnen oder sich gegen sie abzuschließen (1933, 1971, S. 175). Muskuläre Spannung und muskuläre Entspannung können beim »genitalen« Menschen beliebig hergestellt werden (1933, 1971, S. 399). Mit dem Prinzip der funktionellen Identität erweitert Reich das Verständnis der Abwehr- und Sicherungsformen um ihre organismische Dimension. Er versteht die Verkrampfung der Muskulatur als die körperliche Seite des Verdrängungsvorganges und als die Grundlage seiner dauernden Erhaltung (1933, 1971, S. 228).

Diese Entdeckung führte zu einer Revision der psychoanalytischen Neurosen- und Behandlungslehre. Neurose wird verstehbar als paradoxer Vorgang der Verhärtung, Erstarrung, der Erregungsstauung, der Unfähigkeit zur Befriedigung, der Unterdrückung von Lebendigkeit im Dienste der Abwehr, des Schutzes und der Sicherung der Persönlichkeit. Das Grundprinzip der von Reich erarbeiteten »charakteranalytischen Vegetotherapie« (1942, 1972, S. 17), »der bioenergetischen Erforschung der Emotionen« (1933, 1971, S. 24), ist »die Wiederherstellung der biophysischen Beweglichkeit durch Auflösung der charakterlichen und muskulären Erstarrungen (›Panzerungen‹)« (1942, 1972, S.17).

Bei der Wiederbelebung erstarrter Lebendigkeit spielt die Entdeckung des Zusammenspiels zwischen emotionaler und respiratorischer Hemmung eine bedeutende Rolle. Er stellt als erster systematisch fest, daß sich die Widerstände im unbewußten Anhalten des Atems manifestieren und die Ausformung gefühlsmäßiger und/oder motorischer Erlebniseinheiten blockieren. Indem er sieben segmentelle, quer zur Wirbelsäule verlaufende muskuläre Verspannungsmuster (Stirn-, Augen-, Jochbeingegend; Lippen-, Kinn-, Rachenbereich und oberer Nacken; Hals- und Schulterbereich; Brust; Zwerchfell; Bauch; Becken) herausarbeitet, verdeutlicht er, wo am ganzen Körper psychophysische Erregungsprozesse beeinträchtigt werden können, die einzeln oder im Zusammenwirken nach charaktertypischen Gesamtmustern die Atmung als eine Tätigkeit des gesamten Körpers behindern.

Auf dieser Basis entwickelte er die für die Körperarbeit typischen Interventionen, um die organismischen Formen der Abwehr zu behandeln. Zum einen regte er seine Patienten durch verbale oder taktile Unterstützungen an, ihr chronisch eingeschränktes Atemmuster aufzulösen. Zum anderen wirkte er direkt auf die Verkrampfungen der Skelettmuskulatur ein. Dazu intensivierte er durch Daumendruck – möglichst in der Nähe des Muskelansatzes – die Verspannung der Muskulatur, so daß sie nicht mehr aufrechterhalten werden konnte. Schließlich schlug er seinen Patienten als dritte Form nonverbaler Interventionen noch spezifische Ausdrucksbewegungen vor: die Augen zu bewegen, Grimassen zu schneiden, zu beißen, zu saugen, zu schreien, zu treten, zu stampfen, mit den Armen zu schlagen, mit dem Becken zu stoßen u.dgl.m.

An der spezifisch sexuellen Ätiologie der Neurose und ihrem entsprechenden spezifischen Behandlungsziel einer orgastischen Potenz schieden sich die Geister, insbesondere natürlich die finale Betrachtungsweise Adlers und die ausdrücklich kausale von Reich. Für letzteren stand seit 1923 fest, »daß dem seelisch Erkrankten nur eines fehlt: wiederholte, volle, sexuelle Befriedigung«, und daß die Schwere jeder Art seelischer Erkrankung im direkten Verhältnis zur Schwere der Genitalstörung stehe. Die Heilungsaussicht und die Heilerfolge hingen direkt von der Möglichkeit ab, die volle genitale Befriedigungsmöglichkeit herzustellen (Reich 1942, 1972, S. 77). Neurosen entstünden prinzipiell durch sexuelle Stauung und seien durch Beseitigung dieser Störungsquelle zu beheben. Alle destruktiven und aggressiven Tendenzen resultierten aus der Versagung eben dieser sexuellen Befriedigung.

Die »Libidostauung« wird also zur spezifischen Energiequelle der Neurose und die »adäquate sexuelle« oder »volle genitale« Befriedigung zum Ziel der vegetotherapeutischen Behandlung:

»Herstellung des genitalen Primats nicht nur theoretisch, sondern faktisch, das heißt: der Patient muß durch die Analyse zu einem geordneten und befriedigenden Genitalleben gelangen – wenn er gesund werden und bleiben soll« (Reich 1933, 1971, S. 39). Diese Fähigkeit setzt nach Reich eine orgastische Potenz voraus, die mehr ist als das Nichtvorliegen sexueller Funktionsstörungen: »Sie ist die Fähigkeit zur Hingabe an das Strömen der biologischen Energie ohne jede Hemmung, die Fähigkeit zur Entladung der hochgestauten sexuellen Erregung durch unwillkürliche lustvolle Körperzuckung« (Reich 1942, 1972, S. 81).

Was der gepanzerte Charakter verhindert, nämlich sich den orgastischen Kontraktionen und Expansionen des Orgasmusreflexes zu überlassen, wird zum Mittel und Maß organismischer Lebendigkeit, zum Kennzeichen libidinöser und aggressiver Beweglichkeit, zum Wesensmerkmal biophysischer Gesundheit (Reich 1933, 1971, S. 197, S. 391). So glaubte Reich, über die sexuelle Erfüllung den beeinträchtigten Energiehaushalt im Körper regulieren zu können. Er nahm an, daß durch eine volle orgastische Befriedigung alle überschüssige Energie im Organismus, die sonst zur Aufrechterhaltung chronischer Muskelverspannungen festgehalten würde, abgebaut werde und somit nicht mehr für neurotische Verhaltensweisen verfügbar sei. Die ausschließlich sexuelle Ätiologie der Neurose und das therapeutische Ziel, orgastische Potenz herzustellen, haben sich nicht einmal in der Körpertherapie durchgesetzt. So erweitert Lowen, der bekannte Schüler Reichs, das Therapieziel, Befriedigung zu erlangen, zur Freude am Leben generell, die natürlich die Fähigkeit, Lust und orgastische Befriedigung zu erleben, einschließt.

Wenn ich bei Reich die differenzierte Darstellung der Phasen des Geschlechtsaktes unter einem erweiterten Gesichtspunkt lese (Vorlust, Steigerung, Höhepunkt, Sinken der Erregung, Ausklingen), dann könnten sie auch als sich entwickelnde »Handlungseinheiten« im Sinne Salbers (1965) gesehen werden und exemplarisch für die Anbahnung, Durchführung und Abrundung seelischer Erlebniseinheiten stehen. So entfalten alle heftigen Gefühle und Affekte immanente Bewegungsgestalten, die aus- oder umgeformt werden müssen, falls der Mensch nicht in seinen Entwicklungen stecken bleiben und sein aktuelles Erleben immer wieder durch diese Blockaden beeinträchtigt werden soll. So lassen sich auch Freuds frühe Arbeiten zur sexuellen Ätiologie seelischer Störungen (1896, 1898, 1905, 1909) von einem Konzept her verstehen, daß sich im Seelischen – psychologisch notwendig – immer wieder komplette Handlungseinheiten oder Erlebnisgestalten ausbilden und abrunden müssen.

Dieser Gedanke wird auch von Spitz (1976) aufgegriffen, der die Grundlage von Entwicklungsstörungen darin sieht, daß solche sich anbahnenden Handlungszyklen, insbesondere im Dialog mit den frühen Bezugspersonen, in ihrem natürlichen Ablaufmodus chronisch blockiert werden. Das gilt aber dann für alle Handlungseinheiten, nicht nur für die sexuellen. Wir wissen spätestens seit Adler, Winnicott, Balint, Ferenczi, Kohut und den Entdeckungen der modernen Säuglingsforschung, daß der nur künstlich als sexuell zu definierende frühe Handlungsdialog zwischen dem Kind und seinen primären Bezugspersonen grundlegend für die Entwicklung des Lebensstils ist und daß die Entgleisungen dieses Dialoges nachhaltige Folgen zeigen. Deswegen erscheint es mir sinnvoller, den Kern der Neurose in der Behinderung seelischen Existierens, eben der Selbstbewegung anzunehmen, und das Ziel der Therapie in der Wiederbelebung erstorbener, der Selbstsicherung geopferter Eigenmomente zu sehen und den Patienten zu befähigen, sich wieder selbst zu behandeln.

Lowen, anfangs selber Patient Reichs, führte das Neurosen- und Behandlungskonzept seines Lehrers weiter und entwickelte die Therapiemethode der Bioenergetischen Analyse, die er mittlerweile in einer Vielzahl von Veröffentlichungen vorgestellt hat und die bereits weltweit verbreitet ist. Ich selber verdanke der Bioenergetik wesentliche Anregungen für meine eigene Selbstentwicklung. Ohne diese Erfahrungen wäre das vorliegende Buch wahrscheinlich nicht zustande gekommen. Lowens Konzept (1977, 1981, 1984a, 1984b, 1986 usw.) gründet nach seinen eigenen Worten auf fünf Prinzipien:

1. Die Grundlage bildet Reichs Prinzip der funktionellen Identität mentaler und physischer Prozesse.

2. Das nächste basiert ebenfalls auf der Erkenntnis Reichs, nach der er die Einheit alles Lebendigen vom differenziertesten Lebewesen bis hin zum Einzeller in einem einheitlichen organismischen Bewegungsmuster findet, das nach dem Lustprinzip reguliert wird:

»On the deepest level the organismic functions are expansion and contraction, reaching out and pulling in or back, taking in and giving forth« (1984a, S. 22).

3. Des weiteren geht die Bioenergetik von einem Energiekonzept aus. Lowen setzt sich hier allerdings von der spekulativen Orgontheorie Reichs ab, indem er eine biologische Energie annimmt, die alle lebenden Funktionen mit »Kraftstoff« versieht. Die Neurose wird somit zu einer Frage der Ladung, des Energielevels, der Energieverteilung und des Energieflusses.

»Every neurotic character structure represents a reduction in the individual`s energy level and a restriction upon the natural flow of energy through the body« (Lowen 1984a, S. 2).

Da die Atmung der Schlüssel zum Energiestoffwechsel des Körpers ist (»energy metabolism of the body«), belebt eine Vertiefung des Atems in der Therapie nicht nur unterdrückte Gefühle wieder – so Lowen –, sondern die tiefere und vollere Atmung wird zu einem konkreten Ziel der Therapie selber. In Abgrenzung zur orgastischen Potenz sieht er das zentrale Ziel bioenergetischer Analyse in der Entwicklung von Freude am Leben, die sexuelle Lust und orgastische Befriedigung einschließt.

4. Alle Spannungsmuster einer Person ergänzen sich zu einer für bestimmte Charakterstrukturen typischen Form. Im Gegensatz zur Schichtenordnung segmentaler Blockierungen bei Reich arbeitet Lowen ganzheitliche Muster typologischer Körperhaltungen heraus. In »Körperausdruck und Persönlichkeit« (1981) beschreibt er fünf Charakterstrukturen: die orale, die schizoide, die masochistische, die hysterische und die psychopatische, die er später dann in narzißtische umbenennt (1984c). Man kann sie mit Büntig (1983, S. 14) als »psychosomatische Reaktionsmuster in bezug auf einen entwicklungsspezifischen Bedürfniskonflikt« bezeichnen, in denen sich unbewußte Handlungen, nonverbale Aussagen und frühe Erinnerungen leibhaftig materialisieren.

5. Das letzte, eigens von Lowen eingeführte Prinzip ist das Grounding, das Geerdetsein. Es bezieht sich darauf, wie jemand mit seinen Füßen auf dem Boden steht, ob er im übertragenen Sinne mit beiden Beinen im Leben steht, letztlich wie er Kontakt zu sich und der umgebenden Umwelt »herstellt«.

Das leitende Prinzip Bioenergetischer Analyse ist die Beziehung zum eigenen Körper. »Je gestörter ein Mensch im emotionalen Bereich ist, desto weniger ist er in Kontakt mit seinem Körper« (Lowen, 1977, S. 55). Diese Verbindung zu sich ist exemplarisch für den Kontakt mit der Welt überhaupt. »Grounding« und »breathing« ermöglichen die Analyse des Dialogs mit der Welt. Die Bioenergetische Therapie zielt mit der Mobilisierung des Energieflusses im Körper darauf ab, den »Strom« der Gefühle wieder frei und rhythmisch fließen zu lassen. Lowen hebt drei grundlegende Behandlungsschritte hervor:

»Erstens muß sich der Patient seiner Verspannung bewußt werden, das heißt, er muß die Verspannung fühlen und den Impuls wahrnehmen, dessen Ausdruck blockiert ist« ...

»Zweitens muß der Patient den Ursprung seiner Verspannung oder Hemmung entdecken und ihre Geschichte erhellen. Das ist die analytische Seite der bioenergetischen Therapie« ...

»Drittens müssen die blockierten Impulse durch geeignete Bewegungen gelöst werden« (Lowen 1977, S. 58).

Der ausschließlich biographische Aspekt des zweiten Punktes wird 1984 ergänzt um eine Analyse der Einfälle, des Verhaltens und der Übertragung. Zu den Punkten eins und drei ist anzumerken, daß Lowen hierzu eine Fülle von Übungen entwickelt und zusammengestellt hat, mit denen Verspannungen wahrnehmbar und gelöst werden können (1985).
Während Lowen die Charakterstrukturen und die ihnen entsprechenden ganzkörperlichen Verspannungsmuster noch statisch betrachtet und die Analyse überwiegend biographisch rekonstruktiv, also gegen die Entwicklungsrichtung ausgerichtet ist, macht Keleman (1985, 1990) auf den formativen Prozeß der Selbstgestaltung aufmerksam und fokussiert damit die entscheidende Stelle im Hier und Jetzt der aktuellen Lebens- und Therapiesituation, in der der Patient selbstaktiv immer wieder seine »eingefleischten« Bewegungsmuster ausformt, in der er aber auch versuchen kann, neue Formen seiner Verkörperung zu erproben. Es ist ein besonderer Verdienst von Irène Kummer (1992, 1989a, 1989b, 1988), diese

noch sehr vage formulierten Ideen der Selbstformung und Selbstgestaltung präzisiert und auf das Bewegungskonzept Adlers bezogen zu haben.
Anregungen von Büntig (1988, 1983, S. 8) aufgreifend und diese ergänzend, möchte ich die Entwicklung der Integration leiblicher Manifestationen des Seelischen in der Tiefenpsychologie folgendermaßen zusammenfassen:

FREUD:	Das Ich ist vor allem ein Körperliches. Der Körper ist der Ausgangspunkt gleichzeitiger innerer und äußerer Wahrnehmungen.
JUNG:	Die Seele ist das innerlich angeschaute Leben des Körpers und der Körper das äußerlich geoffenbarte Leben der Seele: beseelter Körper und verkörperte Seele.
ADLER:	Die leiblichen Ausdrucksbewegungen sind unmittelbare Manifestationen des Individuums: in ihnen formt es seine lebensstiltypische Bewegung aus.
REICH:	Die Seele des Menschen ist funktionell identisch mit seinem Körper.
LOWEN:	Der Mensch ist sein Körper. Er drückt seinen Charakter in typischen ganzkörperlichen Spannungs- und Verspannungsmustern aus.
KELEMANN:	Der Mensch verkörpert sich: In jedem Moment seiner Existenz gibt er sich seine organismisch-ganzheitliche Form.

2.3 Kritik an der Körpertherapie

Wilhelm Reich hat mit seinen charakteranalytischen Forschungen wesentlich zur Entwicklung der klassischen Psychoanalyse beigetragen und mit seinen bioenergetischen Erfahrungen und Behandlungen die Entwicklung der gesamten Tiefenpsychologie an eine neue Schwellensituation geführt, vor der der Hauptstrom aller drei Richtungen noch schweigend verharrt oder ängstlich zurückschreckt. Reich ist der Pionier der Körperpsychotherapie und könnte es auch für eine psychoanalytisch orientierte sein. Es ist Lowens Verdienst, mit der Bioenergetik dieses Versäumnis der Tiefenpsychologie noch deutlicher herausgestellt zu haben. Die große Skepsis, die der Integration körpertherapeutischer Konzepte in psychoanalytischen Kreisen entgegengebracht wird, hängt zum Teil auch mit dem »Sperrgut« zusammen, das aus der Sicht der Psychoanalytiker auf der zu überschreitenden Schwelle liegt. Deswegen sollen hier zwei grundlegende Kritikpunkte hervorgehoben werden, um den Weg für eine Integration der Körperarbeit in die analytische Psychotherapie freizumachen.

2.3.1 *Seelisches Erleben ist etwas anderes als stoffliches Strömen*

Die Unklarheit, was es überhaupt zu untersuchen und zu behandeln gilt, zeigt sich bereits am Grundprinzip der funktionellen Identität. Wenn Reich und Lowen auf die einheitliche Funktion von »Seelischem« und »Körperlichem« hinweisen, wenn psychisches und physisches Erstarren funktionell identisch sind, wenn Muskelrigor und charakterliche Panzerung eine Einheit bilden, dann bleibt die Frage offen, was denn diese Einheit als Ganzes ausmacht. Wovon sind sie Funktion? Was ist das Ganze und was sind die integralen und funktionalen Momente? Ich habe auf S. 15 eine Stelle hervorgehoben, weil sie verdeutlicht, was bei Reich und seinen Nachfolgern immer wieder verlorengeht, nämlich das umfassende Ganze, auf das bezogen »Körperliches« oder »Seelisches«

überhaupt identisch sind: nämlich als Funktion, als Teile oder Momente »im seelischen Getriebe«.
Es geht in der Psychologie und Psychotherapie um das seelische Gesamtgeschehen und die sich darin auswirkenden allgemeinen oder individuellen Bildungsprinzipien. Alle Ausdrucksformen, seien sie geistig oder gegenständlich, sind funktional identisch, eben als unmittelbare Formen der Selbstbewegung. Die Verwirrung entsteht dadurch, daß das Seelische zum einen als die umfassende Einheit (seelisches Getriebe) und zum anderen als ein funktionaler Gliedzug (seelische Erstarrung) gebraucht wird bzw. umgekehrt das Ganze (Charakterpanzerung) auf dieselbe Ebene der Ableitung wie der funktionale Gliedzug (Muskelverspannung) gebracht wird. Diese grundsätzliche Unklarheit hat ihren tiefen psychologischen Sinn, hält sie doch das Forschungsbemühen Reichs offen für sein geradezu besessenes Suchen nach dem somatischen Kern der Neurose. Aus der Metapher vom Strom des Erlebens wird schließlich immer deutlicher das Strömen einer konkreten Substanz.

»Ob wir nun Emotionen aus der charakterlichen Panzerung mittels »Charakteranalyse«, oder ob wir sie aus der muskulären Panzerung mittels »Vegetotherapie« mobil machen: Wir veranlassen in jedem dieser Fälle plasmatische Erregungen und Bewegungen. Was sich dabei bewegt, ist nichts anderes als Orgonenergie, die an die Körperflüssigkeit gebunden ist. Die Mobilisierung der plasmatischen Strömungen und Emotionen ist demnach identisch mit der Mobilisierung von Orgonenergie im Organismus« (Reich 1933, 1971, S. 410).

»Die Emotion ist im Grunde ihres Wesens nichts anderes als eine Plasmabewegung« (Reich 1933, 1971, S. 409).

Auch die Formulierungen Lowens sind geprägt durch ein stoffliches Verständnis von Energie. Davon zeugen die Grundbegriffe der Bioenergetik wie »Strömen«, »Blockierung«, »Energie«, »Erregungsfluß«, »Energiespiegel«, »Energiekreislauf«, »energetische Aufladung«, »energetische Entladung« usw. Sie werden nicht nur nicht daraufhin untersucht, ob sie als Metapher des zu erfassenden Phänomens dem Seelischen adäquat sind, sondern als physikalische Vorgänge betrachtet und für das seelische Geschehen selbst gehalten. Hier wird das Seelische nicht etwa nur dem Denkmodell kommunizierender Röhren oder dem der Dampfmaschine mit den unvermeidlichen Verzerrungen anverwandelt, sondern sogar mit dem physikalischen Fließen von Substanzen, mit dem Aufladen und Entladen elektrischer Spannungen identisch gesetzt. Russelmann (1988) macht deutlich, daß Lowen seinen zentralen Energiebegriff in verschiedenster Weise verwendet: einmal in einer rein physischen Bedeutung (Stoffwechsel) und dann in einer psychischen Bedeutung (Sammelbegriff für Emotionen und Motivationen) und schließlich als Begriff für die Lebenskraft schlechthin.

Das substantielle Verständnis von Energie annulliert die leiblichen Ausdrucksbewegungen als seelische Phänomene. Wenn Lowen z.B. von Atmungswellen spricht, die durch den Körper wandern und das Muskelsystem aktivieren (1979, S. 47), gibt er die psychologische Sichtweise auf. Die Desorientierung hinsichtlich des wissenschaftlichen Bezugssystems wird in Aussagen wie der folgenden eklatant: »Ein Aspekt der vom Sauerstoff angefachten Glut unseres Stoffwechsels ist das Feuer der Leidenschaft« (1979, S. 41). Das ist ein schillerndes, poetisch verbrämtes Gemisch aus physiologischen und psychologischen Gesichtspunkten, und jeder einzelne Gesichtspunkt wird in Verbindung mit dem jeweils anderen zu einer vorwissenschaftlichen Aussage, mit der weder der Physiologie noch der Psychologie gedient ist. Auch bei der Darstellung des Entladungsvorganges führt die Unklarheit der Gegenstandsbildung zu obskuren substantiellen Kommunikationskanälen zwischen den Organen und der Außenwelt.

An solchen Stellen lassen Reich und Lowen keinen Zweifel daran, daß sie die psychologische Fragestellung aufgegeben haben und ihr Auffassen, Ableiten und Behandeln nicht mehr durch die methodischen Prinzipien einer psychologischen Gegenstandsbildung fundiert und geleitet werden. Ich halte diese Desorientierung hinsichtlich der Art und Weise des zu untersuchenden und zu behandelnden Gegenstandes für problematisch, weil die daraus entstehenden Erklärungslücken sich unmerklich mit Projektionen füllen und sich das Tun und Lassen nicht mehr nach wissenschaftlichen Kriterien richtet. So begegnen wir während der Lektüre körper-

therapeutischer Veröffentlichungen und ganz besonders bei Berichten über Therapieverläufe und besonders auffällig bei teilnehmender Beobachtung an Dialogen zwischen Patient und Therapeut immer wieder obskuren, mythischen Auffassungen vom seelischen Geschehen (s. Kirsch 1990, 1991; Berliner 1990).
Methodologisch gesprochen, vermischen sich hier verschiedene Gegenstandsbildungen, die nicht stimmig und stringent in ein und demselben Forschungsvorgang verfolgt werden können. Das Erleben von Gefühlen und das Strömen von Plasma, angenommen die Physiologie hätte hier eine Parallelität entdeckt, sind zwei völlig verschiedene Seinsqualitäten. Die noch so genau untersuchten und noch so vollständig erforschten physiologischen und physikalischen Vorgänge könnten nichts zum Verständnis der Eigenqualität des Seelischen beisteuern. Das erlebte Strömungsempfinden, das bei der »Körperarbeit« so oft wahrnehmbar wird, ist etwas völlig anderes, als das Strömen eventueller Körperflüssigkeiten. Die für die bioenergetische Arbeit so geläufige Empfindung des Strömens kann nur als Phänomen des Körpererlebens untersucht werden; sobald es unter physiologischen oder physikalischen Aspekten betrachtet wird, verliert es seine seelische Eigenqualität, gibt der Psychologe seinen Forschungsgegenstand auf.
Wenn »Körperliches« und »Seelisches« immer wieder als funktionell identisch betrachtet werden, wird dadurch die Einheit nicht hergestellt, sondern nur berufen, und indem sie in dieser Weise berufen wird, wird die Cartesianische Spaltung in eine res cogitans (Geist) und eine res extensa (Materie) festgeschrieben. Was einmal getrennt ist, läßt sich nur noch nach einem mechanistischen Impulsmodell (Beispiel: aufeinanderprallende Kugeln) als Wechselwirkung deklarieren. Die gleichzeitige Hervorhebung einer prinzipiellen Gegensätzlichkeit von Körper und Seele ist nur der direkte Ausdruck dieser Spaltung. Wenn Lowen hervorhebt, daß er sowohl mit »dem« Körper als auch mit »der« Seele arbeite (working with both the body and the mind, 1984a, S.5) hat er die immer wieder berufene Einheit schon unwiderbringlich in zwei isolierte Elemente zerlegt, die das *Andere* und das *Mehr*, was das Ganze ausmacht, durch Zusammenfügen dieser Teile nicht mehr zurückgewinnen kann.

2.3.2 *Psychotherapie ist ein Beziehungsgeschehen*

Aus der Unklarheit ihrer Gegenstandsbildung resultiert eine Desorientierung hinsichtlich der Behandlungsmethode. Wenn nicht deutlich ist, worum es geht, weiß der Therapeut auch nicht genau, worauf er zu achten hat und wie er seine Wahrnehmungen in Austausch mit seinem Konzept bringen kann. Bei dieser Unsicherheit darüber, was das zu Analysierende überhaupt ist, werden Scheinsicherheiten gesucht: Das sind in der Bioenergetik leicht feststellbare muskuläre Verspannungen und Erschlaffungen. So erliegt Reich der Verführung, durch den direkten Zugriff auf die muskulären Haltungen die charakteranalytische Therapie verkürzen zu wollen:

»Sie bieten nämlich die Möglichkeit, den komplizierten Umweg über die psychischen Gebilde wenn nötig zu vermeiden und direkt von der körperlichen Haltung ins Gebiet der Triebaffekte durchzubrechen« (1942, 1972, S. 227).

Es überrascht dann auch nicht mehr allzu sehr, daß Lowen den primären Fokus (primary focus, 1984a, S. 4) seiner Arbeit schließlich doch im Körperlichen sieht. Wenn man aber die Selbstbewegung in all ihren seelischen und leiblichen Ausformungen zum Gegenstand macht, ist jede Vereinseitigung mit einer Ausblendung bedeutsamer Momente aus dem Prozeßgeschehen, also mit einer Skotomisierung der eigenen Wahrnehmung und Behandlung verbunden. Je mehr der Körpertherapeut »das seelische Getriebe« als Gesamtgeschehen aus dem Blick verliert und sich auf muskuläre Verspannungen konzentriert, um so mehr verändert sich seine Funktion vom Psychotherapeuten zum Physiotherapeuten: Der Patient wird zum Objekt der Behandlung wie in der Medizin. Vor dem geschichtlichen Hintergrund der Tiefenpsychologie läßt sich das als ein Rückfall in das Beziehungsmodell der Einpersonenpsychologie verstehen. Ohne einen Blick für das Gesamtgeschehen und hauptsächlich zentriert auf die Verspannungen und Erschlaffungen von Muskeln, gerät das Übertragungs- und ganz besonders das Gegenübertragungsgeschehen weitgehend aus dem Bewußtsein. Wenn der Therapeut sich als der Untersucher und Behandler von Blockierungen versteht, bringt er sich in die Rolle dessen, der weiß und kann, und den Patienten in die Rolle dessen, der nicht weiß und nicht kann. Die Überlegenheit des Therapeuten determiniert die Übertragungsbeziehung und paralysiert geradezu die Gegenübertragung (s. Kirsch 1990, 1991; Berliner 1986, 1990).

Hierzu lassen sich auffällige Entwicklungen bei Reich und Lowen beobachten. In der 1933 erstmals erschienenen »Charakteranalyse« findet sich ein Hauptkapitel »Zur Handhabung der Übertragung« mit fünf Unterkapiteln, in denen Reich sich sehr differenziert mit der positiven und negativen Übertragung und dem therapeutischen Umgang befaßt. Seine »Bemerkungen zur Gegenübertragung« (!) sind geradezu als revolutionär zu betrachten, wenn man bedenkt, daß in der Geschichte des Gegenübertragungsbegriffes erst der Aufsatz von Paula Heimann aus dem Jahre 1950 als Wendepunkt angesehen wird. Um so bemerkenswerter ist, daß dann in dem 1942 herausgebrachten Buch über »Die Funktion des Orgasmus« die Begriffe der Übertragung und Gegenübertragung praktisch keine Rolle mehr spielen, nicht mehr im Register auftauchen und kein einziges Kapitel mehr dem Beziehungsgeschehen zwischen Patient und Therapeut gewidmet ist. Dem entspricht bei Lowen eine weitgehende Vernachlässigung des Übertragungsgeschehens und eine totale Ausblendung der Gegenübertragung. So ist es eigentlich nur konsequent, daß Lowen 1989 alle internationalen Trainer nach New York bestellte, um sie auf die gemeinsame Grundlage »back to the basics« einzuschwören. In dem von allen anwesenden Trainern unterzeichneten und im Rundbrief vom 28.11.1989 vom Executive Director des International Insitut for Bioenergetic Analysis, Alexander Lowen, an alle Mitglieder verschickten Abschlußkommuniqué heißt es dann kategorisch: Der Körper spiele in der Bioenergetischen Analyse die Schlüsselrolle. Auffassungen, die die psychotherapeutische Arbeit um das Übertragungs- und Gegenübertagungsgeschehen zentrieren, werden abgelehnt, da sie die bioenergetische Analyse auf die Psychoanalyse reduzieren würden (!). Die Übertragung – von Gegenübertragung wird schließlich überhaupt nicht mehr gesprochen – wird als ein Aspekt der Charakterstruktur angesehen, der auf einer bloß körperlichen bzw. energetischen Ebene zu behandeln sei.

Die auch körpertherapeutisch arbeitende Psychoanalytikerin Gisela Worm stützt sich auf die Erfahrungen ihrer eigenen Praxis und der Supervision von Bioenergetischen Therapeuten, wenn sie hervorhebt, daß das bewegende Wirkungsgeschehen zwischen Patient und Therapeut überhaupt nicht ausgeklammert werden kann. Wie man in der Psychoanalyse lange geneigt gewesen und teilweise noch sei, das Beziehungsgeschehen zugunsten der intrapsychischen Perspektive zu übersehen, kehre in der Bioenergetischen Analyse eine entsprechende Vermeidungstendenz wieder, indem die Wirkungszusammenhänge zwischen Patient und Therapeut als energetische umgedeutet und damit verleugnet werden. Dann braucht sich der Therapeut nicht mit der Brisanz der aktualisierten Beziehung und den Schwierigkeiten ihrer therapeutischen Zergliederung (Übertragung, Gegenübertragung, Gegenübertragungswiderstand, Gegenübertragungsagieren, Übertragung des Therapeuten usw.) zu befassen. Statt sich z.B. den erregenden und beunruhigenden Vorgängen einer sexualisierten Übertragungsbeziehung zu stellen, lernt der Körpertherapeut vorwiegend nur bioenergetische Vorgänge zu sehen. Durch ein diagnostisch distanziertes »Körperlesen« am nackten Körper wird er in diese scheinbar neutrale Haltung eingeübt. »Zur Belebung der Sexualität braucht dann die Energie nur noch ins Becken geleitet zu werden, oder der Orgasmus ist wesentlich zur Ableitung überschüssiger Energie da und degeneriert zu einem energetischen ›Verdauungs-‹ oder ›Entsorgungsvorgang‹« (Worm 1992, S. 77).

Über eine entäußernde, das heißt, vom seelischen Prozeß abgelöste Form der Aufdeckung und Auflösung von Verspannungen wird die Sicherungsfunktion und insbesondere die Ichleistung, die mit der »Panzerung« verbunden ist, zu wenig beachtet. Die körpertherapeutische Sichtweise führt so leicht zu einer Verengung: Spannungen blockieren die Ausdrucksbewegungen des Lebendigen, also müssen sie durch möglichst präzisen Zugriff beseitigt werden. Bei Reich kommt mit der Wortlogik des »Panzers« und der »Panzerung« eine untergründig feindselige Atmosphäre in die Patient-Therapeut-Beziehung. Es scheint dann fast notwendig, den »Panzer« mit der »Panzerfaust« bekämpfen zu müssen. So spricht er offenbar ohne Bedenken von der »Zersetzung«, »Zerstörung«, vom »Durchbrechen« der muskulären »Panzerung« (1933, 1971, S. 390, 395, 400; 1941, 1972, S. 226) und berichtet zum Beispiel in naiver Selbstverständlichkeit, wie er bei einem Patienten den durch Höflichkeit abgewehrten Haß mobilisierte, »indem ich jede seiner Bremsungen zerstörte« (1942, 1972, S. 109).

In der Bioenergetik kommt in die Aufdeckung und Bearbeitung von »Blocks« schnell etwas Diffamierendes, da sie unter dieser Sichtweise sehr leicht als eine Ansammlung von Fehlhaltungen erscheinen. In einigen Fallschilderungen Lowens ist dieser kritisierende und disziplinierende Unterton herauszuhören. Aus diesem Grunde begrüßt Büntig (1983) auch Kelemans »containment« (Sammlung) als sinnvolle Relativierung dieser vereinseitigten Auffassung des Festhaltens und Anspannens. Dem negativistischen Umgang mit den Blocks entspricht in der Geschichte der Tiefenpsychologie die Denunzierung des Patienten durch Trieb-, Antriebs- oder Finaldeutungen, die von der jeweiligen Not und Konfliktlage des Patienten abstrahiert sind. Auf diese Fehlentwicklung der Tiefenpsychologie hat bereits Alice Miller (1979, 1981) sehr deutlich hingewiesen.

Diese grundsätzliche Kritik an den Auffassungen von Reich und Lowen fällt schärfer aus, als meine persönlichen Erfahrungen aus meinen eigenen Bioenergetischen Analysen und mit meinen Bioenergetischen Kollegen/Innen eigentlich rechtfertigen würden. Die Vorgänge der Übertragung und Gegenübertragung werden offenbar als viel bedeutsamer angesehen, als es nach der vorherrschenden Lehre scheint. Da diese aber die Grundlage der entsprechenden Weiterbildungsordnungen ist, vermitteln sich die entsprechenden Unsicherheiten hinsichtlich der Auffassung und Behandlung seelischer Störungen unausdrücklich auch allen Weiterbildungsteilnehmern und lassen sie dann mit drängenden Fragen der therapeutischen Praxis allein. Sie sehen sich gezwungen, den erlebten Mangel selbst irgendwie zu kompensieren, während die Psychoanalyse ein langjähriges, über mehrere Generationen gewachsenes Erfahrungswissen zum Prozeß- und Beziehungsgeschehen bereitstellt. In meinen folgenden Darstellungen, die sich in vielen Beispielen der konkreten therapeutischen Praxis widmen, möchte ich zeigen, wie leibliche Formen des Wahrnehmens und

Verstehens in den Dienst des analytischen Prozesses gestellt werden können.
Unter dem Gesichtspunkt der aktiven Imagination zeigen sich die großen Ähnlichkeiten zwischen der Körpertherapie und der Bewegungstherapie, wie sie von Becker (1986, 1989) und Stolze (1978, 1992) vorgestellt wird. Eine leibfundierte analytische Psychotherapie umfaßt nach meinem Verständnis sowohl Berührungs- als auch Bewegungsproben. Ich vermeide im folgenden Begriffe wie »Körper« oder »körperlich«, weil sie auf ein festgestelltes Objekt naturwissenschaftlicher Beobachtungen hinweisen, und verwende diese Begriffe nur noch da, wo sonst geläufige Redewendungen verfremdet würden. Statt dessen verwende ich die Begriffe »Leib« und »leiblich« als Erlebens- und Lebenskategorien und finde meine meta-psychologische Position in der neueren Phänomenologie, nach der »Leib, Seele und Leben letztlich identisch« sind (Kühn 1989, S. 229). Deswegen wähle ich als einheitlichen Bezugspunkt meiner Ausführungen die »Selbstbewegung«, die sowohl das seelische als auch das leibliche Erleben umfaßt.

3. Wirkensweisen leibfundierter analytischer Psychotherapie

3.1 Die Dimension des Erlebens und Verstehens erweitert sich

3.1.1. *Ergänzung*

Nach den methodologischen Auseinandersetzungen mit der Vegetotherapie oder Bioenergetik möchte ich zu dem gemeinsamen Ausgangspunkt von Kritikern und Befürwortern einer Integration leiblicher körperpsychotherapeutischer Auffassungs- und Behandlungsweisen in die analytische Psychotherapie zurückkehren. Es kann in einer psychisch begründeten Behandlungsmethode nur um das »Erleben« gehen, und zwar als Inbegriff des seelischen Gesamtgeschehens. In diesem Sinne geht es der Tiefenpsychologie von Anbeginn an auch um das Körpererleben. Auf der Grundlage dieser allgemeinen Übereinstimmung ist jedoch gegenüber Bittner (1986), Thomä (1992) und Lehmkuhl (1992) folgendes hervorzuheben:

1. Obwohl Freud, Adler und Jung das Körpererleben, die Körpersprache, die Ausdrucksbewegungen ausdrücklich zum Gegenstand der Tiefenpsychologie erklären, haben ihre Ausführungen offensichtlich wenig Schule gemacht. In den Falldarstellungen werden die organismischen Momente der Selbstbewegung nahezu systematisch ausgeblendet, auch in den Veröffentlichungen zur Psychosomatik. Hier geht es zwar immer auch um Körperliches, aber nur punktuell und unter abstrakt diagnostischer Perspektive. Die sich ständig und teilweise sogar viel »freier« ausformenden körperlichen »Assoziationen« werden trotz aller Bekundungen nicht zur »Figur« des Erlebens. Wenn ein neuer Kontinent benannt ist, heißt das noch lange nicht, daß er auch entdeckt ist.

2. Wenn sich der Psychoanalytiker auf den bisher weitgehend unerforschten Kosmos organismischer Selbsterfahrung einläßt, eröffnet sich ihm eine neue Dimension des Erlebens, die ihm nach den vorliegenden Veröffentlichungen offensichtlich noch weitgehend verschlossen ist.

3. Die Formulierung, daß es in der psychoanalytischen Methode nur um das Körpererleben gehen kann, muß ergänzt werden um den Zusatz, daß es auch um das geht, was körperlich erlebbar, für den Patienten aber (noch) nicht wahrnehmbar ist. Sonst schließen wir viele Patienten bzw. Dimensionen ihres Seelischen aus dem Zuständigkeitsbereich der analytischen Psychotherapie aus. Es geht also in der Psychoanalyse um das, was leibhaftig erlebt wird, aber auch um das, was leibhaftig erlebbar werden könnte. Hier wird natürlich die leibhaftige Mit-Bewegung mit der behinderten Selbstbewegung des Patienten relevant.

4. Auf der Grundlage der neuen Erlebensdimension wird sich zeigen, daß die Psychoanalyse der organismischen Fundierung aller Abwehrmechanismen gewahr werden müßte und ihr behandlungs-technisches Rüstzeug um Verfahren, mit denen organismische Widerstände durchgearbeitet werden könnten, erweitern müßte.

5. Leibliche Behandlungsweisen ermöglichen unmittelbare Sinnerfassungen, die den vermeintlichen Primat hermeneutischen Verstehens in Frage stellen und die die analytische Reflexion erst begründen.

Die organismischen Momente der Selbstbewegung bleiben in herkömmlichen Fallbeispielen systematisch im Hintergrund, es sei denn, daß psychosomatische Symptome die Aufmerksamkeit direkt erzwingen. Das läßt sich gut an einem Beispiel belegen, das Mentzos (1983, 1984) darstellt, um die Abwehr durch Verschiebung zu veranschaulichen:

»Eine 26jährige verheiratete Frau mit einer Nagellack-Phobie hat die ihr selbst abstrus erscheinende Befürchtung, Nagellack könnte in ihre Mundhöhle und sodann Luftröhre geraten und sie dadurch ersticken. Die spontanen Assoziationen und Einfälle der Patientin lassen bald den zunächst verborgenen psychodynamischen Zusammenhang erkennen: Nagellack steht für künstliches Abdecken individueller Besonderheiten und Eigenarten durch eine Fassade, die den Erwartungen anderer entspricht. Die Patientin ist von ihrer Ehe insbesondere deswegen enttäuscht, weil sie sich von ihrem Mann zur Aufrechterhaltung einer solchen \`nagellackartigen\`Fassade gezwungen fühlt. Sie hat deswegen Aggressionen und Wutgefühle gegen ihn entwickelt, die sie jedoch kaum bewußt zu erleben wagt. Die nach Entladung drängenden Gefühle und Affekte wie auch die brüchig gewordene Beziehung zu ihrem Mann müssen also ständig \`überlackiert\` werden. Die Patientin befürchtet jedoch, daß sie dadurch ihr eigenes Selbst verlieren und \`ersticken\` könnte« (1983, S.63).

Das Beispiel gewinnt seine Stringenz aus der Deutungsfigur einer blockierten Selbstbewegung. Das Bewegungsmuster findet in der Nagellackphobie seinen treffenden bildlichen Ausdruck. Dagegen werden die den symbolischen Erfassungsformen von »Fassade« oder »Überlackierung« entsprechenden leiblichen Ausformungen nicht beachtet. Wenn die Patientin Angst erlebt, in ihrer gesamten Lebendigkeit erstickt zu werden, dann läßt sich mit Sicherheit vermuten, daß diesem mentalen Erleben leibhafte Formen erstickter und erstickender Lebendigkeit entsprechen: z.B. ein flacher Atemrhythmus, eine verkürzte Ausatmung, ein Luftanhalten und Luftschlucken, eine Erstarrung der Brustmuskulatur, mit der der Brustkorb chronisch hochgehalten wird, Verkrampfungen der Hals-, der Nacken- und Beckenmuskulatur usw. Die Nagellackphobie ließe sich ohne Zweifel in ganzkörperlichen Verspannungsmustern wiederfinden und könnte durch ganzkörperliche Ausdrucksbewegungen relativ einfach spürbar werden.

Mit der Vernachlässigung organismischer Selbstbewegungen schleicht sich eine subtile Überbewertung der geistigen Momente (als Subjekt) und eine entsprechende Unterbewertung der leiblichen Momente (als Objekt) in die Behandlung ein (Ware 1984). Da man die leiblichen Ausdrucksbewegungen, insbesondere den Atemrhythmus, als die Keimform jeder Selbstbewegung ansehen kann, eröffnen sich hier dem Therapeuten und dem Patienten basale Formen des Verstehens. So könnte die obige Patientin, die unter Erstickungsangst leidet, leibhaftig erfahren, wie sie selbst ihre

eigenen Lebensäußerungen, sobald sich Eigenes in ihr regt, durch Schlucken und Luftanhalten unterdrückt und auf dieser Wahrnehmungsgrundlage fundiert verstehen, daß diese Selbstunterdrückung ein Ausläufer ihrer frühkindlichen Sicherungen ist. Der Therapeut könnte ihr auch noch körperbezogene Hilfestellungen bieten, wieder stärker mit sich in Kontakt zu kommen. Weiterhin könnte er selber deutlicher merken, wenn sich zwischen den intellektuellen Einsichten und den trotzdem verbleibenden körperlichen Verspannungen Diskrepanzen auftun.
Der in der gesamten psychoanalytischen Literatur durchgängig zu beobachtenden Vernachlässigung der leiblichen Ausdrucksbewegungen entspricht die Einschränkung des entsprechenden »inneren« Wahrnehmungsspektrums. Wenn Patienten leibnahe oder leibhaftige Hilfestellungen angeboten werden, eröffnen sich ihnen ganz neue Dimensionen des Wahr-nehmens und des Ver-stehens, die sie wie auch den Therapeuten nicht selten erstaunen. Es sind Erfahrungen spontaner Sinnerfassung, die allen reflexiven Verstehensbemühungen zuvorkommen und sich mit den Gefühlen leibhaftiger Gewißheit artikulieren. Ein kurzes Beispiel soll die erweiterte Qualität der Selbsterfahrung veranschaulichen:

Herr K., ein schizoid strukturierter Patient von 40 Jahren, berichtet im fortgeschrittenen Stadium seiner Analyse von seinem Urlaub, den er mit seinen 13- und 14jährigen Töchtern in einem Zeltlager verbrachte. Die Töchter wurden von Jungen belästigt. Sie waren verstört und erschrocken darüber. Er hatte versucht, sie zu beruhigen. Später suchten sie die Jungen gemeinsam und fanden sie auf einem Tanzfest. Als er sie zur Rede stellte, kam ein Sozialarbeiter hinzu, der die Jungen zu betreuen hatte, und sie mit ihrem Verhalten sachlich und sehr klar konfrontierte. Herr K. merkte dabei deutlich, wie gut ihm diese Unterstützung von seiten des fremden Sozialarbeiters getan hatte. Bei der anschließenden Durcharbeitung stellte sich heraus, wie wohl er sich trotz seiner Sorge dabei gefühlt hatte, seine Töchter in ihrer Not unterstützen zu können. Seinen Töchtern ging es dabei offensichtlich nicht anders.
Ich vermute, was er bestätigt, daß er sich eine solche Stützung auch von seinem Vater gewünscht habe. Das stimme, er habe diesen Rückhalt nie bekommen, sondern statt dessen »immer nur Schläge und Verachtung geerntet«. In diesem Zusammenhang biete ich ihm, um der Tiefe dieses Bedürfnisses nachspüren zu können, an, mich neben ihn zu stellen und ihn

an die Hand zu nehmen. Dabei macht er eine sehr wichtige Erfahrung. Er stellt plötzlich überrascht und bestürzt fest, daß er sich einerseits eine solche Unterstützung in ganz hohem Maße selber immer gewünscht habe und daß er andererseits plötzlich in dem Handkontakt zu mir merkt, wie eine sich ungeheuer anfühlende Abspaltung zwischen seinem Arm, den er mir gereicht hat, und seinem übrigen Körper einstellt; sofort ist ihm klar: Er spaltet den Körperteil, den er mir gibt, ab und zieht sich innerlich völlig zurück. Er ist tief betroffen darüber, insbesondere da er mich als sehr unterstützend erlebe. An dieser Stelle des Prozesses nimmt er leibhaftig wahr, daß er sich einerseits zutiefst nach einem väterlich stützenden Halt sehnt und sich gleichzeitig unbewußt von einer solchen Unterstützung distanziert, sich offenbar auch davor fürchtet.
In einer auf einen verbalen Dialog beschränkten Psychotherapie wird auf solche inneren Wahrnehmungen als leibliche Basierungen des Begreifens und Verstehens verzichtet. Mit Betroffenheit hat der Patient gespürt, wie sehr er sich nach Kontakt sehnt und wie vehement er sich dagegen wehrt. Ein weiterer Aspekt tritt in diesem Beispiel deutlich hervor: Auch für mich kam dieses Verhalten überraschend. Der Analytiker ist jederzeit gefordert, sich auf unerwartete Entwicklungen seines Patienten einzustellen. Dieses Beispiel hatte auch prototypische Bedeutung für das vertiefte Verstehen einer Phase starker negativer Übertragung bei diesem Patienten. Dabei bemerkt er auch, daß man etwas nur »ernten« kann, wenn man es vorher »gesät« hat. Seine großen Schwierigkeiten mit Autoritätspersonen gewannen einen vertieften Sinn als Kompromiß zwischen seiner tiefen Sehnsucht nach einer väterlichen Unterstützung und einem tiefen Haß infolge seiner erlittenen Enttäuschungen und Demütigungen.

Ein zweites Beispiel, das sich noch weitgehend im traditionellen Rahmen der analytischen Praxis bewegt und ganz auf eine Berührung des Patienten verzichtet, kann zeigen, wie durch eine einfache Anregung zu einer »freien leiblichen Assoziation« fundamentale Erfahrungen auftauchten, und zwar nicht nur bezogen auf die Vergangenheit, sondern besonders hinsichtlich ihrer aufschlüsselnden Bedeutung für das gegenwärtige Verhalten und Erleben:

In der 155. Sitzung thematisiert eine Patientin ihre Eßstörungen, von denen sie immer wieder eingeholt und an ihre anorektische Phase in der Pubertät erinnert werde. Sie sei grippekrank gewesen, sie habe »nichts zu essen brauchen, nichts essen können in der ganzen Zeit«. Sie merke, wie willkommen ihr die krankheitsbedingte Essensreduzierung gewesen sei.

Sie müsse sich dann, wenn die Grippe auskuriert sei, innerlich richtig auffordern, nun wieder regelmäßig Nahrung zu sich zu nehmen. Das sei wie ein Willensakt. Latent spüre sie aber die Tendenz, auf Nahrung zu verzichten. Sie müsse sich im Wissen um die negativen Konsequenzen der Magersucht immer wieder neu zum Essen zwingen. Ob vielleicht auch ihre unwillkürlichen Bewegungen der Kiefermuskulatur, die ihr bekannt, aber unverständlich sind und auch ihren Bezugspersonen schon öfter aufgefallen seien, damit zusammenhängen könnten? Sie vermutet, daß hier sehr viel Energie stecke, verhaltene Energie, wie ich ergänze, und sie bestätigt. Da sie eine sehr intelligente und sprachlich differenzierte Frau ist, möchte ich eine intellektualisierende Bearbeitung des Themas möglichst vermeiden und schlage ihr vor, einmal nur den Mund zu bewegen und dabei nicht zu sprechen, allenfalls nonverbale Vokalisationen von sich zu geben. Sie verspricht sich von dieser Probehandlung ebenfalls einen vertieften Aufschluß und will sie ausprobieren:
Ganz am Anfang öffnet sie den Mund und stellt fest, was Willi, ihrem Mann, schon immer aufgefallen sei: »Ich kann meinen Mund überhaupt nicht weit öffnen.« Sie demonstriert es und zeigt, daß sie den Mund über eine relativ kleine Rundung hinweg nicht erweitern kann. Für ihren Zahnarzt sei das schon eine erhebliche Prozedur, in ihren Mund zu gelangen. Für ihren Mann (von Beruf Arzt) sei es geradezu eine Horrorvorstellung, sie intubieren zu müssen. Er selber könne den Mund so weit öffnen, daß er einen ganzen Zwieback quer in den Mund schieben könne. Nach einigen Versuchen, den Mund so weit wie möglich zu öffnen, beginnt sie mit Mundbewegungen, mit leichtem Schmatzen, währenddessen sich ihre Atmung intensiviert und sie die Augen schließt. Es formen sich sehr deutlich genußvolle Töne und Bewegungen aus. Im Kontrast zu diesem lustvollen Erleben erlebe ich die Beendigung dieser Probehandlung als abrupt. Sie stellt verwundert und erfreut fest, daß sie sehr schöne Phantasien gehabt habe, nämlich getragen, geschaukelt zu werden, mit Willi zu schmusen, an der Brust zu liegen und die Brust zu bekommen. Sie wisse, daß sie sehr lange gestillt worden sei, sie nehme an, länger als sechs Monate. Von der Beendigung der Brusternährung wisse sie nichts mehr. Ihre Phantasien? »Daß ich schrecklich abrupt abgestillt wurde.« Sie vermutet, daß ihrem Schrecken ein Schrecken der Mutter entsprach, der mit der immer deutlicher werdenden Wahrnehmung ihrer sonst unterdrückten sexuellen Lust zusammengehangen habe. Daran anknüpfend findet sie eine tiefe psychologische Erklärung für ihre panischen Angstzustände, wenn die Mutter das Haus verlassen wollte. Sie weiß um quälende Angstgefühle, auch um die peinlichen Gefühle später, wenn sie erleben mußte, daß ihre fünf Jahre jüngere Schwester das Ausgehen der Eltern anscheinend

überhaupt nicht zu tangieren schien, während sie, die große Schwester, die eigentlich auf die »Kleine« habe aufpassen sollen, vor panischer Angst fast umgekommen sei.
Vor kurzem habe sie wieder einmal einen solchen Angstanfall erlebt, als ihr Mann eine Stunde später als verabredet von einer Musikveranstaltung bei Freunden zurückgekehrt sei. Sie sei außer sich vor Angst und überzeugt gewesen, daß ihm etwas Schlimmes passiert sein müsse, daß sie sich nur unter mühsamer Kontrolle davon abgehalten habe, in allen umliegenden Krankenhäusern nach ihrem vermeintlich verunglückten Mann zu fragen. Das einzige, was sie zurückgehalten habe, sei die Tatsache, daß er selbst als Arzt in einer der benachbarten Kliniken arbeite und in allen umliegenden bekannt sei. Wenn das nicht der Fall gewesen wäre, hätte sie mit Sicherheit überall angerufen. Diese Schilderung kennzeichnet das Maß ihrer Notlage, die bis in das katastrophal erlebte Entwöhnungstrauma zurückreicht. Diese Entwöhnung wird wohl deswegen zusätzlich belastend gewesen sein, weil die Mutter sonst zu einer zärtlichen und körpernahen Beziehung nicht in der Lage gewesen zu sein scheint.

Da ich die Patientin als sehr auf Distanz bedacht erlebte, hatte ich ihr nicht vorgeschlagen, bei diesem Experiment den Handballen meiner Hand auf ihre Lippen zu legen, was im Rahmen der Körperpsychotherapie durchaus möglich wäre. Das wäre für sie vielleicht so peinlich und fremdartig gewesen, daß dies eine Vertiefung ihres Erlebens verhindert hätte. Nach den obigen Erfahrungen werden die Verspannungen ihres Mundes und die Bewegungen ihrer Kiefermuskulatur auch als Protest gegen eine andere als die Brustnahrung verständlich. Sie verkörpern sowohl die Wut über die Frustration und die damit verbundene Verweigerung als auch die Selbstunterdrückung, um das geliebte Objekt nicht völlig zu verlieren.

Dann fällt ihr plötzlich ein, daß sie die virtuellen Kieferbewegungen auch immer gemacht habe, wenn sie in einen Hyperventilationskrampf geraten sei, daß sie eigentlich immer ins Hyperventilieren komme, wenn sie sich allein und verlassen fühle. Sie kann sich nur an eine Situation erinnern, als das nicht der Fall gewesen sei. Auf meine Nachfrage schildert sie die Situation, und schon im zweiten Satz kommt sie darauf zu sprechen, daß sie doch allein gewesen sei, während draußen ein fürchterlicher Sturm gewütet habe. Für die Patientin wird evident, wie sie in ihren Ausdrucksbewegungen sowohl ihre verzweifelten Trennungsängste als auch ihre kompensatorischen Sicherungen durch Festhalten an unerledigten Kindheitserfahrungen verkörpert. Da die Patientin mir zu dieser Stunde ihre Aufzeichnungen zur Verfügung gestellt hat, möchte ich sie hier zur Ergänzung meiner Beschreibungen anführen:

»Zu Beginn der Sitzung gehen mir die letzten Gedanken der vorherigen Stunde noch mal durch den Kopf: kauen und beißen als verhaltene, zurückgehaltene Kraft ... Als erstes fällt mir dazu ein, wie sehr Zähnezusammenbeißen, also aushalten können, zu mir gehört. Dieses Kauen, Zähnezusammenbeißen ist schon öfter als Thema aufgetaucht, in der Analyse, aber auch in anderen Zusammenhängen – paradoxerweise z.B. beim Musizieren. Der Vorschlag, dazu eine Übung zu wagen – ein Wagnis ist es für mich immer noch geblieben – findet mich offen: ich habe Lust etwas auszuprobieren, fühle mich schnell entspannt. Ich liege mit geschlossenen Augen, kaue, mahle ... spüre zunächst die reine Funktionslust der Bewegungen, reiße den Mund auf, muß gähnen. Mir fällt ein, daß ich meinen Mund nie sehr weit aufkriege (ein Gefühl dazu bekomme ich nicht). Weiterer Vorschlag: nur den Mund zu bewegen: Ich sehe eigentlich sofort eine Brust ganz deutlich vor mir: schwer, weiß, geädert; ich bin auf dem Arm, im Arm. Ich möchte mich ganz klein machen; ich frage nach einer Decke, finde so schnell keine Worte dafür; deswegen: mir sei kalt. Noch nie habe ich mich so übergangslos schnell in eine Szene, in ein Bild eingefühlt und eingelebt.

Als nächstes Bild tauchen die Affenbabies auf, die sich im B a c h f e l l der Mutter festklammern. Wichtig ist daran: sie sind unbedingt aufgehoben, ohne die Mutter in ihren Bewegungen einzuschränken, beider Bedürfnisse behindern sich nicht gegenseitig, können in einem befriedigt werden. Mein Gefühl dagegen oft: entweder sie oder ich. Einfälle während ich unter der Decke liege; mit W. schmusen, essen, Wärme: mir ist unendlich wohlig. Auf die Frage nach dem Prozeß des Abstillens ist mein spontaner Einfall: ›jetzt ist aber Schluß!‹ ungeduldig, a z u p t . Sie bekommt einen s c h r e c k , aus dem heraus ich weggerissen, herausgerissen werde. Also: ich bin plötzlich verlassen und ich habe das Gefühl, etwas falsch gemacht zu haben. Dieses Gefühl wiederholt sich bis in die Gegenwart. Ebenfalls gegenwärtig: die Lust sich hinzugeben, sich zu überlassen. Entsprechende Übungen, z.B. Fallübungen habe ich trotz bestehender grundsätzlicher Ängste bei Übungen relativ angstfrei ausprobiert, fast genossen. Auch bei meiner Narkose habe ich vergleichsweise wenig Angst gehabt: eher lustvoll erlebt, daß keinerlei Aktivität, Verantwortlichkeit von mir erwartet wurde.

Verlassen-werden ist ein plötzlicher, unerwarteter, brutaler Schmerz, der gleichzeitig nicht sein darf, also: nicht schreien dürfen! Aha-Gefühl dazu:

meine Neigung zu hyperventilieren. Auch da wieder: der Krampf in Mund und Kiefer (und im ganzen Körper) in Verlassenheitssituationen. Aber auch an einem Sturmtage Anfang des Jahres; ich erzähle: ›es stürmte und ich war allein ...‹ H: als wenn der Sturm mir das Alleinsein erst spürbar gemacht hat.Ich bin überrascht, habe das Gefühl, genau verstanden zu sein, obwohl die Situation eigentlich als Gegenbeispiel dienen sollte (die Situation hatte nichts mit aktuellem Verlassen-werden zu tun). Dabei spüre ich noch mal eine Anmutung sowohl des damaligen Verlassenheitsgefühls, als auch das momentane Aufgehoben-sein.«.

Nachdem ich den Stundenbericht gelesen habe, fallen mir zwei Fehlleistungen auf, auf die ich sie anschließend aufmerksam mache. Zu »Bachfell« hat sie sofort den Einfall: Ingeborg Bachmann, eine Schriftstellerin. Vor Jahren habe sie ihren Roman »Malina« gelesen. »Ich weiß nur noch, daß es sich um eine depressive Frauengestalt gehandelt hat. Meine Mutter hatte viel von ihr gelesen.« Sie verbindet die Autorin und die Romanfigur direkt mit ihrer Mutter. Sie habe immer schrecklich darunter gelitten, der Mutter Kummer zu bereiten. Daher sei ihr das Affenbeispiel auch so wichtig gewesen, weil darin keiner den anderen behindere. Zu »azupt« fällt ihr ein: von der Brust abgezupft werden. »Ich kriege die Brust richtig aus dem Mund gezogen, gezupft.« Die dritte Fehlleistung »schreck« war mir seinerzeit selber nicht aufgefallen. Ich vermute, daß sich darin ihr Bemühen ausdrückt, ihren eigenen Schmerz möglichst zu verkleinern, um den der Mutter nicht noch zu vergrößern.

Unter dem Aspekt der Ergänzung der Wahrnehmungs- und Verstehensdimension möchte ich auf einen fruchtbaren Moment im Therapieprozeß hinweisen, den ich insbesondere bei Patienten beobachte, die durch einen mangelnden Kontakt zu sich und der Welt charakterisiert sind. Dieser Augenblick ereignet sich, wenn der Patient in einem Handlungsdialog eine eklatante Diskrepanz bemerkt zwischen der Harmlosigkeit, mit der er die vorgeschlagene Handlung beurteilt, und der Bedrohung, die er während der realen Erprobung erlebt. In diesen Situationen bietet die Körperpsychotherapie dem Patienten weitere Möglichkeiten an, sich diesen Bedrohungen in selbstdosierten Zwischenschritten zu nähern. Ich denke z.B. an Patienten, die sich der Selbsterfahrung anzunähern wagten, daß sich meine Hände unter ihrem Nacken erlebnismäßig in einen Schraubstock verwandelten, zwischen dessen Eisenblöcken ihr Kopf zermalmt zu werden drohte. Das reale Erleben der Patienten läßt sich durch Dichotomien wie »ich-synton – ich-dyston« oder auch »rational-emotional« nur unzulänglich beschreiben.

Um entsprechende Erfahrungen aus der Körperpsychotherapie angemessen zu beschreiben, bedarf es oft einer eigenen Sprache. Näherungsweise läßt sich die Selbsterfahrung der Patienten etwa so fassen: Sie spüren in einer ihr gesamtes Selbst durchflutenden Weise, wie sich ihre Selbstbewegungen nach innen richten, sich total verkrampfen, wie sich ihre seelische Wirklichkeit auf einen imaginären Fluchtpunkt im Leib bis hin zur Unmerklichkeit verkleinert, so als könnten sie durch diese Selbsteinschränkung der befürchteten Fremdzerstörung entgehen. So machen die Patienten eine leibhaftige Erfahrung ihres massiven narzißtischen Rückzugs. Ich denke hier auch an Patienten, die sich unter meiner Hand, die ich ihnen leicht auf den Bauch gelegt hatte, völlig zusammenkrampften. In diesen und ähnlichen Erfahrungen stellen die Patienten mit leibhaftiger Gewißheit fest, wie stark sie sich durch einen Kontakt mit sich und anderen bedroht fühlen und wie sehr sie sich selbstaktiv zu schützen gelernt haben, indem sie ihre Lebendigkeit minimalisieren. Wenn die Selbstabtötung im Dienste der Selbstsicherung mit einer solchen Evidenz spürbar wird, eröffnet sich immer eine neue Phase der Therapie.

3.1.2 *Vertiefung*

Wenn der Therapeut systematisch auch die leiblichen Momente der Selbstbewegung, die des Patienten und die seinigen in der Gegenübertragung, in das Spektrum seiner freischwebenden Aufmerksamkeit nimmt und den verkümmerten, unterdrückten oder verkrampften Bewegungsimpulsen durch das Angebot von Handlungsproben einen geschützten Entfaltungsspielraum bietet, werden immer wieder prototypische Beziehungsgestalten ins Bild gerückt und hochbedeutsame Schlüsselerlebnisse wiederbelebt, deren Sinn sich unmittelbar in der sich herausbildenden Szene erschließt. In erstaunlicher Weise vertiefen und wandeln sich dann die dem Patienten bereits bekannten und nicht selten auch von ihm in langen Analysen sehr differenziert untersuchten Kindheitserinnerungen. Die scheinbar lustigen Anekdoten, die in Familien häufig tradiert werden, strukturieren sich hierbei nicht selten um zu jenen erschreckenden Erfahrungen, zu deren Abwehr diese Familiengeschichten produziert wurden und immer wieder reproduziert werden.

Die Körperpsychotherapie stellt eine Fülle von Probehandlungen bereit, die so hochsymbolisch sind, daß sie immer wieder den Rahmen für die Herausgestaltung früher Kindheitserinnerungen bilden. In ihnen drücken sich die individuellen Not- und Konfliktlagen mit ihren bis in die aktuelle Beziehungsgestaltung hinein nachwirkenden Sicherungstendenzen aus. Ein Beispiel ist das »reaching out«, bei dem sich der Proband auf den Rücken legt und die ausgebreiteten Arme langsam vom Boden abhebt, sie oberhalb der Brust zusammenkommen und sie dann wieder langsam zum Boden zurücksinken läßt. Dieses Ausreichen bringt, zumal wenn es nonverbal durchgeführt wird, eine Modellsituation des Kleinkindes zum Ausdruck und belebt deswegen auch immer wieder bedeutsame, dem bewußten Erleben bisher unzugängliche, es jedoch nachhaltig bestimmende Gefühlserfahrungen und Schlüsselerlebnisse. Eine Frau geriet z.B. während eines Einführungskurses zur Körperarbeit mit selbsterfahrenen Teilnehmern in eine ihren ganzen Körper erfassende Verkrampfung. Sie krümmte und wandt sich, ihr Atem stockte, die Hände ballten sich zu Fäusten, so daß die Knöchel weiß anliefen. Schließlich bebte und zuckte sie am ganzen Körper. Kein Ton, kein Schrei, nur ein dumpfes, gequältes Stöhnen. Nachher berichtete sie höchst überrascht, daß sie die immer wieder kolportierte, lustig verbrämte Erzählung ihrer Mutter vor Augen hatte, nach der ihr als Kind das nächtliche Daumenlutschen abgewöhnt werden sollte, indem sie mit den Ärmeln des Nachthemds an die Gitter des Kinderbettchens gebunden wurde. Über die körpertherapeutische Bereitstellung fand sie einen unmittelbaren Zugang zu ihrer Wut, ihrer Verzweiflung und ihrer Angst vor Nähe und zu den entsprechenden Sicherungen, die sich bis in ihre aktuelle Wirklichkeitsgestaltung hinein beobachten ließen.

An solchen Beispielen könnte der Leser – wie ich anfangs auch – erstaunlich finden, daß derartig intensive und zentrale Erfahrungen scheinbar unabhängig von einem therapeutischen Prozeß und durch das »bloße« Angebot der Erprobung freiwerden. Mittlerweile vertraue ich viel mehr der geheimen Psychologik des Seelischen und bin mir sicher, was theoretisch schon klargewesen ist, daß die lebensstiltypische Wirklichkeitsgestaltung immer tätig ist und alle sich ihr bietenden Felder nutzen muß, um sich szenisch zu arrangieren. Darin liegt ja auch die psychotherapeutische Ergiebigkeit der Gruppenbehandlung. Die Gruppe stellt gewissermaßen eine modellhafte Rahmenbedingung dar, in der die unerledigten Probleme des Patienten erfahrbar und bearbeitbar werden. Das folgende Beispiel soll zeigen, wie durch eine bewegungs- oder körperpsychotherapeutische Intervention auch im Medium der Gruppe die unbewußte Wirklichkeit eines Gruppenmitgliedes und die entsprechenden Verstrickungen der übrigen Gruppenmitglieder in ein für alle verstehbares Bild gerückt werden kann.

Wenn Lichtenberg (1987) auf die Bedeutung von Modellsituationen der Kindheit als Möglichkeiten des besseren analytischen Verstehens hinweist und damit die hermeneutischen und reflexiven Wege analytischen Durchdringens anspricht, verdeckt er das, was er vermutlich selber ahnt: daß es bildhafte, handlungs- und bewegungsgetragene Formen des Verstehens und Begreifens gibt, welche die abstrakten, sprachsymbolischen Formen als notwendige Vorbedingungen begründen. Dem entsprechend zeigt auch das folgende Beispiel, wie sich eine verbal-analytisch ausgiebig bearbeitete Kindheitserinnerung während einer Handlungsprobe umstrukturiert und einen tieferen psychologischen Sinn offenbart:

Eine vierzigjährige Lehrerin gerät während einer analytischen Selbsterfahrungsgruppe immer deutlicher in ihre personcharakteristische Notlage: Zunehmend verdichtet sich bei ihr der Eindruck, in der Gruppe zu kurz zu kommen; insbesondere fühlt sie sich einer anderen Frau gegenüber zurückgesetzt. Ähnlich erlebte sie sich von ihrer älteren Schwester, die immer im Mittelpunkt habe stehen wollen, aus der Familie gedrängt. Da sie sich weder von der Mutter noch vom Vater, einem angesehenen Pfarrer, angenommen fühlte, entzog sie sich der Familie weitgehend bzw. versuchte die ihr fehlende Aufmerksamkeit durch Provokation zu erlangen (z.B. indem sie dem Vater Geld aus dem Klingelbeutel stahl).

Ähnlich herausfordernd macht sie in der Gruppe nach einer längeren Zeit des Zurückgezogenseins und sich Zurückgesetztfühlens auf sich aufmerksam. Nachdem die Gruppensitzung bereits beendet ist, stellt sie sehr erregt und vorwurfsvoll den »offiziellen Antrag«, in der nächsten Sitzung endlich auch einmal Zeit für ihre Probleme zu erhalten. Dabei klagt sie sowohl ihr Schwesternsubstitut in der Gruppe direkt an als auch indirekt alle übrigen, die zu wenig dafür sorgten, daß jeder zu seinem Recht komme.

In der nächsten Sitzung hat sie nun die Zeit und die Aufmerksamkeit, die sie reklamiert, aber natürlich nicht die, die sie sich ersehnt. Viele in der Gruppe sind wütend auf sie, und die gereizte Atmosphäre scheint alles andere als für einen fruchtbaren Austausch geeignet. Das wird auch von ihr thematisiert, indem sie ihre Schwierigkeiten betont, sich in dieser Situation auf die Gruppe einzulassen. Einige der Gruppenmitglieder kontern mit Finaldeutungen, um die latente Schuldzuschreibung der Frau umzudrehen, indem sie ihr nachzuweisen versuchen, daß sie die gereizte Stimmung nach der vergangenen Sitzung bereits initiiert habe, um beim nächsten Mal eine Rechtfertigung für den eigenen Rückzug zu erhalten. Diese und ähnliche Unterstellungen machen es ihr noch schwerer, sich zu öffnen, und sie äußert schließlich immer deutlicher den Wunsch, sich am liebsten ganz zurückziehen zu wollen. Ich greife dieses Bedürfnis auf und schlage ihr vor, das einmal räumlich auszuprobieren und zu spüren, was dann geschehe. Sie geht darauf ein und »versteckt« sich hinter der Couch in einer Ecke. Während sie dahinter hockt, setzt die Gruppe sich weiter mit dieser Situation auseinander. Ein Gruppenmitglied, das zu ihr eine enge emotionale Beziehung entwickelt hat, sagt währenddessen: »Ich finde es schade, daß Erika weg ist. Sie fehlt mir.«

Kurze Zeit später kommt sie aus ihrem Versteck heraus und ist sehr betroffen. Was ist passiert? Sie hat in ihrer isolierten Situation etwas völlig Neues und Unerwartetes für sich gewonnen. Sie sei zunächst erleichtert gewesen, als sie sich dem Druck der Gruppensituation entziehen konnte. Dabei ist ihr eine seit längerem vertraute und in ihrer vorausgegangenen Einzelanalyse bearbeitete Kindheitserinnerung, die sie auch »schriftlich festgehalten« (!) habe, wieder eingefallen: wie sie unter blauem Himmel allein im Kornfeld sitzt und ihre selbstgepflückten Brombeeren ißt. Sie sei bisher immer froh gewesen, wenigstens diese eine angenehme Erinnerung zu haben. Als sie sich an diese Situation erinnert und ein Teilnehmer gesagt habe, daß sie ihm fehle, sei diese Erinnerung gefühlsmäßig völlig gekippt. Sie habe plötzlich gespürt, wie einsam sie in dieser Situation einer vermeintlichen splended isolation gewesen sei und wie sehr sie sich immer gewünscht habe, daß es den Bezugspersonen überhaupt auffalle, wenn sie nicht da sei. Diese scheinbar so schöne Erinnerung habe bisher völlig verdeckt, wie unglücklich sie darüber gewesen sei, daß niemand zu Hause von ihrer Abwesenheit Notiz genommen habe. Sie habe sich deswegen immer wieder überflüssig gefühlt. Als sie ihre Trauer und Betroffenheit der Gruppe mitteilt, kann diese sich auch in ihre aktuelle Gruppensituation einfühlen. Der eingeschränkte und erstarrte Dialog zwischen ihr und der Gruppe war erweitert worden und wieder in Bewegung geraten.

Die vertiefende Wirkung handlungs- und leiborientierter Interventionen gilt nicht nur in Hinsicht auf eine »regressiv« gerichtete Wiederbelebung chronischer Kindheitserfahrungen, sondern sie bietet auch hilfreiche Möglichkeiten, die unbewußten Kräfte der aktuellen Selbstbewegung leibhaftig zu erleben:

Die Therapie einer Patientin mit diffuser Ich-Identität ist stark beeinträchtigt durch eine Abwehrform, in der alle Rudimente ihrer Selbstbewegung unkenntlich gemacht werden müssen. Anfangs ist sie nicht einmal in der Lage, konkrete Konsultationsgründe anzugeben. Was immer sie ausspricht oder was immer ich aufgreife, im therapeutischen Dialog verliert es sich alsbald – wie sie es treffend beschreibt – in einem »Nebel von Unklarheiten«, in einem »konturlosen Einheitsbrei«. Ich fühle mich in einem undefinierbaren Gemisch aus Festgehalten- und Ferngehaltenwerden. Auch der Versuch, ihr Beziehungsangebot als eine unbewußte Kompromißbildung zwischen Nähe- und Distanzwünschen zu verstehen, verliert sich bald wieder in der nächsten Verwirrung. Im Wissen um ihre vielen Analysestunden, die sie bereits in früheren Therapien absolviert hat, entschließe ich mich zu einer körperpsychotherapeutischen Intervention. Da ich vermute, daß ein Angebot, das Abgrenzung und Berührung gleichermaßen fokussiert, förderlich sein könne, frage ich sie, ob sie einmal ausprobieren möchte, ihre Fußsohlen seitlich gegen meine Oberschenkel zu stellen. Sie stimmt zu, da sie sich selber davon ein Weiterkommen verspricht. Nach dieser Probehandlung kann die Patientin verblüffend klar über eine sie zutiefst überraschende Erfahrung reden: Sie hat in dem nach außen hin völlig ruhigen Körperkontakt eine leibhaftige Ambivalenzerfahrung gemacht. Obwohl sich äußerlich überhaupt nichts verändert, merkt sie, wie sich auf einmal all ihre Energie aus ihren Füßen in den Körper zurückzieht, und sie gleichzeitig deutlich eine Gegenbewegung spürt, nämlich sich mit ihren Füßen an mir festkrallen zu wollen. Da sie ihre diesbezüglichen Erfahrungen in einem Tagebuch skizzierte und nichts gegen ihre Veröffentlichung einzuwenden hatte, möchte ich sie hier persönlich zu Wort kommen lassen:

»Im Liegen halte ich meine Fußsohlen gegen seine Oberschenkel. Erst ist es mir ganz angenehm, gibt Sicherheit, so etwas wie das Gefühl `Boden unter den Füßen zu haben`. Gleichzeitig schleicht sich ein Eindruck ein, daß diese Art und Weise konkreter Handlung auch etwas Ungeheuerliches hat; und wenn es mir anfangs auch noch wohl dabei war, daß er die Beine nicht zu mir hin und nicht von mir weg bewegte, so wird mir in dieser Lage zunehmend traurig zumute. Ich habe den Eindruck, ich ziehe die Energie aus den Füßen und Beinen ab, ohne daß sich faktisch an der äußerlich sichtbaren Situation etwas ändert und bin sicher (genauer: es ist mir selbstverständlich), daß ein ähnlicher Prozeß auch bei ihm stattfindet. Parallel entsteht eine Gegenbewegung aus Sorge (Heistis Beine rühren sich nicht, könnten tot sein), und um den Kontakt doch nicht zu verlieren, schwappt der Energiefluß genau umgekehrt in die entgegengesetzte Richtung, ich habe das Gefühl, meine Füße wachsen und schlingen sich wie Krallen um seine Oberschenkel, um ihn nicht zu verlieren, dabei muß ich mich ganz leicht machen, man darf das nicht merken (maximale Distanzierung und maximale Sehnsucht in der kleinsten Sequenz). Beides, also innere Emigration , Rückzug und Gegenbewegung werden nach außen nicht sichtbar zum Ausdruck gebracht. In der Gefahr mutterseelenallein verlorenzugehen, erwächst die Gegenbewegung zu maximalem Anpassen an die Gegebenheiten des Gegenübers. Zurück bleibt nachträglich ein Gefühl von wohliger Irritation, ich fühle mich im Kern gerührt.«

Das Thema setzte sich in der folgenden Stunde noch fort. Diesmal probierte sie aus, sich mit ihren inneren Handflächen den meinigen zu nähern. Hier spürte sie deutlich ihre Hemmung, einen solchen körperlichen Kontakt herzustellen und sie schreckte vor einer leblos antizipierten Berührung zurück. Die Beziehungsängste hinsichtlich einer depressiv entrückten Mutter und eines schizoid versteinerten Vaters wurden deutlich, aber auch ihre Selbstsicherung, indem sie ihre passive in eine aktive Position umkehrte: Um dem erwarteten Schock, mit ihrer Lebendingkeit vor die Wand unempathischer Bezugspersonen zu prallen, zu entgehen, erstarrt sie, vernichtet sie die eigenen seelischen Regungen vorsorglich selber, bevor sie von anderen annulliert oder verachtet werden können. Diese basalen Beziehungserfahrungen bieten ihr nun einen neuen Schlüssel, um eine ganze Reihe von aktuellen Beziehungsschwierigkeiten, inklusive der zwischen uns, zu bearbeiten.

3.1.3. *Nacherfassung*

Lichtenberg verweist an einem Beispiel aus seiner Praxis auf beobachtbare Lebensäußerungen (z.B. Mundbewegungen), die durch die Methode der freien Assoziation unzugänglich blieben und »jenseits der Deutung« existierten. Ich stimme ihm zu, daß es sich hier um präverbale Erfahrungsniederschläge handelt, die in der späteren Entwicklung symbolisch nicht neu aufgezeichnet worden sind (1987, S.138). Dem Körpertherapeuten sind diese Phänomene sehr vertraut, und er kann sie relativ leicht aufgreifen. In der Körper- oder Bewegungstherapie gibt es viele Möglichkeiten auch noch diesen quasi inkorporierten »Assoziationen« oder »Kindheitserinnerungen« zu folgen und sie analytisch bearbeitbar werden zu lassen: So kann der Therapeut die Aufmerksamkeit des Patienten auf unausdrückliche Bewegungen des Mundes, der Lippen, des Kiefers usw. richten; er kann ihm vorschlagen, die beobachtbaren Bewegungen zu maximieren; er kann ihn anregen, einmal seinen Mund eine längere Zeit, möglichst ohne zu sprechen und vielleicht bei geschlossenen Augen, zu bewegen; er kann ihm vorschlagen, seinem Atem einen Ton zu geben; und er kann ihm eine Probehandlung vorschlagen, nämlich den Handballen auf die sich bewegenden Lippen zu legen.

Ich erinnere mich an einen Patienten, der bereits in der Säuglingszeit zum heftig umkämpften Streitobjekt in einer latent aggressiven Mutter-Tochter-Symbiose wurde und der bei dieser Szene über einen Würgereflex eine verzweifelte, in seinen aktuellen Beziehungsgestaltungen noch nachhaltig wirksame Zerreißprobe wiederbelebte, nämlich zwischen der Not, an der Brust der sich an ihm festhaltenden Mutter erstickt zu werden, und der Not, mit der Trennung von der Mutterbrust unmittelbar seiner dominanten Großmutter ausgeliefert zu sein.

Wenn Kritiker das Spektrum therapeutischer Interventionen grob spalten in ein verbales Verstehen auf der einen und ein Ersetzenwollen der primären Bezugspersonen auf der anderen Seite, dann wird mit dieser Selektion die Fülle nonverbaler Symbolisierungen auf dem breiten Spektrum zwischen abstrakter Versprachlichung und konkreter Verwirklichung übersehen.

Die Notwendigkeit, primäre Erfahrungsniederschläge nachzuerfassen, ist allerdings von weitergehender Bedeutung, als das angesprochene Beispiel der unverstanden gebliebenen Mundbewegung zeigen könnte. Es stellt sich doch die generelle Frage, wie Patienten zu behandeln sind, deren aktuelle Probleme über eine lange Geschichte vergeblicher oder notdürftiger Selbstheilungsversuche bis in nachhaltige Entgleisungen des frühen Handlungsdialogs zurückreichen. Zu dieser grundlegenden Frage möchte ich auf ein typisches Interaktionsproblem eingehen, das jedem Therapeuten vertraut sein wird. Ich spreche von Patienten, die uns in einem ununterbrochenen Redefluß zu umgarnen und festzuhalten versuchen. Dem Analytiker ist vertraut, daß das permanente Reden auf einen frühen Mangel an verläßlichen Objekten bzw. Übergangsobjekten hinweist. Nun gibt es viele Patienten, die dieses Verhalten beibehalten, selbst wenn sie einsehen, daß sie mit ihrem endlosen Redefluß die Bezugspersonen festhalten und die Angst vor dem Objektverlust abwehren, ganz zu schweigen von den Patienten, die diese Deutung überhaupt nicht nachvollziehen können.

Wenn man solchen Patienten anbietet, ihnen während des Zuhörens die Hand unter den Nacken zu legen, ergibt sich mit großer Regelmäßigkeit eine den Patienten erstaunende, die komplette Selbstbewegung durchströmende Selbsterfahrung: der hektische Redefluß ebbt allmählich ab, der Patient wird spürbar ruhiger und oft wird ihm unmittelbar bewußt, wie sehr er mit seinem Reden seine Trennungsängste abzuwehren und sich einen permanenten Kontakt zu sichern versucht (Heisterkamp 1991b, 79ff.). Er kompensiert also ein entwicklungsmäßig frühes Mangelerlebnis behelfsmäßig durch ein entwicklungsmäßig späteres Mittel. Deswegen könnte man hier von einer notreifen Kompensation sprechen. Er wird so lange auf diese, das originäre Leid immer wieder reproduzierende Sicherung fixiert bleiben, wie er seine präverbalen Widerfahrnisse nicht bewußt begreifen kann. Noch weniger zugänglich für eine ausschließlich verbale Analyse sind die Aus-

wirkungen präsymbolischer Traumatisierungen im Blickkontakt. Wenn ich mich mit einem solchen Patienten auf der Ebene rein sprachlicher Kommunikation bewege, besteht die Gefahr, daß ich im Rahmen seiner neurotischen Nichtbezogenheit mit sich und der Welt bleibe. Mit anderen Worten, um seine Not- und Konfliktlage überhaupt erst bearbeiten und integrieren zu können, muß sie für ihn als solche überhaupt erst spürbar und ausdrückbar werden. Deswegen muß der Patient auf der Ebene der Kommunikation erreicht werden, bis zu der die aktuelle Störung als notdürftiger Selbstheilungsversuch zurückreicht (Moser 1987, 1989a). Hier möchte ich einem Mißverständnis vorbeugen, als gehe es nur darum, den Patienten bis zu seinem ursprünglichen Trauma zurückzuführen. Seine aktuellen Beziehungsstörungen werden erst begreifbar, wenn sie in der basalen Form eines präverbalen, »sensomotorischen« Bewegungsmusters ausgedrückt werden können. Wenn man das erreicht, tauchen psychologisch auch entsprechende »Modellsituationen« (Lichtenberg) der frühen Kindheit auf. Das Entscheidende ist nicht die biographische Entdeckung, sondern die aufschlüsselnde Bedeutung der basalen Bewegungs- oder Handlungsmuster für die aktuelle Gestaltung des Kontakts.
Ich habe den Eindruck, daß wir uns sehr schwer damit tun, die frühen Nachwirkungen im aktuellen Erleben, die Geschichte individueller Selbstbehandlung nachzuvollziehen und die zum Überleben notwendig gewordenen Selbstsicherungen sukzessiv und regressiv zu bearbeiten. Wir bewegen uns hier auf psychologischem Neuland. Ich kann alle meine eigenen Erklärungsversuche noch als vorläufig ansehen. Wenn ich in diesem Zusammenhang allerdings lese, man könne die Vergangenheit nicht ungeschehen machen, das Rad der Geschichte nicht zurückdrehen oder Patienten nicht nachträglich eine bessere Mutter sein usw., dann folge ich diesen globalen Behauptungen nicht mehr, weil sie einen – für viele andere – offensichtlichen Bereich der seelischen Wirklichkeit ausklammern. Wenn ich solche Kritiken persiflieren wollte, könnte ich das nachfolgende Beispiel mit dem Worten einleiten: Wie ich einmal einer vierzigjährigen Frau eine neue Geburt schenkte. Es bringt die obige Problematik auf den Punkt. Es geht auch in einer leibfundierten analytischen Psychotherapie nicht darum, Ver-

gangenes ungeschehen zu machen, zu einem einmaligen Trauma zurückzukehren oder jemanden für seine frühen Widerfahrnisse zu entschädigen. Auch hier stehen alle regressiven Prozesse im Dienste der Progression. Da diese auf Balint zurückführende Formulierung aber mit der Unklarheit des Regressionsbegriffes wieder viele Mißverständnisse in sich birgt, möchte ich vor dem angekündigten Beispiel noch folgendes klären:

1. Analytisch fundierte Psychotherapie muß immer einen Weg zwischen der Szylla maligner Regression und der Charybdis maligner Progression finden.

2. Es geht in der leibfundierten analytischen Psychotherapie immer um das sich differenzierende und vertiefende Verstehen der aktuellen Wirklichkeitsgestaltung des Patienten.

3. In den aktuellen Selbstbehinderungen wirken oft so frühe Erfahrungen nach, daß es entwicklungsanaloger Sinnerfassungsmodi bedarf, um überhaupt wahrnehmen und begreifen zu können, wo das Sinnkontinuum der eigenen Individuation verlorengegangen ist.

4. Es läßt sich im Sinne Piagets (1946) eine regressiv gerichtete Entwicklungsreihe des Verstehens denken, die von abstrakten kognitiven Einsichten über szenisch-bildliche Formen bis hin zu operativen und organismischen Modalitäten des Wahr-nehmens und Be-greifens reicht. Ohne Fundierung der späteren Formen in den früheren bleiben jene abstrakt und unlebendig.

Ich möchte dazu jetzt einen Ausschnitt aus einer langwierigen und komplizierten Analyse schildern, in der eine Patientin in einem Prozeß rückkehrenden Erinnerns zu tiefen aktuell wirksamen Gefühls- und Körpererfahrungen gelangte, die bis in die traumatischen Erfahrungen ihrer Geburt zurückreichten.

Die Patientin, eine Ausländerin, war nach einem Schlaganfall in die Analyse gekommen. Es entwickelte sich eine sehr schwierige, aber auch sehr interessante Arbeit. Schwierig, weil die Patientin in einem ungeheueren Maße den Kontakt zu sich, vor allem zu ihrem leiblichen Erleben, verloren hatte, so daß der interaktive Bezug zu ihr – besonders in der langen

Phase, in der sie für konkrete Berührungen oder andere körperpsychotherapeutische Interventionen überhaupt nicht zugänglich war – unter eine menschenmögliche Grenze des Erträglichen sank. Sie distanzierte sich anfangs strikt von allen Angeboten zu einer leibfundierten Erkundung, und es bedurfte einer längeren Phase der vorsichtigen und skeptischen Annäherung. Damit der Leser sich ein Bild vom Selbstverlust der Patientin machen kann, sei hier die Erinnerung der Patientin berichtet, nach der sie als achtjährige von ihrem wesentlich älteren Halbbruder ihre erste Puppe geschenkt bekam. Sie war in einer Plastikhülle verpackt und mußte auf Geheiß der Mutter in einer Glasvitrine stehen, damit sie nicht beschädigt wurde. Die Patientin war schließlich doch, und zwar mit der in diesem Fall meines Erachtens unersetzlichen Hilfe körperpsychotherapeutischer Verfahren mit sich in Kontakt und in einen spannenden sowie interessanten analytischen Prozeß gekommen.
Dieser scheint nun in der 342. Stunde durch einen plötzlich und unvermittelt auftauchenden Wunsch der Patientin, zu einer Analytikerin an ihrem Wohnort zu wechseln, in Frage gestellt. Ich spüre bei dieser Ankündigung einen kurzen, stichartigen Schmerz in der Herzgegend. Ich fühle mich verraten. Gleichzeitig bin ich unsicher, ob ich meine persönliche Kränkung therapeutisch nutzen kann, ohne der Patientin vorwurfsvoll zu begegnen und die Analyse zu gefährden. Da ich meine Unsicherheit spüre, spreche ich meine Gegenübertragungsreaktion vorsichtshalber am nächsten Tag in meiner kollegialen Supervision an. Dabei wird es mir möglich, zu meinem Gekränktsein zu stehen, es auf den unvermittelten Bruch eines intensiven Kontaktes, der mich auch um die »Früchte« eines interessanten gemeinsamen Werkes gebracht hätte, zu beziehen, und so viel Abstand zu dieser Gegenübertragungsreaktion zu finden, daß ich mir gelassen die mögliche Bedeutung dieser Verletzung für die Patientin zusammen mit den Kollegen/Innen angucken kann. Darüber hinaus bin ich wegen meiner eigenen guten Erfahrungen von Reanalysen überzeugt, insbesondere wenn dabei auch das Geschlecht des Analytikers wechselt. So gehe ich gut vorbereitet und neugierig gespannt in die nächste Sitzung.
Die Patientin berichtet, sie habe weiter überlegt, was »das Phantom der Analytikerin« bedeute. Sie habe auch einmal bei ihr angerufen und dabei ihre Stimme gehört, allerdings nur auf dem Anrufbeantworter. Es sei eine feste und klare Stimme. Sie passe zu ihrer zarten, aber »drahtigen« Figur. Sie habe sie nämlich schon einmal gesehen. Von der Erscheinung her ähnele sie ziemlich ihrer Mutter, von der sicheren Ausstrahlung her sei sie mehr das Gegenteil. »Was will ich wohl bei dieser Frau noch?« Sie finde keine Antwort darauf. Ich äußere meine Vermutung, daß sie bei dieser in ihrer Identität als sicher erlebten Mutterfigur vielleicht noch die Erlaubnis

einholen möchte, sich auf Beziehungen zu Männern einlassen zu dürfen. Sie stutzt, denkt nach und meint, da sei etwas dran. Sie kommt dann auf eine Episode zu sprechen, in der sie von ihrer Mutter auf den Besuch des Vaters, der sich ein- oder zweimal im Jahr bei ihnen hatte sehen lassen, vorbereitet und angehalten worden sei, sich ihm gegenüber so zu verhalten, als ob sie ihn möge und sich über seinen Besuch freue. Sie geht dann auf das plötzliche Verschwinden des Vaters, wenn er über Nacht wieder »davongeflattert« sei, und ihren lange verleugneten Verlustschmerz ein.

In diesem Zusammenhang gewinnt mein plötzlicher Herzschmerz eine Bedeutung, einmal als eine konkordante Gegenübertragung mit dem Kind, das einen heftigen Verlust spürt, ihn aus Loyalität mit der Mutter nicht zu artikulieren wagt und sich genötigt fühlt, ihn körperlich zu »entsorgen«. Weiterhin wird meine Reaktion auch als eine komplementäre Gegenübertragung deutlich, insofern sie gelernt hat, die schwer erträgliche Ohnmachtsituation des unvermittelt im Stich gelassenen Kindes in eine aktive Machtsituation zu wenden, indem sie dem befürchteten Abbruch aktiv zuvorkommt. Dazu kann sie eine Fülle von Einfällen aus ihrem bisherigen Leben und ihren bisherigen Männerbeziehungen beitragen. Schließlich wird auch die Reinszenierung in unserer Beziehung deutlich, insofern das Ende der Analyse absehbar und der Trennungsschmerz unausweichlich ist.

Es geht aber um noch tiefer Verborgenes, immer noch Wirksames. Mit geradezu traumwandlerischer Sicherheit führt sie mich dorthin, indem ich ihren leiblichen Selbstbewegungen folge. Als ich auf meine Gegenübertragungssituation hinweise, faßt sie sich stöhnend in ihre Herzgegend, als würde sie ebenfalls einen solchen Schmerz spüren. Dabei fragt sie sich erneut, wieso ihr während des gerade jetzt so spannenden Analyseprozesses mit seinen aufregenden Entdeckungen plötzlich »dieses Phantom« der anderen Analytikerin einfalle. Dann wandert ihre Hand vom Herzen wieder an die untere Stelle des Brustbeins und scheint darauf zu drücken. Sie atmet kaum sichtbar. Als sie während ihres Indienaufenthaltes in einem Hindutempel die fürchterliche Situation erlebte – sie leidet u.a. an einer Taubenphobie – von zahllosen Tauben umflattert zu werden, habe sie sich zusammengekrümmt und kaum mehr atmen können. Immer mehr und deutlicher drückt und klopft sie auf den unteren Teil ihres Brustbeines. Atembewegungen sind überhaupt nicht mehr sichtbar. Ich biete ihr an, meine Hand einmal auf die betreffende Stelle zu legen. Ihre Einwilligung klingt flehendlich bittend, beinahe drängend. Sie atmet schwer und mühsam und nimmt meine Hand in diesen Rhythmus hinein. Schließlich legt sie ihre Hand auf meine, verlagert meine ein wenig und drückt sie fester in ihren Atemrhythmus auf ihr Brustbein. Sie steigert den Druck

immer mehr. Ich merke, daß ich unsicher werde, was mit ihr bzw. mit uns geschieht. Ich schlage ihr vor, dem Atem einen Ton zu geben, da ich weiß, wie dieser auch in präverbalen Phasen eine klare Bedeutung vermittelt. Sie versucht es, dann stöhnt sie entsetzt auf: »Ich kann überhaupt nicht atmen, ich sterbe, ich bin schon tot.« Schlagartig habe ich das sichere Gefühl zu wissen, was ich durch mein festes rhythmisches Drücken auf ihren Brustkorb – unterstützt von meinem eigenen pointierten Atemrhythmus – mache: Ich reanimiere, ich mache Wiederbelebungsmaßnahmen. Nun ist die Szene für mich klar. Ich kann es kaum fassen, mit welcher traumwandlerischen Sicherheit mich die Patientin in die »Urszene ihrer katastrophalen Geburt geführt hat«. Ihr kommen wieder die Bilder von Blutströmen und herumschwirrenden und herumflatternden Flügeln. Es wird deutlich, daß die bereits erarbeitete Erinnerung an eine traumatische Szene, in der ihre Mutter nach der Explosion einer Karbitlampe in lodernden Flammen stand und um ihr Leben schrie, eine Deckerinnerung ist, die vor einer noch früheren Erfahrung, nämlich der einer katastrophalen Geburt während der Kriegswirren, schützt. Nachher ergänzt sie dazu, daß ihre Mutter während der Geburt beinahe gestorben wäre und daß ihre bei der Geburt anwesende Tante schriftlich ihr Einverständnis habe geben müssen, im Notfalle das Kind für die Mutter zu opfern.
Wir arbeiten, was wieder, wie früher, zunächst arge Schwierigkeiten der Verständigung bereitet, also auch in Worten noch einmal eine »schwierige Geburt« wird, allmählich eine klare Bedeutung heraus, die schließlich sprachlich ausgedrückt werden kann: »Ich habe eine ganz ungeheuerliche Erfahrung gemacht. Das ist, wie wenn ein Neapolitaner sagt: Noch einmal Napoli sehen, dann kann ich sterben. Diese Erfahrung gemacht zu haben, daß da jemand um mein Leben besorgt ist, um mein Leben ringt, daß da jemand ist, der mich am Leben halten will, der mich wirklich will, das ist so schön, daß ich danach sterben könnte.« Sie macht angesichts ihrer Todesängste eine tiefe Glückserfahrung menschlichen Existierens. Ich glaube, daß in solchen beglückenden Seinserfahrungen, die bei anderen Menschen in schöneren Situationen auftreten, die wesentliche Voraussetzung für ein erfülltes Leben und ein gelebtes Sterben liegt. Ich freue mich mit der Patientin. Es wird noch einmal tiefgreifender als bisher deutlich, wie sehr die Hörigkeitsgefühle gegenüber anderen und ihre Aufopferung für deren Bedürfnisse der Abwehr geradezu existenzieller Schuldgefühle dienen. Sie findet zahlreiche Beispiele, wie sie durch das Entgegenkommen der rigiden, latent depressiven Mutter in dieser Abhängigkeit verblieben ist und sich immer mehr wie unter einem Zwang fühlte, ihre originäre Lebendigkeit zu unterdrücken.

Unmittelbar nach der Sitzung, beim Hinausgehen aus meiner Praxis, so erfahre ich in der nächsten Woche, sei ihr dann noch etwas Wichtiges aufgefallen. Während der »Wiederbelebungsversuche« habe sie mich auch als »Taube« gesehen. Die Taube sei auch identisch mit dem Phantombild der weißeingewickelten Mumie (eine lange Zeit bei ihr vorherrschende Angstvorstellung). Sie sei seltsamerweise immer davon überzeugt gewesen, daß die Mumie ein Mann, und zwar ein Europäer, gewesen sei. Das sei ihr immer verrückt vorgekommen. Nach der letzten Sitzung sei es ihr unmittelbar klargewesen: Die männliche und europäische Mumie verkörpere den englischen Arzt, der nach der Geburt die Krisenintervention bei ihr durchgeführt und sie reanimiert habe. Sie wisse aus Erzählungen ihrer Mutter, daß sie in einem englischen Lazarett entbunden hat. Ein weiß gekleideter Arzt, eventuell noch mit Mundschutz, mag sich in der Erinnerung der Neugeborenen bzw. in dem diese Seherfahrung festhaltenden Erinnerungsbild dann wie ein wirres und gefährlich flatterndes Etwas ausgemacht haben. Der Arzt habe sie dann wohl, nach erfolgreicher medizinischer Intervention, beiseite gelegt. Während sie das erzählt, faßt sie sich an die Stelle des Brustbeins und sagt: »Ich spüre, daß es so war, daß das nicht nur plausibel ist, sondern für mich sehr bedeutsam.« Da diese Augenblicke, in denen sie so etwas sagt, für sie in ihrer Analyse selten sind, bin ich zutiefst von der Stimmigkeit überzeugt. Ich merke aber, daß ich neugierig werde und beschließe, sie zu fragen, wie sie das merke. Wenn sie darüber berichte, spüre sie, wie die Region um und unter ihrem Brustbein anfange, sich lebendig anzufühlen, wie wenn ein Bereich, der vorher taub und leblos ist, spürbar und erlebbar wird. Es sei, als ob sich ihr innerer Brustraum weite, als sei er vorher verengt gewesen.

Dann entsteht eine lange Pause und plötzlich, etwas überraschend für mich, geht ein heftiger Ruck durch ihren Körper und sie sagt: »Ich finde dich eklig, widerlich. Ich finde meinen Vater eklig, wie der mich im Stich gelassen hat. Ich finde K. (ihren Mann) zum Kotzen, wie der sich anstellt, bevor er sich für den Kauf eines bestimmten Computers entscheidet. Ich finde schon den Arzt zum Kotzen, der mich nach der Reanimation einfach beiseite gelegt hat. Ich finde dich eklig, weil ich mich auch auf dich nicht richtig verlassen kann.« Sie habe sich seinerzeit von mir verraten gefühlt, als ich mit dem delegierenden Arzt über sie gesprochen habe und habe mich unzuverlässig gefunden, wenn ich im Laufe der Analyse Termine verschoben habe oder nicht für sie da gewesen sei, als sie meinte, eine Stunde zu haben oder auch als ich einmal eine Stunde doppelt vergeben habe.

In meiner Mit-Bewegung fühle ich mich erleichtert und bin froh, daß sie die bis in früheste Erfahrungen zurückreichende Wut noch zulassen kann.

Da alle von ihr angesprochenen Komplexe bereits ausgiebig analysiert worden sind, verstehe ich diesen kurzen Wutausbruch als eine verdichtete Belebung von aggressiven Impulsen, die noch durch ihre tiefen Ängste und Schuldgefühle gebunden waren.
Gegen Ende der Sitzung erlebt sie sich befreit und glücklich. Nach meiner Erfahrung tauchen solche freudigen Gefühle auf, wenn Patienten ihre notgeborenen Selbstbehinderungen aufgeben können, damit die abgespaltenen Momente wiedergewinnen und integrieren und sich ihnen somit neue Spielräume der Selbstbewegung eröffnen. Auf diese Weise werden die vormals unregulierbaren Konfliktspannungen in kreativ regulierbares Erleben umgewandelt. Im Therapieverlauf folgte eine Phase immer deutlicherer Selbstfindung und Selbstbestimmung, die mit klaren Abgrenzungen von und vertieften Hinwendungen zu anderen einhergingen und kontinuierlich in die Ablösungsphase überleiteten.

3.2 Das seelische Geschehen strukturiert sich anschaulich

3.2.1 *Orientierung*

Psychotherapie ist bezogen auf die sich in jedem Moment des Lebens, so auch in der therapeutischen Situation ausformende Selbstbewegung in all ihrer Vielfalt. Der Begriff der Bewegung ist konkret genug, um an die zu erfassenden Phänomene angeglichen zu werden, und er ist allgemein genug, um als Grundgedanke für die Analyse dieses Geschehens zu dienen. Er ermöglicht einen reversiblen Austausch zwischen Phänomenen und Theorie. Die angestrebte ganzheitliche Erfassung des Bewegungsprozesses ist eine unendliche Aufgabe, die wir immer nur annäherungsweise und gemäß unserem forschungsgeschichtlichen und persönlichen Entwicklungsstand zu verstehen vermögen.
Wenn das sich herausbildende Ganze erfaßt werden soll, ergeben sich immer wieder Verwirrungen. So suggeriert die Rede von »Kopf« und »Bauch«, »Geist« und »Seele« ein statisches Nebeneinander von abgeschlossenen und getrennten Einheiten. Auch

substanzartige Worte wie Einfälle, Gedanken, Triebe, Gefühle, Phantasien, Affekte usw. verstellen bereits den Blick für die sich allmählich ausformenden Einheiten im Seelischen, aus dem sie wie dingliche Einheiten herausgelöst werden. Hier wird deutlich, wie wenig wir über das Bauklötzchendenken der Elementenpsychologie hinausgekommen sind. Jeder Psychotherapeut steht vor der grundsätzlichen Aufgabe, den vielschichtigen seelischen Prozeß in seinen Zwischenschritten zu erfassen und gleichzeitig den Blick für die umfassende und durchgängige Gestalt des Gesamtgeschehens nicht zu verlieren. Sich an der dem Seelischen eigenen Fließgeschwindigkeit zu orientieren ist sehr schwierig. Die Eigentümlichkeit der zu beobachtenden Selbstbewegung wird nur zu leicht durch kultur-, theorie- oder personspezifische Schemata verfremdet. Je abstrakter eine Theorie ist, um so mehr ist sie in Gefahr, den Bezug zu den Phänomenen zu verlieren. Für mich bieten dazu Vertreter der an Melanie Klein orientierten Psychoanalyse mit ihrer abstrakten und metaphorisch überzogenen Sprache besonders auffällige Beispiele. Sie wirkt auf mich wie die Kunstsprache eines Geheimbundes, der nur noch eine vorbestimmte Realität zuläßt. So beginnt Meltzer in einem Aufsatz über »Die Beziehung der analen Masturbation zur projektiven Identifizierung« nach einer kurzen Einführung das mit »Charakteranalyse« überschriebene Kapitel folgendermaßen:

»Unangemessene Spaltungs- und Idealisierungsprozesse (Klein 1957, 1983) in bezug auf Sauberkeitsanforderungen, die vor allem nach der Entwöhnung aktiv und durch die Erwartung oder Ankunft jüngerer Geschwister noch verstärkt werden, tragen zu einer starken Tendenz bei, das Rektum und seine fäkalen Inhalte zu idealisieren. Diese Idealisierung aber basiert größtenteils auf einer Identitätsverwirrung, die durch den Einsatz der projektiven Identifizierung zustande kommt, wobei das Gesäß des Babys und das der Mutter miteinander verwechselt und beide mit den mütterlichen Brüsten gleichgesetzt werden.
Rekonstruieren wir die Szene aus der analytischen Situation, so ergibt sich der folgende, typische Ablauf: wenn das Baby nach einer Mahlzeit ins Kinderbett gelegt wird und die Mutter weggeht, wird es Mutters Brüste feindselig mit ihrem Hinterteil gleichsetzen und

beginnen, seinen eigenen Po zu erforschen, seine Rundlichkeit und Sanftheit zu idealisieren und schließlich den Anus zu penetrieren, um an die zurückgehaltenen, verweigerten Fäzes zu gelangen. In diesem Penetrationsprozeß nimmt eine Phantasie Gestalt an, heimlich in Mutters Anus einzudringen (Abraham 1923), um sie auszurauben, wodurch die rektalen Inhalte des Babys mit den idealisierten Fäzes der Mutter verwechselt werden, die es empfindet, als würden sie ihm von ihr verweigert, um statt dessen den Vater und die inneren Babys zu nähren.
Dies hat zweierlei Folgen, nämlich die Idealisierung des Rektums als Nahrungsquelle und die projektive (wahnhafte) Identifizierung mit der inneren Mutter, die die Unterscheidung zwischen Kind und Erwachsenem in Hinblick auf Fähigkeiten und Vorrechte tilgen. Urin und Flati können ebenfalls einer Idealisierung unterliegen.
Auf den Erregtheits- und Verwirrtheitszustand, den die anale Masturbation hervorruft, folgt gewöhnlich eine bimanuelle Masturbation des Genitales (Phallus oder Klitoris) und Anus (mit der Vagina vermischt), die eine sado-masochistische, perverse koitale Phantasie produziert, in der die inneren Eltern einander großen Schaden zufügen. Die projektive Identifizierung mit beiden inneren Gestalten, die diese bimanuelle Masturbation begleitet, verletzt die inneren Objekte sowohl durch das gewaltsame Eindringen in sie als auch durch den sadistischen Verkehr, den sie zwischen ihnen entstehen läßt. Hypochondrie und paranoide Ängste sind deshalb zu einem gewissen Grad die ständige Folge« (Meltzer 1990, S. 131 f.).

In solchen und ähnlichen Beispielen geht zu viel von den beobachtbaren und erlebbaren Vorgängen, mit denen sich die Psychologie beschäftigt, verloren. Hier droht Psychologie und Psychotherapie manieriert zu werden und mit abstrakten Symbolen ihren Bezug zur Erfahrungsebene zu verlieren. Deswegen sollte es zur Grundausbildung jedes Psychotherapeuten gehören, den Prozeß der Selbstbewegung in seinen multimodalen Ausformungen beschreiben zu lernen. So können angehende Psychoanalytiker ein Gespür für den Ablauf des Seelischen sowie seine Behinderungen durch den Patienten und den Therapeuten entwickeln.

Eine gründliche Selbsterfahrung mit diesem Prozeß macht jeder Analytiker in der eigenen Lehranalyse. Es war für mich ein einschneidendes Erlebnis, als ich meine ersten Erfahrungen in einer klassischen Psychoanalyse machte und dabei durch Setting und Regeln auf den Prozeß meiner eigenen Selbstbewegung verwiesen wurde. Der aus der Bewußtseins- und Elementenpsychologie entlehnte Begriff der »freien Assoziation« erfaßt dieses Geschehen nur unzureichend. Wenn ich diesen historischen Begriff einmal überstrapaziere, würde ich sagen, daß sich durch eine Mitberücksichtigung der leiblichen »Assoziationen« bedeutsame Markierungen des seelischen Weges zeigen, denen der Therapeut sicher bis zu den Stellen folgen kann, an denen der Prozeß behindert ist. Selbst in diesen Engpässen und Sackgassen setzen die verkümmerten Reste der Selbstbewegung noch sichtbare, spürbare und faßbare Zeichen, wie sich der eingeschränkte Bewegungsspielraum wieder erweitern könnte. Insbesondere dort, wo der Patient sein Vertrauen in seine eigenen Selbstbewegungen und den Bezug zu sich selbst verloren hat, kann der im Körpererleben erfahrene Psychotherapeut noch die Überbleibsel der verbliebenen Lebendigkeit erfassen und für den Patienten zugänglich werden lassen.
Die organismischen Ausdrucksbewegungen sind mir immer mehr zu Leitlinien meines psychologischen Wahrnehmens und Handelns geworden. Sie zu beachten hilft mir besonders dabei, mich dem ursprünglichen Tempo des Seelischen anzupassen. Wenn ich bereit bin, mich von dem Patienten in seine Szene bzw. in sein Bewegungsmuster einbeziehen zu lassen, formt er allmählich seine lebensstiltypische Wirklichkeit aus. So gestaltet sich über eine Reihe anschaulicher Zwischenschritte eine bildlich unmittelbar faßbare Szene, die mit beispielhafter Evidenz wahrgenommen und mit leibhaftiger Gewißheit gespürt werden kann. Eine solche Veranschaulichung kann gleichzeitig und ganzheitlich, sozusagen »in einem«, komplexe Zusammenhänge faßbar werden lassen. Ich möchte auf diese Orientierungsfunktion leiblicher Ausdrucksformen an einem konkreten Beispiel aus dem Behandlungsprozeß eines narzißtisch strukturierten Patienten eingehen, der nach einer früheren, annähernd fünfhundertstündigen Psychoanalyse, bei mir erneut eine Behandlung anfing. Er konsultierte mich wegen ver-

schiedener psychosomatischer Beschwerden (Rücken-, Nacken- und Kopfschmerzen, Erschöpfungszustände) sowie wegen quälender Gefühle der Hoffnungslosigkeit und Leere.

Es ist die 24. Sitzung. In seinem grauen Sweatshirt und seiner schwarzen, verbeulten Cordhose, mit seinem aschgrauen Gesicht und seinem struppigen Haar, mit seinem leeren Blick und seinen hochgezogenen Schultern wirkt er auf mich wie erstorben. Er läßt sich erschöpft und stöhnend auf die Couch fallen. Dann schildert er, wie er unter seinen Schwächezuständen leidet. Sein Gesicht ist verspannt und mit einer Hand hält er sich den Nacken. Während er ausführlich und differenziert seine Symptome analysiert, merke ich, wie sich mein Atem immer mehr reduziert, ich müde werde und sich eine bleierne Lähmung über mich legt. Ich verstehe meine Gegenübertragung als Hinweis darauf, daß der Patient sich in seinen verbalanalytischen Anstrengungen verloren hat und unter seiner Selbstentfremdung leidet. Deswegen schlage ich ihm ein einfaches, aber bewährtes Mittel, sich selbst wieder mehr zu finden, vor: Ob ich ihm nicht einmal an seiner Statt den Kopf halten solle, während ich ihm weiter zuhören würde. Er nimmt das Angebot erleichtert an und kommt durch seine bisherigen Selbsterfahrungen und die handlungssymbolische Sicherheit des Gehaltenwerdens bald in Kontakt zu seinem abgewehrten Erleben, nämlich den verzweifelten Gefühlen einer tiefen Verlorenheit. Er fühle sich wie ein Kind bedroht, das »nach der Geburt einfach beiseite gelegt wird«. Dabei vertieft sich, ohne daß es dazu weiterer Hilfestellung bedarf, seine Atmung, und er spürt erste Lebensimpulse in Armen und Beinen.
Er hat die Empfindung, als ob »Stromstöße« in seine Beine und Arme fließen würden. Er fühle sich aber »viel zu schlapp«, sich zu bewegen. Er denkt darüber nach und vermutet, daß es Wut sein könnte. Ich selber halte das für plausibel, bin mir aber nicht sicher. Deswegen schlage ich ihm vor, es auszuprobieren und selbst zu erkunden. Er versucht kurz mit den Füßen zu treten und mit den Händen zu schlagen, um schnell wieder zu erschlaffen und erschöpft liegenzubleiben. Sein Kommentar: »Das kann es nicht sein.« Die Gesamtqualität des Bewegungsablaufes, nämlich eines heftigen Bewegungsimpulses, der noch, während er sich ausformt, wieder gestoppt wird, ist für mich deutlich genug, um mir ein Bild zu machen. Ich ahne eine kindliche Modellszene, die sich nach meiner Erfahrung häufig als bedeutsam erweist: die Situation auf dem Wickeltisch. Mir fällt ein strampelnder Säugling ein, der auf der Kommode liegt und mit seinen impulsiven Bewegungen Kontakt zu seinen Bezugspersonen gewinnt und leibliche Resonanz erfährt. Deswegen schlage ich ihm vor, seine Füße gegen meine Brust zu stellen und zu spüren, was er dabei erlebe. Er ist dazu

bereit. Kaum ist der Kontakt hergestellt, vollzieht sich mit ihm eine überraschende und erfreuliche Wandlung: Sein Gesicht hellt sich auf, ein fröhliches Lachen kommt aus seinem Mund und schüttelt seinen ganzen Körper. Es ergibt sich ein lustiges und anrührendes Spiel seiner Beine mit meinem Oberkörper, den er mit viel Vergnügen einmal näher zu sich heranholt, dann wieder wegschiebt, um schließlich ruhig zu verharren.

Ich freue mich darüber, daß er verschüttete Resourcen seiner Lebendigkeit wiederentdeckt hat und sehe dem weiteren Therapieprozeß zuversichtlich entgegen. In der anschließenden Reflexion stellt er ausdrücklich fest, wieviel Freude ihm dieses einfache Spiel bereitet habe und wie froh er sei, überhaupt einmal aus seiner »elendigen Gemütsverfassung« herausgefunden zu haben. Er hat dabei noch etwas Bedeutsames bemerkt. Unter seinen Fußsohlen, also genau an den Kontaktflächen zu meinem Körper, habe er »eine kalte Schicht« gespürt.

Diese Wahrnehmung macht ihm den Weg frei für ein leibfundiertes Verständnis seiner Selbstunterdrückung im Dienste des Selbstschutzes. Seine Erfahrungen aus der Entwicklungsprobe sowie meine aus der Mit-Bewegung offenbaren auch, wie sehr er durch seine Selbstsicherungen die drohende Gefahr eines Selbstverlustes mit den psycho-logischen Konsequenzen quälender Bewußtseinsleere heraufbeschwört, die ihrerseits seine Ohnmachts-, Verlorenheits- und Nichtigkeitsgefühle abwehrt.

Wie weit die Orientierungshilfen der organismischen Momente der Selbstbewegung reichen, zeigte sich bei dem obigen Patienten auch noch, als er bald danach auf gerippte Gummitücher und daraus erstellte Dessous für seine Partnerin als Stimulantien seiner sexuellen Lust zu sprechen kam. Sein Fetisch erwies sich als Erinnerungsbrücke, die trotz aller sonstigen Belastungen noch einen Bezug zu den Oasen relativen Wohlgefühls auf dem Wickeltisch herstellen konnte und später auch die erotische Wendung seines Hasses deutlich werden ließ (s. Stoller 1979).

Alfred Adler hat offenbar auch schon ein Gespür dafür gehabt, daß sich die Selbstbewegung besonders im Tun bedeutungsvoll erschließt. So macht er 1920 seine Zuhörer bzw. Leser auf einen therapeutischen Kunstgriff aufmerksam, der sich ihm in seiner Praxis als recht wertvoll erwiesen hat, nämlich sich »wie bei einer Pantomime zu verhalten, auf die Worte des Patienten eine Weile nicht zu achten und aus seiner Haltung und aus seinen Bewegungen innerhalb einer Situation seine tiefere Absicht herauszulesen« (1974, S. 63). Auch seine Feststellung »Der Dialekt der Sexualorgane ist besonders ausdrucksstark« (1929, 1981, S. 167) zeigt seine Beachtung leiblicher Ausdrucksbewegungen im seelischen Gesamtprozeß. Alle körperlichen Ausdrucksbewegungen sind anschauliche Handlungen, deren Sinn sich dem Beobachter, aber auch dem Handelnden selbst mit unmittelbarer Evidenz erschließt. Ähnliches gilt für die körperlichen Verspannungen und Verkümmerungen. Sie enthalten noch verbliebene rudimentäre Bewegungsimpulse und Handlungsentwürfe.

3.2.2. *Durchgliederung*

Der organismische Ausdruck in der Selbstbewegung des Patienten und in der Mit-Bewegung des Therapeuten bietet anschauliche und spürbare Orientierungspunkte in »verödeten Seelenlandschaften« und durchgliedert das psychische Gesamtgeschehen. Er fokussiert die aktuellen Fixstellen der individuellen Formenbildungen, die das Weiterkommen des Patienten bisher blockierten.

Ein etwa dreißigjähriger, kontrollierter und distanzierter Mann, zu dessen Beschwerden auch eine chronische Gastritis gehörte, kommt nach etwa 150 Analysestunden auf eine Reihe von vagen und abstrakten Themen, zwischen denen ich keinen rechten Zusammenhang erkenne, zu sprechen. Ich weiß nicht, worauf er eigentlich hinaus will und werde ungeduldig. Mir fällt für meinen Gefühlszustand der im Rheinland gebräuchliche Ausdruck »fickerig« ein. Er sitzt mir mit übergeschlagenen Beinen und angestrengtem Gesichtsausdruck und mich ständig beobachtend gegenüber. Je länger er redet, um so mehr nimmt mein Kopfdruck zu. Ich spüre eine deutliche Entspannung, als er auf eine konkrete Situation im Badezimmer zu sprechen kommt. Es war am Freitagabend, als seine Freundin und er sich im Badezimmer aufhielten: »Wir waren beide ...« Er stockt und hält den Atem an. Das Wort »nackt«, das ich für mich ergänzend hinzufüge, kommt ihm offenbar nicht über die Lippen. Nach kurzem Räuspern setzt er neu an: »Meine Freundin wusch sich am Waschbecken und ich hatte mich gerade auch gewaschen. Wir hatten nichts an.« Er schlägt sein übergelegtes Bein zurück, beugt sich etwas vor, seine Unterarme zucken andeutungsweise kurz nach vorne: »Sie stand so ... als ich sie so sah ..., ich wollte ..., ich hatte ...« Er schluckt zwischendurch, seine Atmung wird tiefer, in seine Augen tritt ein kurzes Leuchten ... »ich wollte sie so ..., eh ... anfassen, so um den ... Unterleib herum.«

Ich merke, wie er den nackten Körper seiner Freundin am liebsten von hinten umschlungen und sich vermutlich gern an sie geschmiegt hätte. Während er stockend erzählt, wie er sie von hinten umarmen wollte, kippt sein Körper nach vorne, zucken seine Arme zurück, klemmt er seinen Bauch ein und hält seine Hand davor, wie wenn er einen Tiefschlag in die Magengegend bekommen hätte. Sein Atem stockt. Für einen kurzen Moment erstarrt er wie zu einer Salzsäule. Ich selbst bin mit seiner Bewegung mitgeschwungen, merke, wie ich mich ebenfalls ansatzweise krümme und spüre auch dumpf eine Einwirkung in der Magengegend. Seine Freundin sei bei der plötzlichen Berührung heftig erschrocken und völlig erstarrt. Sie habe ihm Vorwürfe wegen dieses »hinterhältigen Angriffs« gemacht. Ich ahne das Entsetzen eines Liebenden, unter dessen gehemmten Annäherungen das Liebesobjekt versteinert.

Mir ist sofort der biographische Bezug präsent. Aus vielen Analysen kenne ich die von Patienten erinnerte »Modellsituation« (Lichtenberg 1987), in der sie als Kind in einer sehnsuchtsvollen Hinwendung wie vor eine abweisende Wand prallen, sich ohnmächtig, verzweifelt und verloren fühlen und allmählich den narzißtischen Rückzug antreteten, ohne die in den verschiedensten Symptomen eingefrorene Sehnsucht nach einem zärtlichen Austausch aufgeben zu können. Sie sind noch zusätzlich belastet durch die Angst, daß die aus dieser Frustration resultierende Wut nicht auch noch den kümmerlichen Rest von Kontakt zerstört. Diese Erfahrung ist für den Patienten in diesem Moment noch nicht wahrnehmbar.

Während ich erlebnismäßig noch in dieser Schrecksituation verweile, weicht er für mich abrupt in einen quälenden Zirkel wechselseitiger Schuldzuschreibungen und Rechtfertigungen aus. Diese gehen schließlich in kognitive Rekonstruktionsversuche über, in denen er auch einige Kindheitserinnerungen seiner Freundin bemüht. Währenddessen spüre ich, wie sich mein Kopfdruck erhöht.

Mein stellvertretendes Mitgehen, als er sich von seiner Freundin abgewiesen fühlt, mein Verharren bei seiner unmerklichen Verletzung sowie meine Verspannungen während seiner Intellektualisierungen zeigen mir, daß der Patient hier eine Szene schildert, in der sich ein frühes bis in die aktuelle Beziehung hinein nachwirkendes Bewegungsmuster in Szene setzt, ohne daß er es für die Bewältigung hinreichend in Worte fassen kann. Die Selbstbewegung ist in die Sackgasse einer nicht mehr beweglichen Gegensatzeinheit aus Hin und Weg, Liebe und Haß, Sehnsucht und Enttäuschung, Passivität und Aktivität, Erleiden und Zufügen geraten. Die blockierte individuelle Entwicklung drängt einerseits auf eine Verwandlung hin, andererseits wird die Weiterentwicklung durch die Sicherung auch vereitelt. Der Handlungsdialog der mißglückten und verschobenen Berührung wiederholt sich in der therapeutischen Beziehung dann nicht, wenn der Therapeut trotz der sichernden Distanzierung des Patienten sein einfühlendes Verstehen nicht aufgibt und sich von den unbewußten Kränkungen des Patienten berühren läßt. Er spürt die Not seines Patienten, die er mit seiner Partnerin und mit ihm in Szene setzt: liebevoll und sehnsüchtig den Kontakt zu einem geliebten Menschen zu suchen und dabei zu erleben, wie dieser unter seinen Händen erstarrt.

Die behinderte und verhinderte Annäherung tritt in dem obigen Beispiel in mehreren Formen auf: in der Art, wie der Patient sein Problem einleitet; inhaltlich in der berichteten Szene; intrapsychisch in der Schwierigkeit, sich auf sein eigenes Erleben einzulassen; sowie interpsychisch in der eingeschränkten Form der Kontaktaufnahme zu mir. Das Beispiel zeigt, wie hilfreich es ist, jede Selbstbewegung aus einer urtümlichen Keimform der Bewegung erwachsen zu sehen; denn:

»die Grundbewegung alles Lebendigen ist eine rhythmische Bewegung, diejenige des Pulsierens als Aus und Ein, Auf und Ab, Expansion und Kontraktion auf allen Ebenen. Es geht darum, wie ich in die Welt ausgreife und mich zurücknehme, Nähe schaffe und Distanz halte, gebe und nehme, wie ich Krisen, Übergangszeiten lebe, etc.« (Kummer 1989a, S. 159).

Wenn man dieses Konzept auf das Fallbeispiel bezieht, durchgliedern gerade die leiblichen Ausdrucksbewegungen in bedeutungsvoller Weise den Therapieverlauf: wie er wieder einmal eine Begegnung wagt, wie er sich dabei sichernd zurückhält, darüber der Kontakt verunglückt, er in einen Engpaß gerät und daraus wieder den gewohnten notdürftigen Umweg wählt. Er kann nicht anders, als sich seinem unerledigten Entwicklungsproblem immer neu zu stellen. Die Angst vor dem Ungewissen fesselt ihn jedoch noch in einem regressiven Bewältigungsmuster. Die anschauliche Strukturierung ist um so wichtiger, wenn die emotionalen Züge stark ver-

kümmert sind und die verbalen Äußerungen überwiegend einer intellektualisierenden Abwehr dienen.
Auch die Gegenübertragung strukturiert sich klarer, wenn der Therapeut für die organismische Resonanz offen ist. Meine Impulse, ihn drängen zu wollen, mein erschrecktes Atemanhalten, die Empfindung eines Tiefschlags in der Magengegend sowie mein Verharren in dieser miterlebten Verletzung, während er sich durch seine Abwehrformen entzieht, spiegeln den inneren Prozeß einer verunglückten Annäherung wider. Wichtig erscheint mir die damit verbundene psychotherapeutische Leitlinie. So sehr wir uns immer wieder auf den Prozeß des Patienten einlassen, so genau müssen wir merken, wo und wann wir uns zu seinem und unserem Wohle verweigern: Meine leibnahe Gegenübertragungsreaktion spricht eine eindeutige Sprache. Das analytische Durcharbeiten dieser Szene beginnt, indem der Therapeut an der unerledigten Not des Patienten empathisch Anteil nimmt, dessen vergebliche und behelfsmäßige Bewältigungsversuche sich offenbar bis in das aktuelle Leben (z.B. mit seiner Freundin oder mit mir) hinein auswirken. Er braucht einen »Zeugen«, dem sich die frühe, chronifizierte Erfahrung in einer Form, die dem Entwicklungsniveau dieses Erlebens entspricht, mitteilen lassen kann. Erst so können die seinerzeit unerträglichen und deswegen unverarbeitet gebliebenen Erfahrungen validiert (Moser und Pesso 1991), kann die emotionale Grundlage für das weitere analytische Durcharbeiten entwickelt werden. Je tiefer Gefühle und Bedürfnisse wiederbelebt werden können, um so eher werden entfremdete Selbstanteile des Patienten wieder frei und um so leichter kann dann auch verstanden werden:

- die Selbstunterdrückung im Dienste der Selbstsicherung;
- die Verleugnung seiner tiefen Kontaktbedürfnisse;
- seine trotzigen Reparationsforderungen;
- seine wütenden Gegenmaßnahmen, über die er die ohnmächtige Situation in eine überlegene Position umzuwandeln versucht und nunmehr anderen das zumutet, was ihm widerfahren ist;
- das interaktionelle Zusammenspiel im Teufelskreis aus gehemmter und übergriffiger Annäherung und erschreckter und wütender Zurückweisung.

3.2.3. *Leibfundierung*

Begriffe wie »Grundbewegung« oder »Keimform« sollen die entwicklungspsychologische Dimension der Selbstbewegung hervorheben. Alle noch so differenzierten und reifen Ausdrucksformen des Selbst sind in einer mehr oder weniger langen Entwicklungsreihe aus urtümlichen Bewegungsmustern hervorgegangen. Sie sind unmittelbar mit dem Atmen verbunden. Es ist ein vom Beginn des Lebens an wirksames Mittel und Medium, die Befindlichkeit auszudrücken und zu regulieren. Deswegen bildet der Atemrhythmus eine grundlegende Syntax, die das Erleben bedeutungsvoll interpunktiert.

Diese Erkenntnis ist der Bioenergetik entlehnt, ohne daß sie den psychischen Gegenstand zugunsten eines Körperprimats aufgibt. Lowen betrachtet die spontane respiratorische »Energiewelle«, die zwischen Ausdehnen und Zusammenziehen schwingende »Längspulsation« als die grundlegende Bewegung, aus der alle Akte des Selbstausdrucks entstehen (zitiert nach Lewis 1986c, S. 104). Jeder Einschränkung der respiratorischen Längspulsation entsprechen emotionale Störungen, wie umgekehrt alle emotionalen Störungen sich in einer Blockierung des Atemrhythmus ausdrücken (Lowen 1979, 1984a, 1984b).

Auch nach Büntig verkörpert sich in der unterdrückten Atmung »die früheste, wichtigste und wirkungsvollste Abwehr schmerzlicher und unerwünschter Emotionen« (1977, S. 40). In der freien Atmung verwirklicht sich für ihn »eine der wichtigsten bioenergetischen Funktionen für ein erfülltes Leben« (1983, S. 13). Für Reinelt und Gerber (1990, 1991) drücken sich in den Beeinträchtigungen des rhythmischen Atmens ebenfalls die Selbstbehinderungen des Patienten aus: »Lebensangst und Todesangst korrelieren mit der Einschränkung des Atemrhythmus« (1991, S. 127). Sie heben hervor, wie das Sich-Einlassen auf die Pulsation der Atembewegung einer organismischen Ausdrucksform des (Ur)Vertrauens entspricht (1991, S. 128). So betrachtet Büntig (1983, S. 13) die Atmung letztlich als »ein Grundmuster der sozialen Interaktion«. Er stellt fest, »daß Menschen mit ihren Mitmenschen so umgehen, wie sie atmen«.

Im natürlichen Atemrhythmus, der in den Phasen aus Einatmen, Ausatmen, Atempause und dann wieder Einatmen usw. zirkuliert (s. Krizan 1992) und in seinen Variationen sehe ich urtümliche Formen des leiblichen Selbsterlebens, Selbstausdrucks und der Selbstsicherung. Sie bilden auch in komplexen seelischen Prozessen die Grundlage und tragen dazu bei, diese auf strukturelle Bedeutsamkeiten hin zu durchgliedern. Je mehr die differenzierten Formen des Selbstausdrucks beeinträchtigt sind, um so hilfreicher und unerläßlicher wird es, die basalen Regulierungen des Selbst zu beobachten, um das sonst Unfaßbare zu fassen, das sonst Unbegreifliche zu begreifen. Angesichts der Bedeutung der organismischen Ausdrucksformen möchte ich auf Thomä (1992) und Bittner (1988) eingehen, die sich dagegen aussprechen, daß sich über Körperliches mehr und Tieferes als in der analytischen Imagination ausdrücken lasse.

»Es ist genau umgekehrt: die seelisch-symbolischen Ausdrucksmittel sind unendlich viel differenzierter als die sinnlich-körperlichen, und darum zur Entfaltung der ›zentralen Körperphantasie‹ um vieles geeigneter« (Bittner 1988, S. 141).

Hierin verdeutlicht sich eines der typischen Mißverständnisse, wie sie die Auseinandersetzung um die Frage der Körperarbeit in der analytischen Psychotherapie bestimmen. In diesem Falle wird die Dialektik seelischer Entwicklung übersehen. Die leiblichen und mentalen Seiten des Seelischen sind zwar funktional identisch, nämlich als bedeutsame Ausdrucksformen der Selbstbewegung, das heißt aber nicht, daß sie entwicklungspsychologisch identisch sind. Hier bilden die körperlichen Ausdrucksformen Keimlinge für spätere Entwicklungen. Unter diesem Aspekt stimmt es, daß die analytischen Imaginationen vielfältiger und differenzierter sind, als die sinnlich-körperlichen »Ausdrucksmittel«.
Das Argument verkennt aber, daß einerseits viele Phantasien erst durch die Körpersprache und deren Übersetzung ins Sprachliche existent werden können, und daß andererseits solche psychoanalytischen Imaginationen ohne Fundierung ihrer sprachsymbolischen Fassungen im Leiblichen einer intellektualisierenden Abwehr anheim fallen. Jedenfalls schlüsseln sich psychoanalytische Imagina-

tionen auf der Verstehensgrundlage organismischer Vorgänge und im Kontext einer organismischen Syntax eher auf als ohne sie. Andererseits bleiben die Beobachtungen leiblicher Momente im Vagen, wenn sie nicht auf ihre differenzierten psychologischen Bedeutungen hin bearbeitet und analysiert werden. Ein ähnliches Verspannungsmuster kann sehr Unterschiedliches bedeuten. Und umgekehrt: Dieselbe psychologische Einsicht kann im organismisch emotionalen Erleben fundiert oder aber vom übrigen Erlebensstrom weitgehend abgespalten sein. Hier sind die Wirkungszusammenhänge viel komplizierter, als es uns die einseitigte Kritik auf beiden Seiten nahelegt.

In diesem Zusammenhang möchte ich auch auf die häufig geäußerten Bedenken eingehen, daß der die Körperarbeit einbeziehende Analytiker den zentralen Therapiebereich der bewußten und unbewußten Phantasien ausklammere. In dem Einwand der vernachlässigten Phantasietätigkeit liegt ein tiefes Mißverständnis. Hier verbleibt der Kritiker – methodologisch gesehen – im Banne einer vermögenspsychologischen Wortlogik. Mit der Wahl des Konstruktes »Phantasie« ist schon eine Spaltung in »Körper« und »Geist« vollzogen. Phantasie scheint ein völlig körperloses Phänomen, und genau das ist das folgenschwere Vorurteil, das in die Kritik der Körperarbeit einfließt. Jede seelische Produktion ist eine unmittelbar leibliche, weil »das Leiblich-Sein als unabdingbarer Vollzugscharakter jeder Daseinsekstase mitzudenken bleibt« (Kühn 1991, S. 93). Die Phänomene, die wir als Phantasien bezeichnen, sind ganzheitliche Phänomene. Das zu sehen hat wichtige Folgen für die therapeutische Interaktion: Wenn z.B. ein masochistisch strukturierter Patient sein Bewegungsgesetz nach der unbewußten Phantasie ausformt, mit seinem immer wieder aufgesuchten Leid doch noch einmal die Liebe und Aufmerksamkeit seiner Mitmenschen herbeizuleiden, dann ist diese Phantasie besonders eindrucksvoll in ihren leibdramatischen Ausformungen zu sehen. Hier bietet gerade der Leib des Patienten eine Fülle von Ansatzpunkten, diese Phantasie zu erspüren, und er ermöglicht dem Therapeuten auch eine realistische Einschätzung des Therapieerfolges, d.h. wie weit Widerstände und Sicherungen bearbeitet werden konnten oder ob sie in einer bloß kognitiven Bearbeitung steckengeblieben sind. Noch schwieriger, als dieses Ringen um Zuwendung spürbar werden zu lassen, verhält es sich erfahrungsgemäß bei diesen Patienten mit den Rache- und Vergeltungsphantasien, mit deren Hilfe sie eine Leidenssituation in eine Triumphlage umkehren: indem sie sich scheinbar vernichten lassen, gewinnen sie ihre moralische Überlegenheit über den anderen.

Solche Tendenzen sind zwar noch relativ leicht ansprechbar, viel weniger zugänglich sind aber die damit verbundenen Ängste und Affekte. Ohne sie gerät der Therapeut leicht in eine verbale Täterrolle. Wenn die körperlichen Ausdrucksmomente und nonverbalen Handlungsimpulse berücksichtigt werden, sind diese »Emotionen« leichter faßbar und begreifbar. Ein einfaches Beispiel läßt sich hier aus entsprechenden Therapiesituationen anführen, in denen ich dem Patienten vorschlage, seine Faust einmal mit meinen Händen zu umfassen. Dabei spüren manche Patienten unmittelbar, wie z.B. eine aggressive Energie in ihre Faust »fließt«. Ich denke hier auch an einen Patienten, der bei dem Angebot, seine Füße seitlich gegen meine Oberschenkel zu stellen, beim ersten Versuch plötzlich zurückschreckte und die Füße abrupt zurückzog, weil ihm die Phantasie, mir mit einem gewaltigen Tritt die Oberschenkel durchzutreten, in den Sinn und in die Beine »schoß«. Die unbewußten Phantasien werden also nicht nur nicht vernachlässigt, sondern sie werden durch diese Auffassungsweise erst wieder als organismisch-ganzheitliche Phänomene des Seelischen begreifbar. Solche mit tiefer Evidenz erspürten Selbsterfahrungen und Selbstwahrnehmungen erweisen sich immer wieder als wichtige Meilensteine im Therapieprozeß.

Meine Überlegungen folgen den Erkenntnissen der an Piaget (1946) orientierten Theorie der operativen Didaktik (Aebli 1966). Um z.B. das abstrakte Prinzip der Flächen- oder Umfangsberechnung eines Rechtecks einsichtig und überschaubar zu machen, versucht ein Lehrer die abstrakte Formel ($F = a \cdot b$ oder $U = 2a + 2b$) auf die konkreten Handlungen (»Operationen«) zurückzuführen, aus denen sie in einem Prozeß allmählicher Verinnerlichung erst entstehen (z.B. eine Fläche abdecken oder um ein rechteckiges Gebilde herumgehen). Ebenso kann der Physiklehrer seine Schüler in das System der Mechanik einführen, indem er die zu beobachtenden mechanischen Vorgänge (z.B. Wippe, Waage, Hebel, Rolle usw.) auf ein prototypisches Bewegungs- oder Handlungsmuster reduziert: z.B. auf das Gegen- oder Auseinander von Kräften (Heisterkamp 1980).

Alle Erscheinungen und Vorgänge lassen sich dann als Variationen des einen Prototyps physikalisch verstehen. Der Lehrer wird sich hüten, diese grundlegenden Formen des Verstehens zu überspringen und sofort differenzierte mathematische Symbole, die für spätere vertiefte physikalische Einsichten erforderlich sind, in den didaktischen Prozeß einzubringen, weil er sonst eben diese Lernfortschritte blockieren würde. Ohne die Rückführung auf basale, handlungsmäßige Formen des Umgangs bleiben die Lernergebnisse nur Dressate, die nicht einsichtig auf andere entsprechende Situationen übertragen werden können und kein Weiterkommen ermöglichen.

Wenn ich das Beispiel auf die Lernvorgänge in der Psychotherapie übertrage, heißt das: Wir begegnen in der Psychotherapie Menschen, bei denen dieser Entwicklungsprozeß durch die Störung von Zwischenschritten steckengeblieben ist, die die frühen Handlungsformen, aus denen das spätere, differenzierte Verständnis erwächst, nicht oder nur ungenügend erworben haben. Hier beginnt allerdings das didaktische Beispiel zu hinken, weil die Bewegungs- und Handlungserfahrungen, die den kognitiven Einsichten vorausgehen, eher die Regel sind, während es für viele Patienten typisch ist, daß der fundierende Handlungsdialog mit ihren Bezugspersonen früh und nachhaltig entgleist ist. Deswegen reichen die notdürftigen und behelfsmäßigen Versuche, die damit verbundenen Mangelerfahrungen zu kompensieren sowie die daraus resultierenden Konfliktspannungen zu regulieren, bis in das aktuelle Leben der Patienten hinein.

Nach meinen körperpsychotherapeutischen Erfahrungen muß der Primat hermeneutischen Verstehens, wie er für den psychoanalytischen Dialog zwischen Patient und Therapeut typisch ist, in Frage gestellt werden. Es gibt »Einsichten«, die sich erst dann ergeben, wenn Patient und Therapeut sich einen präverbalen Begriff von dem zu verstehenden seelischen Geschehen gemacht haben. Es gibt bewegungs- und handlungsimmanente Grundformen unmittelbaren Wahr-nehmens, Er-fassens, Be-greifens und Ver-stehens, welche die entwicklungsmäßig späteren Formen des Erkennens, Einsehens und Verstehens fundieren. Wenn allerdings diese abstrakten Formen ihren Bezug zu den Grundformen verloren haben, werden sie zu formalisierten Leerlaufbewegungen, in denen sich die Fragmentierung der Selbstentwicklung wiederholt.

Ich möchte die obigen Überlegungen an einem Beispiel aus einem eintägigen Kurs zum Thema Familienberatung veranschaulichen. Es scheint mir besonders gut geeignet, weil sich hier für eine Teilnehmerin in einer kurzen, quasi punktuellen Erfahrung ein leibfundierter Begriff bildete, der unmittelbar zu einer neuen Einsicht in bisher unbewußte Wirkungszusammenhänge führte. Dieser Prozeß erinnert stark an die bekannten kippartigen Umstrukturierungsprozesse der Gestaltpsychologie.

Ich stelle in der Gruppe kurz dar, wie hilfreich und wichtig es ist, sich von nonverbalen Ausdrucksbewegungen des Ratsuchenden führen zu lassen. Zur Demonstration schlage ich vor, daß Freiwillige einmal versuchen könnten, eine für ihre Familiensituation typische Ausdrucksbewegung zu gestalten. Vier Teilnehmer erklären sich bereit. Dann lasse ich sie die Bewegung »einfrieren«, damit sich die Konfigurationen einmal nonverbal auf die umsitzenden Gruppenmitglieder auswirken können, die daran ihre eigene Gegenübertragung wahrzunehmen lernen. In diesem Zusammenhang ergibt sich für eine Frau mittleren Alters eine wichtige Erfahrung. Sie hat sich zusammengekauert, den Kopf nach unten gebeugt, mit rundem Rücken und geknicktem Nacken auf die Erde gehockt. Ein Gruppenmitglied verspürt den Impuls, am liebsten der Frau noch die Schulter herunterzudrücken, sich sogar darauf zu setzen bzw. den Druck noch zu vergrößern. Die Teilnehmerin deutet, wie vereinbart, diese Handlung bei der Protagonistin an. Diese bewegt sich nicht. Sie scheint sich nur noch mehr, wenn das überhaupt möglich ist, zusammenzukrümmen.

Nachher fragt sie mich, was ich denn für einen Bewegungsimpuls gespürt habe. Da sich relativ wenige in der Gruppe an dem Experiment beteiligen – wie ich später erfahre, hat die Gruppe seit einiger Zeit Probleme, Selbsterfahrungsmomente in den Lernprozeß einzubeziehen – will ich die Situation zu einer weiteren Demonstration nutzen und schlage der Frau vor, noch einmal in die Position zu gehen. Ich hocke mich neben sie und lege meine Hand vorsichtig in ihren Nacken, genau auf die Stelle, wo er extrem abgeknickt ist, wie wenn ich ihr symbolisch zeigen wollte, ich bin da, ich laß dich so sein wie du bist, bin offen für einen Kontakt. Dann

entsteht in kürzester Zeit eine sehr bewegende Begegnung. Die Frau ist sehr berührt. Sie bewegt sich allmählich aus ihrer Einkapselung und Isolierung heraus und geht auf »wie eine Knospe«, strahlt mich an und stellt einen innigen Augenkontakt her. Diese Berührung sei genau das gewesen, was sie gebraucht habe, was sie sich in ihrer Familie immer wieder ersehnt, aber nie bekommen habe. Sie sei ein schwieriges Kind gewesen, habe viel Druck von ihren Eltern bekommen und sich, trotz ihrer nach außen hin demonstrierten Verschlossenheit, nichts sehnlicher gewünscht als einen Kontakt, einen liebevollen Kontakt, der nicht übergriffig und nicht disziplinierend ist. Sie ist sehr bewegt von dieser Erfahrung.
Als wir einige Zeit darüber gesprochen haben, greife ich die Intervention des anderen Gruppenmitgliedes auf und hebe hervor, daß das die andere Seite sei, die sie auch noch angucken könne. Im Gruppengespräch wird deutlich, wie sie durch ihre Haltung auch eine Aufforderung ausstrahlt und andere dazu provoziert. An dieser Stelle hat sie ein Aha-Erlebnis. Ihr wird schlagartig deutlich, wie sie andere mit ihrer Haltung auch verachtet, sich von ihnen abwendet, nichts von ihnen wissen will und sie sogar einlädt, sie noch mehr zu beladen. Nachdem sie sich in der ersten Phase in dem ihr unmittelbar zugänglichen Anteil verstanden gefühlt hat, kann sie jetzt dem anderen Anteil zustimmen und darin einen für sie bedeutsamen Bezug zu ihrer analytischen Gruppe entdecken, in der sie sich zur Zeit befindet. Sie mache nämlich dort im Moment eine schlimme Zeit mit, weil sie sich ständig von den anderen attackiert oder nicht angenommen fühle. Jetzt sei ihr plötzlich klar, was sie gesucht habe und was ihr die Gruppenmitglieder bei ihrer Ausstrahlung bisher nicht haben geben können.

Ich vermute, daß die Protagonistin bisher noch keinen operativen Be-griff für verbales Verstandenwerden entwickeln konnte und deswegen einer präverbalen Form empathischer Mit-Bewegung bedurfte, um die Verstehensbemühungen ihrer Gruppe und ihres Gruppenleiters überhaupt erst bemerken zu können. Beeindruckend an diesem Beispiel ist für mich die Stelle, an der die Protagonistin plötzlich von sich aus den Bezug zur Gruppe herstellt und unmittelbar versteht, warum sie sich seit Wochen in der Gruppe unwohl und sich von den Gruppenmitgliedern attackiert fühlt. Als sie durch eine körpersymbolische Intervention wahrnehmen kann, was sie sich wünscht, kann sie erst verstehen und annehmen, was sie mit ihrem Verhalten provoziert. Ich habe den Eindruck, daß das tiefe Gewahren der Notlage zusammenfällt mit dem Verstehen ihrer Sicherungen, die die Notlage ständig reproduzieren. Das Verstehen der Sicherungen hängt unmittelbar mit der Wiederbelebung der abgewehrten Ängste zusammen. Je tiefer sie zugelassen werden, um so einsichtiger wird das Abwehrverhalten und um so entschiedener wird es verändert.

Bei diesem Beispiel ist zu beachten, daß es sich um eine geradezu punktuelle Erfahrung handelt, die einen langen Prozeß in der Gruppe strukturieren und erhellen konnte. Die Frau hat in einem einfachen Demonstrationsbeispiel eine den Kern ihrer Persönlichkeit treffende Erfahrung gemacht, die sich unmittelbar auf ihre aktuelle Wirklichkeit beziehen läßt.

Ich erinnere mich noch gut an das Erstaunen der Frau, über den von mir angebotenen und für sie unmittelbar stimmigen körpertherapeutischen Kontakt. Der sei für sie genau der richtige gewesen. Woher ich das habe wissen können? Die Antwort auf diese Frage verweist auf das Versteifen des Nackens als die früheste Form organismischen Widerstehens und leitet über zum Konzept des »cephalic shock«, in dem Lewis die psychosomatische Grundlage vorzeitiger Ich-Entwicklung sieht. Dieses Phänomen weist auf eine Blockierung der originären Selbstbewegung in der frühesten extrauterinen Phase hin. Klinisch bezieht es sich auf die Menschen, die Winnicott (1984a 1984b, 1988) unter dem Begriff des »falschen Selbst« beschreibt. Diese Patienten beklagen oft in ihren Spontanangaben, ein unglückliches und mühseliges Leben zu führen, »niemals ein sorgenfreies Kind gewesen zu sein, alt gewesen zu sein, bevor sie erwachsen waren, und die sich als Erwachsene selten, wenn überhaupt, jemals ruhig genug fühlten, um ihr zwanghaftes Denken zu stoppen« (Lewis 1986a, S. 61). Sie sehen den Intellekt als Inbegriff ihres Selbst an und lokalisieren es im Kopf. Sie bezeichnen sich nach meiner Erfahrung häufig als »emotionale Analphabeten«. Manchmal ist ihnen nicht einmal das bewußt, und es bedarf einer längeren Therapie, bis sie ihre emotionale Ausdrucksnot als solche überhaupt erst wahrnehmen können. Diese Patienten scheinen wie unter einem Schock zu stehen: Kopf-, Nacken-, Schulter- und Zwerchfellmuskulatur wirken wie erstarrt. »Der Gesichtsausdruck ist maskenhaft, ohne Mienenspiel, die Augen sehen leer oder glasig oder erschreckt aus« (Lewis 1986b, S. 81). Die Hautfarbe ist blaß bis aschfahl.

Die Entstehungsbedingungen eines cephalen Schocks liegen im primären Umfeld, das unfähig ist, mit der Selbstbewegung des Kindes mitzuschwingen. Das Kind wird fortwährend in seinem eigenen Rhythmus vergewaltigt und erlebt sich ständig in seiner lebendigen Existenz bedroht. In diesem Sinne versteht Winnicott das Kleinkind »als ein unreifes Wesen, das ständig am Rand unvorstellbarer Angst steht« (1984a, S. 74). Wenn ein Kind diesem Erleben permanent ausgesetzt ist, gerät es in einen chronischen Schockzustand, in eine chronische Verspannung, die in zahllosen täglichen Interaktionen ständig neu erzeugt wird. Diese Dauerbelastung kann das Kind, wenn überhaupt, nur notdürftig überleben. Um seine Vernichtungsängste abzuwehren, gerät das Kind fast zwangsläufig in einen cephalen Schock, das heißt, es versteift oder verkrampft die Muskulatur des Nackens, des Kopfes und des Schultergürtels zu einer Ausdrucksbewegung, wie wir sie bei Menschen im Zustand von Panik und Bedrohung beobachten können. Lewis findet dafür eine einleuchtende entwicklungsphysiologische Erklärung:

»In den ersten Lebenswochen ist das neuro-muskuläre System um Kopf und Nacken am meisten entwickelt, am wenigsten hilflos und muß deshalb die Wucht des Schocks aufnehmen. Das Kopfende ist der Teil des Organismus, wo das Kind am besten eine haltende Position gegen die Dissonanz, die es erfährt, aufrecht erhalten kann. Die Innervation des Zwerchfells kommt aus den Halswurzeln drei bis fünf des Rückenmarks: im wesentlichen Nerven tief in der Struktur des Halses. Das ist, glaube ich, die direkte anatomische Verbindung zwischen diaphragmatischen und cephalen Spasmen, eine Verbindung, die das Atmen maßgeblich beeinflußt. Da zu diesem Zeitpunkt nur eine sehr begrenzte willkürliche Muskelreaktion möglich ist, muß das autonome Nervensystem in dieses Halten gegen einen chronischen Schockstatus einbezogen werden, möglicherweise die Sympathikotonie erzeugend, die Reich beschreibt« (Lewis 1986a, S. 67).

Die Verkrampfung, mit der das Kind sich gegen eine existenzielle Bedrohung wehrt, unterdrückt seinen Selbstausdruck, blockiert in generalisierter Weise seine Selbstbewegungen, schränkt die Entwicklung reiferer Bewegungsmuster ein und bindet eine Fülle kreativer Lebensenergie. Sie bleibt zentriert um die Abwehr der Vernichtung und blockiert kreative Umbildungen des Lebensstils, die das Leben lustvoll und freudvoll machen.

Winnicott macht deutlich, daß in den ersten Lebenswochen bereits ein leichtes Versagen der Bezugspersonen beim Halten des Säuglings diesem das Gefühl unaufhörlichen Fallens vermittelt. Der Umgang mit dieser Notlage im wörtlichen Sinne des Wortes führt nach Winnicott, Lewis und Reich zu einem ständigen Kampf mit der Schwerkraft. Die Versteifung wird noch zusätzlich als Abwehr gegen die mangelnde Resonanz gesteigert. Meines Erachtens ist die Bezeichnung »Fallangst« oder »Kampf gegen die Schwerkraft« noch von einer erwachsenen Sichtweise bestimmt. Was sich uns in späteren Jahren als Fallangst offenbart, hat zu tun mit Gefühlen, ins Endlose und Bodenlose zu stürzen, wie es diese Patienten immer wieder schildern. Das sind späte Bildsymbole für die katastrophal erlebte Auflösung oder Zerstörung von Selbstbewegungen, die wir mit dem Begriff Selbstverlust zu kennzeichnen gewohnt sind.

Diese leibhaftige Sicherung davor, durch die unerträglichen Vernichtungsängste überflutet zu werden, führt zu einer weitgehend behinderten Entwicklung, die das Individuum auf intellektuell-sprachliche Pseudobewegungen einschränkt, die – auch wenn sie bewundernswerte Sachleistungen produzieren – psychologisch gesehen, mit den Leerlaufbewegungen hospitalisierter Kinder vergleichbar sind. Der Therapeut spürt die Leere dieser Monotoniebewegungen am besten in den Gegenübertragungsgefühlen des Einschlafens und Absterbens (s. Zwiebel 1992). Die Muskelverspannungen im Kopf-, im Nacken- und im Zwerchfellbereich verhindern, daß die ganzheitliche Pulsation der Selbstbewegung (die »Atemwelle«, »Energiewellen« oder »Lebenswellen«) den Kopf in ihren Rhythmus einbeziehen. Der Kopf wird deswegen häufig als abgetrennt vom Körper erlebt und als Ort des (falschen) Selbst gekennzeichnet.

Behandlungsformen, die sich aus dem Prozeß – auch unter Beachtung des Atemrhythmus – anbieten können, sind z.B.: den Kopf zu halten, ihn zu schaukeln, zu drehen, ihn hängen zu lassen, die

Stirn zu massieren, die Hand unter den Nacken zu legen, die Hände auf das Gesicht zu legen, den Nacken zu massieren oder vorsichtig zu strecken, die »Lachmuskeln« herunterzuziehen usw. Weiterhin sind auch die verschiedenen Formen eines längeren averbalen Augenkontaktes hilfreich. Alle Behandlungsformen haben zum Ziel, daß sich die blockierte Selbstbewegung lockert und die bedrohlichen Ängste, die sich allen weiteren Veränderungen widersetzen, wiederbelebt werden können, also spürbar und bearbeitbar werden.

Das verkrampfte und verfrühte Kopfheben kann als der früheste Ausdruck von Abwehr angesehen werden. Ob es nun geschieht als spezifische Gegenbewegung bei der sogenannten Fallangst, ob es geschieht, wenn das Kind allein im Kinderbett liegt und den Kopf hin zum verlorenen Objekt seiner Sehnsucht streckt, ob es eine Abwehrreaktion im unerträglichen Kontakt mit den Bezugspersonen ist oder ob es als Kontrollversuch über eine bedrohliche Situation zu werten ist, in dem Versteifen und Verkrampfen des Nackens verkörpern sich früheste Sicherungstendenzen des Selbst. Die Vielfalt der Bedeutungen warnt uns hier davor, körperliche Verspannung und seelische Bedeutung linear zuzuordnen. Die leiblichen wie die mentalen Ausdrucksbewegungen des Seelischen sind nur aus dem Kontext zu verstehen. Zur Klärung bedürfen sie sowohl des Erlebens des Patienten als auch der sprachlichen Differenzierung.

Die geradezu märchenhafte, an das Schicksal vom »Aschenputtel« erinnernde Geschichte des Gegenübertragungsbegriffes von einer lästigen Störvariable bis hin zum Königsweg zu den unbewußten Selbstanteilen des Patienten ist bekannt (Thomä 1985, Mertens 1991).

Entsprechend dem von mir gewählten Grundbegriff möchte ich die Phänomene, die als Gegenübertragung bezeichnet werden, ebenfalls aus dem Bewegungsprinzip ableiten. Wie man den Begriff der Selbstbewegung zum Dreh- und Angelpunkt einer Neurosentheorie machen kann, so kann man die Mit-Bewegung als analoges Grundprinzip einer Behandlungstheorie herausstellen. Damit ist einerseits das einfühlende Mitschwingen mit der Selbstbewegung des Patienten und zum anderen die introspektive Wahrnehmung der eigenen Selbstbewegungen auf den Begriff gebracht. Der Binde- und (!) Trennungsstrich soll andeuten, daß es sich um zwei Bewegungsformen handelt, die in einem dialogischen Austausch stehen. Das Konzept der Mit-Bewegung zentriert die Behandlungstheorie um die sich aktualgenetisch ausformende Selbstbewegung des Patienten und um die mitschwingende Teilhabe des Therapeuten an diesem Prozeß. Dabei läßt sich der Therapeut in das lebensstiltypische Bewegungsmuster des Patienten einbeziehen. An den Stellen, wo die Selbstbewegung des Patienten beeinträchtigt ist, spürt der Therapeut in der eigenen Mit- und Selbstbewegung stellvertretend diese Beeinträchtigungen seines Patienten.

Hier soll nun auf eine in der Gegenübertragungsforschung nicht genügend gewürdigte Dimension aufmerksam gemacht werden, die Reich als »vegetative Identifikation« und Kelemann als »somatische Resonanz« bezeichnen. Sie meinen damit die leiblichen Formen verstehenden Mitgehens mit den Patienten. Das läßt sich an allen bisherigen Beispielen anschaulich nachvollziehen. Es entspricht den neueren Erkenntnissen der Entwicklungspsychologie, daß leibliche oder leibnahe Berührungen (z.B. durch ausdrücklichen Augenkontakt) den Psychotherapeuten befähigen, in der Gegenübertragung sensibler und differenzierter mitzuschwingen. Psychotherapeuten könnten die vielen organismischen Kommunikationsmöglichkeiten, die gesunden Eltern wie selbstverständlich verfügbar sind, nutzbringender, als sie ahnen, in die Psychotherapie einbringen. Wir sind es so gewohnt, von Gegenübertragungsgefühlen zu sprechen, daß wir dazu neigen, die entsprechenden leiblichen Mit-Bewegungen zu vernachlässigen. Wenn wir von dem Therapeuten als einem Resonanzkörper sprechen, können wir das durchaus wörtlich nehmen.

Diese Überlegungen gelten besonders für eine spezifische Form der Gegenübertragung, nämlich die projektive Identifizierung. Das Aufnehmen der projektiven Identifizierung muß auch auf Körperempfindungen bezogen sein. Hier entfernt sich die Wortlogik eines Behältnisses (der Analytiker als Container für abgespaltene Selbstanteile des Patienten) noch sehr von dem zu Erfassenden. Wie sollen Verspannungen des Analysanden in den Körper des Therapeuten verlagert werden, ohne daß daraus mystische

Vorstellungen werden? Mit dem Konzept der Selbstbewegung und der stellvertretenden Mit-Bewegung lassen sich die ablaufenden Prozesse m. E. genauer beschreiben und erklären. Nach Reich und Lowen entsprechen der psychischen Abwehr die körperlichen Verspannungen, repräsentieren sowohl körperliche wie seelische Sicherungen ein und dieselbe Ganzheit, nämlich die Selbstbewegung in ihren Möglichkeiten und Grenzen. Da die leiblichen Ausdrucksbewegungen des Selbst zumeist direkt wahrgenommen werden können, sind sie zugleich anschaulich wie symbolisch und damit von besonderer Evidenz.

In diesem Zusammenhang möchte ich auch die ganzkörperlichen Verspannungsmuster hervorheben, die den Atemrhythmus kontrollieren. Im Mit-Schwingen mit der Selbstbewegung des Patienten läßt sich der Therapeut in den Atemrhythmus des Patienten hineinnehmen. Er merkt die Stellen, wo der Patient vom fließenden Atemrhythmus abweicht, ihn einschränkt oder unterbricht. Das setzt voraus, daß er beim ruhigen Ausatmen spürt, wie seine Atemwellen erlebnismäßig über und durch seinen Körper in den Boden zu fließen scheinen und dann nach einem pausierenden Zwischenstadium mit ebenso ruhigem und langem Einatmen den umgekehrten Weg nach oben nehmen. Der Atemrhythmus und die ihn begleitenden »Atemwellen« dienen dem Therapeuten ebenfalls als Resonanzrahmen für sein Mitempfinden. Auf diese Weise kann er sehen und erleben, in welchen Phasen der Atem beim Patienten ins Stocken gerät, an welchen Stellen eine Atmosphäre entsteht, in der der Therapeut den Atmen anhält, kaum einzuatmen oder auszuatmen wagt, sich nur auf seine Brustatmung oder nur auf seine Bauchatmung einschränkt, das Zwerchfell verkrampft, die Atemfrequenz stark erhöht oder verlangsamt, die Atembewegung verflacht oder vertieft, das Verhältnis von Ein- und Ausatmung disproportional wird usw.; dann bekommt er über die kontinuierliche Beachtung seiner Gegenübertragung ständig organismische Strukturierungshilfen.

Auch im Bereich der Atmung gibt es analoge Formen des Gegenübertragungswiderstandes, wenn der Therapeut bestimmte Körperempfindungen des Patienten nicht »erwidern« kann. Wir kennen auch hier ein Gegenübertragungsagieren, das Körpertherapeuten des öfteren von Analytikern vorgehalten wird, im umgekehrten Sinne, wenn in diesem Fall der Analytiker dem Patienten mit einem eingeschränkten »Resonanzkörper« entgegenkommt. Beide schützen sich dann gewissermaßen mit einer physiologisch abgesicherten Kollusion vor der Wiederbelebung abgespaltener Selbstanteile. Die leibfundierte Mit-Bewegung wird noch instruktiver und umfassender, wenn es dem Therapeuten in seiner Lehranalyse möglich war, die lebensstiltypischen Verspannungsmuster seines eigenen Körpers zu lockern. Für die Weiterbildung in analytischer Psychotherapie bietet sich meines Erachtens eine ergänzende körpertherapeutische Analyse zur Differenzierung der organismischen Selbst- und Fremderfahrung geradezu an (Moser 1990b, Worm 1990b).

3.3 Förderung des therapeutischen Veränderungsprozesses

3.3.1 *Unterstützung*

Von Ferenczi (1970, 1972), dessen mutige Entdeckungen erst heute richtig gewürdigt werden können (Cremerius 1983), und Adler, der bereits 1929 dem Therapeuten »die verspätete Übernahme der mütterlichen Funktion« (1981, S. 89) zudachte, über die Linie Balint, Winnicott und Bion, in der sich die »holding« und »containing function« des Therapeuten herausbildete, und über den vollziehenden tätigen Aspekt bei Fürstenau (1979, S. 44 ff.), die Rollenübernahme bei Sandler (1976), die Revision des Übertragungsbegriffs durch Thomä (1984), des Begriffs »Agieren« durch Klüwer (1983) und die Einführung des Terminus der handelnden Re-Inszenierung als Übertragungsmanifestation durch Janssen (1990), bis hin zur projektiven Identifizierung, deren therapeutische Umsetzung als eine Weise des Aufnehmens, Haltens und Umformens verstanden werden (Ogden 1988, Zwiebel 1988, 1992), zieht sich eine Entwicklungslinie, die auf die stellvertretende Übernahme von psychologischen Entwicklungs- bzw. Ichfunktionen für den frühgestörten Patienten abzielt. Es sind verschiedene zu unterscheiden: die annehmende, die haltende, die antwortende, die ordnende, die bestätigende und die vorsorgende Funktion (Heisterkamp 1991c).

Vieles von dem, was das Kind für ein gesundes Wachstum braucht, bildet das analytische Setting – wenn auch nicht immer ausreichend fundiert – ab: Kontinuität, Verläßlichkeit, Akzeptanz, Resonanz, Schonung, Einfühlung, Abgrenzung usw. In diesem Rahmen kann der Patient eine völlig neue Beziehungserfahrung machen, die ihm die Wahrnehmung dessen, woran es ihm immer gemangelt hat, erst ermöglicht. Das läßt ihn unter Wut und Trauer allmählich von seinen archaischen Nachholbedürfnissen Abschied nehmen. Das läßt ihn aber auch mit Freude alte und neue Quellen seiner Lebendigkeit entdecken. Die dabei freiwerdenden schöpferischen Kräfte beleben einen neuen Anpassungsprozeß, in dem der Patient seine Bedürfnisse und seine Realität immer besser aufeinander einzuregulieren versucht und dabei sowohl sein Glück als auch sein Unglück, sowohl seine Erfüllung als auch seinen Verzicht bzw. seine Begrenzung zu leben lernt (Roth 1991). Die Realisierung dieses Wachstums erweist sich aber besonders bei frühgestörten Patienten als extrem erschwert: Sie spüren keine eigenen Entfaltungstendenzen mehr und sind oft nicht einmal mehr durch sprachlich vermittelte Empathie erreichbar. In diesen Fällen bietet der leibliche Ausdruck oft einen letzten Zugang zu den verkümmerten Resten ihrer originären Selbstbewegung.

Einen wichtigen Fortschritt auf dem Wege bis an oder gar über die Grenzlinie klassisch-analytischer hin zu einer leibfundierten analytischen Psychotherapie bildet ein Beitrag von Janssen, in dem er auf »die handelnde Re-Inszenierung« in ihrer therapeutischen Bedeutung für Borderline-Patienten und neurotische Patienten, die auf dieses Niveau regredieren, aufmerksam macht (1990). Er geht davon aus, daß Patienten sich um so mehr über eine handelnde Re-Inszenierung auszudrücken versuchen, je eingeschränkter sie in ihren Ichfunktionen sind. Wie in jeder analytischen Psychotherapie, so müsse auch diesen Patienten ermöglicht werden, ihre kindlichen Wünsche und die dadurch bestimmten konfliktträchtigen und bedrohlichen Selbstanteile zu akzeptieren. Die handelnde

Re-Inszenierung, in der primitive Beziehungsmuster wiederbelebt werden, wird mit dem »Handlungsdialog« Klüwers (1983) verglichen. Die dabei aktualisierten Gegenübertragungsgefühle, die die Erfahrungen des Patienten widerspiegeln, machen die Schwierigkeiten der therapeutischen Aufgabe deutlich.

»In solchen Phasen ist die Gefahr des unreflektierten Mitagierens groß. Andererseits kann ein reflektiertes Mitagieren, das gemeinsam mit dem Patienten betrachtet werden kann, den psychoanalytischen Prozeß nachhaltig fördern« (Janssen 1990, S. 9).

An dem folgenden Beispiel einer neurotischen Patientin, die im Verlauf der Therapie auf eine Borderlinestörung regredierte, zeigt er anschaulich, wie sie »über eine konkrete Erfahrung am realen Objekt Analytiker in der Aktion« (S. 11) die Objekt-Subjekt-Unterscheidung wiedergewinnt und mit ihrer Symbolisierungskapazität wieder in den die psychoanalytische Situation kennzeichnenden Phantasieraum eintritt:

Die 35jährige Patientin kommt in die Analyse mit einem depressiven Bild. Sie ist in einer Ausbildungssituation eine intime Beziehung zu einem Ausbilder eingegangen. Nachdem die Ausbildung fast beendet war, hat dieser das Verhältnis beendet. Sie wurde depressiv. Ich möchte darauf verzichten, Vorgeschichte und frühere passagere neurotische Symptombildung darzulegen. Es handelte sich um eine hysterische Neurose, für deren Behandlung das Standardverfahren gewählt wurde.
Zunächst zeigt sie, wie jeder neurotische Patient, einen Widerstand gegen die Wahrnehmung der Übertragung. In ihren Phantasien und Einfällen läßt sich bald die Entfaltung einer idealisierenden Verschmelzungsübertragung, in der sie sich wohl und akzeptiert fühlt, entdecken. Der primitive Charakter dieser Übertragung wird am besten deutlich an einer Puppen-Phantasie: Sie schafft sich in der Phantasie eine Puppe als Gesprächspartner. Diese Puppe kann sie lieben, ärgern, sie begleitet sie überall hin, sie redet mit ihr, sie setzt sie neben sich ins Auto, wenn sie in die Analyse fährt. Die Puppe untersucht auch ihren Körper. Sie kann sie weglegen und auch töten. Die Puppe wechselt ihren Charakter, einmal ist sie weich, einmal hart und hölzern. Sie phantasiert sich also einen modellierbaren Analytiker, der immer präsent ist.
Diese Übertragung bekommt nach einiger Zeit einen erotischen und sexuellen Inhalt. Lange Zeit verbirgt sie ihre sexuellen Wünsche aus Scham-

und Peinlichkeitsgefühlen. Erst als sie ihre Onanie-Phantasien mitteilt, kann deutlich werden, daß sich Verschmelzungswünsche und ödipale wie anal-sadistische Phantasien mischen. Der wesentliche Aspekt ihrer Onanie-Phantasien ist: Sie muß dem Herrn und Meister, ihrem angebeteten Gott, dienen, sich ihm zur Verfügung stellen, sich benutzen lassen, dann erst empfindet sie Lust.

Diese Deutung der Liebeswünsche und der Ängste vor Bestrafung und Ablehnung führt dazu, daß die Verschmelzungswünsche reaktiviert werden und die idealisierende und erotische Übertragung den als-ob Charakter verliert. Sie meint, ich müßte sie genauso lieben wie sie mich. Sie ist gekränkt, wütend und greift mich an, wenn meine deutende, analytische Haltung ihr bewußt wird. Mir wird deutlicher, daß diese Übertragung dazu führen muß, daß sie die Realitätskontrolle verliert. Stunde um Stunde füllt sie mit ihren Phantasien und Gemeinsamkeit und ihren Wünschen. Wenn sie mich zu sehr bedrängt, sage ich ihr, ich sei dazu da, sie zu verstehen und ihr dabei zu helfen, sich zu verstehen, ich könne nicht ihr Liebhaber sein. Sie ist dann enttäuscht, verärgert und erlebt meine Haltung als totale Ablehnung ihrer Person. Entweder will sie das Nein oder Prügel wie von dem Vater, damit ihr Über-Ich zufriedengestellt ist, oder die Erfüllung. Sie hat also im Sinne ihrer projektiven Identifikation ihren erotischen Wunsch in mich hinein verlagert.

In einer solchen Stunde meint sie, nur die Vorstellung, sie gehe auf mich zu und umarme mich, könne sie noch beruhigen. Nach weiteren gequälten Äußerungen steht sie am Ende der Stunde auf, kommt auf mich zu und legt den Arm um meinen Nacken, um meinen Kopf zu beugen und zu sich zu ziehen. Das hat etwas Bezwingendes an sich. Da ich mich nicht bewegen lasse und sie in meinem Nacken Widerstand spürt, sagt sie: »Sie wollen nicht, das wollte ich wissen.« Bevor ich etwas sagen kann, verläßt sie das Zimmer. In der darauffolgenden Stunde kommt sie und entschuldigt sich für diese Peinlichkeit. Aber sie habe es jetzt wissen wollen, die Verzweiflung sei unerträglich gewesen. Die Verzweiflung sei schlimmer gewesen als die Peinlichkeit.

Diese Szene arbeiteten wir in den folgenden Stunden durch. Zum einen beschäftigten wir uns mit der ödipalen Bedeutung dieser Szene, ihren Liebeswünschen, ihrer Angst vor Ablehnung und ihren Schuldgefühlen. Die wichtigste Erfahrung in der Aktion aber ist für sie, vorgestellte und wirkliche Beziehung wieder unterscheiden zu können. Sie hat geprüft, ob ich standhalten kann und nicht umfalle. Zunächst ist es für sie enttäuschend, da sie ihre Liebesgefühle abgelehnt fühlt. Aber für ihr Identitätsgefühl ist bedeutsam, daß sie die analytische Situation wieder herstellen kann und sie ihre projektiv verzerrten Wahrnehmungen korrigieren kann. Bis zu

diesem Zeitpunkt ist sie hin und her geschwankt, in einem Zustand der Konfusion, einem Zustand des Verlustes der Ich-Grenze und der Realitätskontrolle, der nur durch Aktion wieder in ein erträgliches Maß gebracht wurde. Die wesentliche Einsicht ist also, daß sie über diesen Handlungsdialog ihre und meine Identität in ihrer Wahrnehmung wieder aufrichten kann. Damit kann die Analyse wieder zum Raum ihrer Phantasien werden.
In der folgenden Phase überläßt sie sich ihren Verschmelzungswünschen, ihren oralen Bedürfnissen in ihren Phantasien und der Erkundigung des Objekts der ersten Wahrnehmung. Dies zeigt ein Traum: Sie ist in einer Höhle und leckt mich ab, wie dies ein Muttertier mit ihren Jungen macht. Dieses Traumbild führte zu Erinnerungen an den Körper der Mutter und an ihr langes Gestilltwerden« (Janssen 1990, S. 10 f.).

Diese Fallvignette überzeugt zunächst in der Hinsicht, daß hier eindrücklich nachgewiesen wird, wie die Patientin im konkreten Handlungsdialog mit dem Therapeuten eine den therapeutischen Prozeß nachweislich weiterführende und grundlegende Erfahrung (Subjekt-Objekt-Unterscheidung) macht bzw. wiedergewinnt. Darüber hinaus halte ich dieses Beispiel für einen wesentlichen Zwischenschritt auf dem Weg zur Integration handlungsmäßiger und leibhaftiger Verfahren in der Psychoanalyse. Und schließlich bietet die detaillierte Darstellung eine anschauliche Grundlage, die (noch) bestehenden Unterschiede zu einer auch die nonverbalen Aspekte systematisch berücksichtigenden analytischen Psychotherapie herauszustellen.
Dazu möchte ich zunächst darauf hinweisen, daß die Scham und die Verzweiflung für die Patientin quälend sind, so lange bis der Leidensdruck unertraglich wird; bis sie es wagt, sich in einem heroischen Selbstheilungsversuch von ihrem angewiesenen Platz zu erheben, bangend auf den Analytiker zuzugehen und sich zum Verstoß gegen das ausgesprochene oder unausgesprochene Berührungstabu der Psychoanalyse hinreißen zu lassen. Ist das nicht ein unnötiges settingbedingtes Erschwernis? Wäre es für die Patientin, vielleicht auch für den Therapeuten, nicht leichter gewesen, wenn die Möglichkeit eines therapeutisch definierten leiblichen Kontaktes bereits zu den analytischen Regeln gehört und die Patientin bereits entsprechende Erfahrungen gesammelt hätte? Was ist

mit den Patienten/innen, die diese Ichleistung, eine fundamentale analytische Regel zu durchbrechen, noch gar nicht zu leisten imstande sind? Sie werden durch die bisher praktizierte, eingeschränkte Form der Abstinenz prinzipiell aus diesen Erfahrungsmöglichkeiten ausgeschlossen. Das Beispiel auf Seite 92 ff. belegt die klarifizierende Bedeutung einer Berührung. Es zeigt, wie eine angebotene Symbolhandlung aus dem Zwang einer eingeschränkten Wirklichkeitsgestaltung herausführen kann. Hier benötigen viele der Patienten eine leib- und handlungsfundierte Unterstützung, und zwar noch dringlicher als Kinder in einem normalen Entwicklungsverlauf, die – was viele Patienten im Verlauf ihrer Selbstunterdrückung fast völlig verloren haben – glücklicherweise immer wieder ihre Bezugspersonen heftig darauf stoßen, welche Entwicklungsschritte anstehen. Patienten dagegen sind darauf angewiesen, daß ihnen entwicklungsförderliche Hilfestellungen angeboten werden, wodurch sich ihnen neue Wege der Individuation eröffnen.

Des weiteren möchte ich anhand des obigen Beispiels auf ein gewisses Ungleichgewicht der analytischen Wahrnehmung hinweisen. Einerseits bekundet die Patientin, sich nur noch dadurch beruhigen zu können, daß sie auf den Analytiker zugehe und ihn umarme. Andererseits stellt sie nach ihrer Handlungsprobe fest, daß sie wissen wollte, daß er nicht will.

Meine kritische Frage lautet hier: Wieso wird der erste »Einfall« nicht ernst genommen und der zweite besonders gewichtet? Gehören nicht beide Seiten, nämlich die Sehnsucht nach zärtlichem Kontakt, meinetwegen nach Verschmelzung, und die Hoffnung, darin nicht wieder narzißtisch (sexuell) mißbraucht zu werden, untrennbar zusammen? Wenn beide Momente erst die gesamte subjektive Wahrheit darstellen, die die Patientin in ihrer handelnden Re-Inszenierung wieder lebendig werden läßt, dann ist der therapeutische Erfolg, der aus diesem Handlungsdialog erwächst, vielleicht nur ein Teilerfolg. Sie macht mit dem sich zurückhaltenden Analytiker die zweifellos sehr wichtige und exemplarische Erfahrung, daß sie zwischen ihren projektiven Wahrnehmungen und ihren aktuellen Realerfahrungen unterscheiden muß.

Wofür sie ihre Wahrnehmung aber noch nicht sensibilisieren kann und was ebenso in einem konkreten Handlungsdialog differenziert werden könnte, ist: daß es auch eine Umarmung mit einem erwachsenen Mann gibt, die nicht mit erotisch sexuellen oder narzißtischen Erwartungen verbunden ist. Wie das unten folgende Beispiel zeigt, läßt sich auch der liebevolle Kontakt des Kindes zu einer väterlichen Figur (d.h. einer erwachsenen, sexuell reifen Person, die aber keinen solchen Anspruch an das Kind richtet, sondern fürsorglich und liebevoll ist) in einem Handlungsdialog symbolisieren. Er verhilft dem Patienten zu einer nachträglichen Entmischung zärtlicher und sexueller Tendenzen. Noch genauer wäre es hier, davon zu sprechen, daß die erotisch-sexuellen Tendenzen aus ihrer kompensierenden und sichernden Funktion bezüglich des Zärtlichkeitsmangels befreit werden und für eine neue entwicklungsreifere Erfahrung frei werden.

Solche therapeutischen Angebote haben auch nichts, wie häufig eingewendet wird, mit einer Manipulation zu tun; denn die Patientin gibt bereits in dem von Janssen festgehaltenen Bericht mit der Puppenphantasie, mit den Modellierungen ihres Analytikers, mit ihren Vor-Stellungen von einer möglichen Berührung, mit ihren Verschmelzungsphantasien, eine Fülle von Hinweisen für ein präverbales leibfundiertes Durcharbeiten und Verstehen. Nach meiner Erfahrung sind zwar die nichtsprachlichen Tendenzen wie z.B. die Verschmelzungswünsche des Patienten auf der verbalen Ebene sehr differenziert analysierbar, sie bleiben aber dem Patienten lange unzugänglich und können oft erst durch handlungs- und leiborientiertes Bearbeiten begreifbar und dann auch sprachlich benennbar und psychodynamisch erklärbar werden.

Wenn bei dieser Patientin von einem »erotischen Wunsch« gesprochen wird, wird m. E. eine seelische Störung, die in das erste Lebensjahr zurückreicht, ödipalisiert und nicht über diese Phase hinaus bis zu dem Punkt der Entwicklung zurückverfolgt, an dem sie entstanden ist. Hier ist zwischen der unintegrierten Verschmelzungssehnsucht und ihrer quasi ödipalen Bewältigung zu unterscheiden und auf die von Ferenczi herausgestellte »Sprachverwirrung« zwischen dem Zärtlichkeitsbedürfnis des Kindes und dem umfassenderen Bedürfnis Erwachsener hinzuweisen. Meine Frage lautet an dieser Stelle, ob die Patientin nicht einen frühkindlichen Mangel durch eine entwicklungsmäßig spätere Sicherung (Erotisierung/Sexualisierung) zu kompensieren versucht. Die im Gewande des Ödipuskomplexes verwobenen frühkindlichen Frustrationen bleiben unverstanden. Wenn man den Sprung vom zweiten Absatz des Fallberichtes zum dritten Absatz beachtet, ist zu bedenken, ob sich dieses Arrangement nicht unbemerkt im Dialog mit dem Therapeuten wiederholt. In ihren möglicherweise unerfaßten Verschmelzungssehnsüchten, zwar sprachlich sicher sehr differenziert angesprochen, aber nicht leibfundiert begriffen, phantasiert sie sich einen Analytiker, der ständig präsent ist. Ihre Phantasien könnten eine notreife Reaktion auf die Schwierigkeit sein, diese in die präverbale Phase menschlicher Entwicklung zurückreichenden Tendenzen in einer der Regressionsebene entsprechenden Form erfahren zu können. Verbale Deutungen von präverbalen Prozessen wirken oft wie Verletzungen, wie die Wiederholung der frühen Traumatisierungen. Wenn der Therapeut an solchen Stellen operative und organismische Erfassungsformen für diese früh frustrierten, unentwickelt liegengebliebenen und mit archaischer Wucht nach Realisierung drängenden Tendenzen findet, können sie wieder bewußt und bearbeitbar werden. Anders bleiben sie trotz aller Deutungsversuche leicht unverstanden und destruktiv wirksam. Ist es in einer solchen Situation nicht naheliegend, daß diese Patientin den Kontakt erotisiert, um doch noch wahrgenommen und beachtet zu werden? Deswegen ist hier zu überlegen, ob die Erotisierung der Übertragung nicht auch sehr häufig ein Kunstprodukt des analytischen Settings ist.

Schließlich möchte ich auf einen defensiven Umgang mit dem »Handlungsdialog« oder der »Aktion« hinweisen, der sich sinnfälligerweise in dem Beispiel auch im Versteifen des Nackens des Analytikers als leiblichem Ausdruck seiner Zurückhaltung manifestiert. Dieser Umgang mit Berührung und Bewegung erinnert mich stark an die Geschichte des Übertragungs- und des Gegenübertragungsbegriffes. Janssen nimmt an, daß die symbolisierende Kapazität des Ichs erst wieder einsetzt, wenn eine solche Aktion wie Phantasiematerial bearbeitet wird. Dabei wird die Sprache als einzige Form der Symbolisierung unterstellt und übersehen, daß es auch handlungssymbolische Inszenierungen gibt. Wenn die therapeutische Szene entsprechend eingerichtet (s. S. 126 ff.) und die Probehandlung aus dem therapeutischen Prozeß erwachsen sowie in der Gegenübertragung reflektiert und mit dem Patienten entsprechend vorbereitet ist, wird der gemeinsame Handlungsdialog selber zu einer therapeutischen Form präverbalen Durcharbeitens, zu einem handelnden Reproduzieren, zu einem leibhaftigen Er-innern und zu einem operativen Be-greifen. Das Unbewußte sendet in kreativer Form – wie mit einer »geheimen Intelligenz« (Salber 1969a) – ständig Signale verschütteter Selbstanteile aus, deren Führung sich der körpertherapeutisch arbeitende Psychoanalytiker mit großer Sicherheit überlassen kann.

Eine vertiefte Erfahrung in dieser Hinsicht verdanke ich einer Psychologin, die bereits über beträchtliche analytische Selbsterfahrungen verfügte und an einem von mir geleiteten Kurs zur analytisch-fundierten Familienberatung und Familientherapie teilnahm. Sie war mir schon bald durch ihr um Resonanz bemühtes Verhalten aufgefallen. Aus ihren schönen großen Augen sprach eine grenzenlose Sehnsucht nach zärtlichem Kontakt. Einem ebenfalls bedürftigen Gegenüber scheint sie die Erfüllung seiner verbliebenen kindlichen Paradiesvorstellungen zu versprechen. Solche Verbindungen führen jedoch psycho-logisch in die Beziehungsqualen zweier verlorener Kinder, die wechselseitig elterliche Unterstützung voneinander erhoffen und einklagen.

Die Teilnehmerin knüpfte zunächst an die therapeutisch-technische Verwendung eines Kissens an, das ich während einer leibtherapeutischen Intervention mit einem männlichen Teilnehmer und anschließend auch während der Arbeit mit ihr in meinen Schoß gelegt hatte. Der Teilnehmer hatte sich bei einer psycho- und leibdramatischen Inszenierung einer frühen Modellsituation, bei der ich auf dem Boden saß, zwischen meine Beine gelegt, um sich an mich zu kuscheln. Dabei hatte ich meinen Genitalbereich durch ein Kissen bedeckt. Das ist ein in der Körperpsychotherapie durchaus übliches Verfahren, um die Erwachsenensexualität zu neutralisieren. Später knüpfte die besagte Teilnehmerin an die symbolische Bedeutung des Kissens an. Sie konnte nach einer berührenden Arbeit am nächsten Tag ihr Erleben eindrücklich

schildern, die konkrete und symbolische Bedeutung des Kissens prägnant herausstellen und das für sie entscheidende Therapeutikum benennen.
Mit der Verwendung eines Kissens hätte ich ihr gezeigt, daß ich ein erwachsener Mann sei und sexuell erregt werden *könnte*, ihr aber so zu verstehen gegeben habe, ihr nicht als Sexualpartner, sondern in einer elterlichen Funktion zu begegnen. Ihr Berührtwerden durch diese Szene weist für mich darauf hin, daß das bildhafte und handelnde Erfassen, wie es bei frühgestörten Patienten immer wieder erforderlich ist, dieser Frau erst ein vertieftes Verstehen ermöglichte, weil es sie auf einer Ebene erreichte, die für die Entwicklungsstufe, auf die sie in der Arbeit regredierte, typisch ist. Der Hinweis auf meine Sexualität und ihre gleichzeitige Ausklammerung, indem ich das Kissen in meinen Schoß gelegt habe, seien zusammen das therapeutisch Wirksame gewesen. Das Nebeneinander einer möglichen Realisierung und einer faktischen Nichtrealisierung eines erotisch-sexuellen Kontaktes war die befreiende Erfahrung für sie. Wegen dieser wichtigen Erkenntnis bat ich die Probandin, ihr Erleben in der Szene aufzuschreiben. Es folgt der Bericht, den sie mir wenige Tage später zuschickte:

Günter arbeitet mit H., bietet ihm seinen Schoß an und nimmt sich ein Kissen, um sich zu schützen. Eine Geste, die mich bedroht, weil ich sie nicht verstehe. Im nachhinein war es die scheinbare Zufälligkeit dieser Geste, die es ermöglichte, ihm zu glauben, daß er seine Grenzen kennt und achtet; der Raum hinter den Worten, der mich ihm vertrauen ließ. H. legt seinen Kopf auf Günters geschützten Schoß, ein Bild, das mich so tief berührt, daß ich schreien möchte. Ich kämpfe an gegen die Gefahr zu ersticken, fühle Tränen aus mir herauslaufen, ohne sie zu verstehen. Ich will diese Übung nicht, ich will nicht in irgend jemandes Schoß liegen und einen Namen rufen hören, den ich hasse.
Ich beruhige mich, finde zurück zum Schutz der eingeübten professionellen Spaltung, die ich so gut zu nutzen weiß, um mich vollständig von mir zu trennen. Ich bin schon fast verschwunden, als Günter mich anspricht und anbietet, mit mir zu arbeiten. Ein warmes Glücksgefühl darüber, daß er mich gesehen hat – und gleichzeitig befürchte ich mich aufzulösen, wenn er mir zu nah kommt.
Günter sagt, vielleicht ist das jetzt dran und fordert mich damit heraus, mich nicht feige zurückzuziehen. Er lächelt mir sein Angebot zu, und ich

möchte es annehmen und spüre gleichzeitig den Sog von Schuld und Strafe, dem ich nur standhalten kann, indem ich erneut in die Spaltung fliehe. Ich will diese innere Zerreißprobe nicht haben, ich kann sie nicht aushalten. Günter bietet mir an, zunächst Augenkontakt zu ihm aufzunehmen. Ich kann es nicht ertragen, in seine Augen zu sehen, in denen ein gleichbleibend freundliches und liebevolles, nichts von mir forderndes Angebot liegt und ein Versprechen, mich nicht zu vernichten. Günter wirkt so bei sich, sich seiner bewußt und voller Lebendigkeit und ich spüre, mit welcher Klarheit er sich in mich einfühlt, ganz konzentriert bei mir ist. Ich möchte mich in seine Augen fallen lassen, von ihm gehalten werden, ihn fühlen und finde diesen Wunsch so vermessen, verboten und unangemessen, ich will ihn nicht so brauchen. Ich fühle Übelkeit in mir aufsteigen und höre Günter fragen, ob er einen Eimer holen soll. Der kurze Gedanke daran, daß ich mich vor langer Zeit entschloß, mich nie wieder zu übergeben, mischt sich mit dem Erstaunen darüber, daß Günter so nah bei mir ist, daß er das mitbekommen hat.

Mein: »na gut, ich möchte es versuchen«, spricht schließlich diejenige in mir, die es nicht schafft, zurückzuweisen, die verleugnet, daß sie selbst etwas haben möchte und die ihrer Fähigkeit, blitzschnell aus ihrem Körper zu fliehen, vertrauen kann. Die ersten Minuten, in denen mein Kopf auf dem Kissen auf Günters Schoß liegt, lassen mich eher aus Erschöpfung weinen, und die einsetzende Entspannung schafft Raum für Befürchtungen um Günters Hemd, das ich jetzt mit Tränen und Make-up verschmiere. Als Günter sagt, er habe den Eindruck, ich wolle gern meine Arme um ihn legen, gibt er mir damit die Erlaubnis, zu fühlen, wie sehr ich mir Nähe zu ihm wünsche. Ich spüre Günters Körper, seinen Herzschlag, seine Wärme und gerate in einen Raum ohne Zeit. Ich nehme um mich herum nichts mehr war, nur Angis Hand auf meinem Bein als letzte Sicherheit dafür, daß Günter mich nicht vernichten kann.

Ich klammere mich an Günter fest, und als ich versuche, mein Klammern zu lösen, krampft sich mein Magen zusammen. Ich sehe mich als Vierjährige daliegen und spüre wieder wie mein Vater meinen Kopf festhält, um zu verhindern, daß ich seinen Schwanz ausspucke, während er mir Märchen vorliest. Ich habe Angst, daß noch mehr dieser Bilder, die ich kenne, aber immer nur aus der sicheren Distanz zu mir anschauen konnte, mich überfluten. Ich will das nicht, ich will nicht ersticken, nicht jetzt und rette mich in Günters regelmäßigen Herzschlag, fühle erneut seine Grenzen, rede irgendwas, ohne zu wissen was, und er antwortet mir damit, daß er es ok fände, den »alleinerziehenden Vater A.« (ihren Therapeuten, bei dem sie ihre Einzelanalyse macht, G.H.) zu unterstützen. Wieder eine Woge von Wärme und Mich-verstanden-fühlen, der Kreis zu A. ist geschlossen, ich fühle mich doppelt gehalten und möchte aus dieser Umarmung nie wieder auftauchen müssen.

Günter legt seine Arme um mich, streicht mir über den Kopf und ich fühle nie endenwollendes Sehnen und Wünschen. Ich kann das Klammern wieder ein bißchen lösen, dann merke ich, wie der Druck meiner Hände sich wieder verstärkt, ich will ihn nicht loslassen, will immer weiter spüren, daß ich da bin, weil er Grenzen hat, die spür- und berührbar sind. Angst, er könne mich wegschieben, weil ich ihm zuviel bin und unendliche Erleichterung darüber, daß er mir Zeit läßt. Ich berühre Günters Körper, taste Grenzen ab, streichle ihn und er läßt das zu, ohne mit Abwehr oder Übergriff zu reagieren. Er sitzt einfach da und hält mich fest, sein Atmen bleibt ruhig, sein Herzschlag gleich und ich weine, weil ich Günter in diesem Augenblick liebe. Als Günter mich auf mein Streicheln aufmerksam macht, erzähle ich ihm, daß ich von mir weiß, daß ich nicht unterscheiden kann zwischen erotischen und zärtlichen Gefühlen. In diesem Moment könnte er mit mir tun, was er wollte und ich würde mich nicht wehren. Während ich das zu ihm sage, fühle ich auf einmal etwas ganz anderes: Ich will jetzt keine Erotik und Sexualität, ich will wie ein Kind in seinem Arm liegen und seinen Schutz fühlen dürfen. Ich möchte ganz viel von ihm haben, ohne ihm dafür etwas geben zu müssen. Das, was ich da fühle, hat mit Sexualität nichts zu tun, ich kann es zum ersten Mal unterscheiden. Ich erzähle Günter, daß ich mir immer gewünscht habe, daß mein Vater mich schlägt oder brutal vergewaltigt oder sonst was mit mir macht, mir nur das nicht mehr antut. Zum ersten Mal verstehe ich diesen Wunsch und auch, warum meine Beziehungen zu Männern immer wieder scheiterten. Ich möchte in Günters Arm losschreien. Es ist zu früh, ich klammere mich wieder an Günter fest und fühle Trost und Gehaltensein.

Ich weiß nicht, wieviel Zeit vergangen ist und was um uns herum in der Zwischenzeit passiert ist. Irgendwann nehme ich hinter mir die Geräusche der Gruppe wieder wahr. Ich rutsche langsam mit dem Kopf an Günters Oberkörper hoch und entdecke voller Erschrecken und Scham, daß ich nach Günters Brust suche. Ich habe nicht gewußt, daß ich so viel brauche und irgend etwas tut mir so weh. Günter hält mich immer noch fest und läßt mir Zeit, mich von ihm zu lösen, läßt mich Distanz suchen und mich erneut anlehnen, läßt mir einen Zipfel seines Hemdes, als wir wieder nebeneinander sitzen. Ich lache, als er von »Übergangsobjekten« spricht und fühle gleichzeitig sein tiefes Verständnis für das, was da mit mir passiert ist. In der Gruppe mag ich anschließend nicht über meine Erfahrung mit Günter reden. Mir fehlen die Worte für das, was in mir passiert ist, und ich kenne sie selbst noch nicht genau. Es ist so viel, ich fühle mich tief berührt und angenommen, unsicher, fragend, glücklich, ängstlich, verzweifelt, getröstet, am Ende und Anfang gleichzeitig und wissend, das jetzt nichts mehr so ist, wie es vorher war.

Als Resümee dieser Einzelarbeit in der Gruppe schreibt sie in einem Begleitbrief:

»Ich habe Grenzen, weil Du welche hattest, ich bin da, weil Du da warst und ich fühle zum ersten Mal in meinem Leben, daß und warum es mich so verwirrt und grausam verstrickt hat, daß mein Vater über Jahre hinweg meine kindlichen oralen Liebesbedürfnisse mit oraler Erwachsenensexualität beantwortet hat. Ich habe im Moment noch Angst vor dem, was da noch auf mich zukommt, aber ich fühle auch, daß etwas in mir in Bewegung geraten – losgegangen ist, das ich nicht mehr verlieren kann.«

3.3.2. *Vereindeutigung*

Überlegungen zum Für und Wider der Körperarbeit müssen am analytischen Verständnis des therapeutischen Prozeß- und Beziehungsgeschehens orientiert sein. Vor diesem Hintergrund wurde auch der Abstinenzbegriff geboren und weiterentwickelt. Was immer ein Therapeut tut oder läßt, es findet seine Bedeutung in der Beziehung zum Patienten. Wenn sein Tun und Lassen eine Form wechselseitiger Be-Nötigung bewirkt, sind wir es gewohnt, von mangelnder Abstinenz zu sprechen, da der Therapeut den Patienten zur Selbstsicherung gebraucht und/oder sich in diesem Sinne von ihm gebrauchen läßt. Sein Tun und Lassen wird als abstinent angesehen, wenn er es in den Dienst des Therapieprozesses stellt und den Patienten dabei unterstützt, sich aus seinen notgeborenen Selbstbehinderungen zu befreien. Alle Argumente für und gegen die Körperpsychotherapie müssen auf dieses dialogische Geschehen bezogen werden.

Vor diesem Hintergrund wird die Sorge, die aus der Kritik Bittners (1986, 1988, 1989) an der Körperpsychotherapie spricht, als auch ihre Vereinseitigung deutlich. Wenn er vor Manipulierung, Überrumpelung, Erotisierung, Verwöhnung, Infantilisierung, Desymbolisierung und Einengung warnt, drückt er die für jeden Therapieprozeß geltende Sorge um die Selbstfindung und Selbstentfaltung des Patienten aus. Seine Kritik ist jedoch einseitig, wenn er körpertherapeutisches Handeln per se als Form des Mißbrauchs und verbal-analytisches Handeln per se als Form der Befreiung betrachtet. So ist es widersinnig zu behaupten, daß ein Bewegungstherapeut, der seinem Patienten vorschlägt, sich im Praxisraum seinen Platz zu suchen, diesen manipuliere, oder daß ein Körpertherapeut, der seinem Patienten den Kopf hält, diesen infantilisiere, während man selber seine Patienten auffordert, sich auf die Couch zu legen, sich an die analytische Regel zu halten usw. Selbst wenn wir uns mit Cremerius (1984) vornehmen, den Abstinenzbegriff funktional zu betrachten, wirkt er weiter im Sinne seiner defensiven Tradition, verbleiben wir im Banne des Wortes. Er verschleiert den Umstand, daß die therapeutische Unterstützung nicht nur im Sinne einer Wiederholung der frühkindlichen Manipulation, sondern ebenso im Sinne einer Wiederholung der frühkindlichen Entbehrung entgleisen kann (Moser 1989a, 1990b; Roth 1986).

Körperlicher Kontakt kann ebenso wie dessen Vermeidung sowohl der Be-Nötigung als auch der Befreiung dienen. Hier müssen alle Therapeuten ihren Weg finden zwischen der Verletzung der Abstinenz, bei der die Patienten zur Sicherung des eigenen Selbstgefühls benutzt werden, und der Verletzung der Liebe, bei der – ebenfalls zur persönlichen Absicherung – den Patienten etwas vorenthalten wird, was für sie notwendig und förderlich sein könnte. In beiden Fällen verstricken sich Patient und Therapeut in dem doppelt abgesicherten Systemwiderstand einer wechselseitigen Be-Nötigung. So wird vielleicht schon verständlich, daß der körperliche Kontakt nach meiner Erfahrung das Bewußtsein für mangelnde Abstinenz wie auch für mangelnden Bezug wesentlich verschärft. Ich möchte die klärende Bedeutung des Körperkontaktes an einem Beispiel erläutern:

Es handelt sich um einen Therapieausschnitt um die 60. Sitzung. In den letzten Sitzungen waren bei der Patientin die Übergriffe ihres Vaters zum Thema geworden, wenn er sich abends zu ihr auf die Bettkante setzte und sie unter der Bettdecke »befummelte«, während sie vor Schreck erstarrte. Etwa zur gleichen Zeit erinnerte sie sich daran, daß sie mit Beginn der Pubertät ein Buch ihres Vaters mit erotischen Erzählungen gefunden hatte.

Es war ihr peinlich, sich und mir einzugestehen, daß sie die Durchsicht dieser Hefte sexuell erregt hatte. Als ich nach der Bearbeitung der Peinlichkeitsgefühle die Andeutung in den Raum stellte, daß sie und ihr Vater wohl an denselben erotischen Geschichten ihre heimliche Lust erlebt hätten, habe ich sie vermutlich so erschreckt, daß sie mehrere Stunden lang dieses Thema nicht mehr ansprach. Vermutlich war ich ihr – insbesondere als männlicher Therapeut – mit meiner Deutung zu nahe gerückt.

Einige Stunden später tauchte das Verführungsthema jedoch wieder auf: Sie arbeitet als Sozialarbeiterin in einer Suchtklinik und betreut eine junge Frau, die in ihrer Kindheit vom Vater sexuell mißbraucht worden war. In den Gesprächen mit ihrer Klientin war meiner Patientin aufgefallen, wie sie immer stärker auf sie einzuwirken versuchte, daß sie doch Wut auf ihren Vater haben sollte. Die Patientin bemerkte selber, daß sie sich in diese Richtung verrannt hatte, während ihre Klientin komplementär die weichen und warmen Züge des Vaters betonte und sogar hervorhob, daß ihr Vater ihr ein und alles gewesen sei. Als meine Patientin ihre Schwierigkeiten mit einer befreundeten Kollegin besprach, gab diese ihr zu bedenken, ob denn ihre Klientin nicht in dem Verhalten des Vaters auch eine Form der Zuwendung und Zuneigung erlebt haben könnte. Meine Patientin reagierte heftig: »Das saß! Wie sie das sagte, fühlte ich mich zutiefst betroffen und spürte einen starken Schmerz unter dem Brustbein.«

An dieser Stelle der Therapie stand ich vor der Frage, ob ich ihr – gewissermaßen ihrer leibhaftigen »Assoziation« folgend – anbieten könnte und sollte, meine Hand auf ihr Brustbein zu legen, das heißt, ihr eine Behandlung vorzuschlagen, die einen intimen Kontakt zwischen ihr und mir herstellen würde, der genau ihre Thematik »berührte«. Ich fühlte mich in der Beziehung zu meiner Patientin klar, sicher und abgegrenzt, und ich dachte mir, daß ich ihr in ihrem Ambivalenzkonflikt am besten durch meine eigene leibhaftig vermittelte Klarheit helfen könnte. Deswegen schlug ich ihr die Berührung vor. Sie willigte ein. Als ich meine Hand auf ihr Brustbein legte, schloß sie die Augen, schlug ihre Beine übereinander und legte eine Hand auf ihren Bauch. Allmählich vertiefte sich ihr Atem. Ihre Augenlider zuckten. In der ersten Phase der Interaktion hatte ich ein gutes Gefühl. Es kam ein guter Kontakt zustande, während sich ihre Atmung vertiefte und das Zucken der Lider zurückging. Dann spürte ich, wie der Kontakt wieder verlorenging und die Atmung immer flacher wurde. Ich ließ meine Hand noch eine kurze Zeitlang auf ihrem Brustbein, während sie schon die Augen öffnete. Ich beachtete, daß sie kein verbales Signal für ein Aufhören gab.

Nachdem ich diese Situation noch eine kurze Zeit sich hatte herausgestalten lassen, nahm ich die Hand weg und rückte wieder in den üblichen Gesprächsabstand. Sie tat einen Stoßseufzer und sagte, es sei eine richtige Erleichterung gewesen, als ich meine Hand weggenommen hätte. Sie habe große Angst gehabt und sich gefragt: »Was macht der jetzt mit dir?« Darüber sei sie plötzlich erstarrt. Ich hatte aufgrund früherer Erfahrungen die Vermutung und war auch mit meinen Gegenübertragungsgefühlen sicher, daß sie den ersten Teil des Kontaktes als sehr angenehm erlebt hatte. Wie ich aber aus früheren Erfahrungen wußte, blendete sie diese positiven Aspekte aus der Ambivalenz oft einfach aus. Plötzlich stellte sie überrascht fest: »Der Druck hinter dem Brustbein ist völlig weg! Und das durch bloßes Handauflegen!« Dann fiel ihr die Märchengeschichte von Heinrich, dem Kutscher des Froschkönigs, ein. Sie hatte nämlich auch das Gefühl, als wären Eisenringe, die um ihre Brust gespannt waren, geplatzt, als wäre sie von einem schrecklichen inneren Druck befreit worden. Sie fügte erläuternd hinzu, daß sie an den Kutscher des Froschkönigs gedacht habe, weil ihm vor Glück über die Wiedergeburt seines Herrn, den jener treu durch seinen Leidensweg begleitete, drei um die Brust gespannte Eisenringe platzten, und zwar so laut, daß es im ganzen Schloß zu hören war.

Die Berührung durch mich war offenbar belastend und befreiend zugleich. Die Patientin war zunächst völlig überrascht, daß in dieser für sie so bedrohlichen Situation auch gleichzeitig der Druck verschwunden war. Die aufgrund ihrer frühen Erfahrungen sowohl abstoßende als auch anziehende Situation verlor ihre Bedrohlichkeit, wenn sie von einer väterlichen Figur zärtlich, aber nicht mißbräuchlich angefaßt wurde. Das war die Beziehungserfahrung, die sie aus ihrer Erstarrung befreite. Sie fand in dieser Situation eine Lösung aus ihrem Beziehungsdilemma. Das Erstarren gewann seine Bedeutung aus dem verzweifelten Kompromiß zwischen der kindlichen Sehnsucht nach Zärtlichkeit und der Bedrohung durch den Übergriff. So verblieb sie unsicher, ob der andere sie überhaupt meint oder zur eigenen Bedürfnisbefriedigung mißbraucht. Diese Unsicherheit konnte sie bearbeiten, indem sie einer abgegrenzten Vaterfigur begegnete, die ihr liebevoll zugetan war, offen genug, um sie zu berühren und zufrieden genug, um sie nicht zur eigenen Stabilisierung benutzen zu müssen. Diese Klarheit kann sie im körperlichen Kontakt mit ganz anderer Evidenz erfahren, als das rein verbal möglich wäre. Ihre Unsicherheit ist durch einen mißbräuchlichen körperlichen Kontakt entstanden, und es ist fraglich, ob sie anders als auf diese Weise eine differenzierende Gefühlserfahrung hätte machen können. Es dauerte dann nicht lange, bis sich ihre Beziehung zu ihrem langjährigen Freund, die durch viele Krisen und Trennungen gekennzeichnet war, entscheidend veränderte, sie schließlich zusammenzogen, heirateten und sich mittlerweile an ihrem ersten Kind erfreuen.

Adler (1973) hat 1908 ausdrücklich auf die prototypische Bedeutung des zärtlichen Kontaktes in der frühen Kindheit hingewiesen und dessen Beeinträchtigung bereits damals mit den Störungen in Verbindung gebracht, die wir heute als ich-strukturelle Frühstörungen klassifizieren. Wenn auch diese fundamentalen Erkenntnisse zunächst mit dem Dissidenten verbannt wurden, so sei hier doch zumindest auf die mittlerweile berühmt gewordene Unterscheidung Ferenczis (1933) zwischen der Sprache der Zärtlichkeit und der Sprache der Leidenschaft und auf die Beiträge von Spitz (1976) zum frühen Dialog hingewiesen. Die Entgleisungen dieses Dialoges wirken unbewußt bis in die aktuellen Beziehungen hinein nach und zeigen sich häufig allen noch so treffenden Deutungen gegenüber resistent. Sie können oft erst dann verstanden werden, wenn sie in urtümlicher Weise, d.h. bewegungs- bzw. handlungsmäßig begriffen werden. Wie das obige Beispiel zeigt, kann sich die direkte Berührung besonders heilsam im Kontakt zu Patienten/innen auswirken, deren Problem gerade in der Erotisierung und Sexualisierung der Beziehung liegt (Moser 1989a, 1990a).

Die vereindeutigende Wirkung leiborientierter Interventionen gilt auch für negative Übertragungsanteile. Diese Be-Handlung ist besonders förderlich bei jenen Patienten, die sich bereits in sehr frühen, abhängigen Entwicklungsstadien unerträglichem Erleben ohnmächtig ausgeliefert fühlten. Ihre Selbstbewegung ist in der Zerreißprobe grenzenloser Sehnsucht und grenzenloser Wut erstarrt. Jedes Aufkeimen der einen oder anderen Regung wird durch die dabei jeweils wiederbelebten archaischen Ängste erstickt.

In diesem Zusammenhang erinnere ich mich an zwei Patienten, deren Verzweiflung erst in dem prototypischen Bild einer anschaulichen Inszenierung angemessen begreifbar wurde. Der eine brachte seine Zerrissenheit in eine Szene, indem er mit wutverzerrtem Gesicht und fürchterlichem Schrei ein einziges Mal auf den Schaumgummiblock einschlug und dann schluchzend darauf liegen blieb und sich mit aller Gewalt darin festkrallte, so daß sich seine Fingerknöchel weiß färbten. Das quälende Neben- oder besser Ineinander von Zerstörung und Anklammerung war für den Patienten eine besonders beeindruckende Selbsterfahrung, die viele katastrophale sadomasochistische Beziehungsdramen seines Lebens aufschlüsselte. Der andere Patient brachte seine innere Blockierung in bizarrer Form zum Ausdruck. Er holte mit angehaltenem Atem immer wieder zu einem heftigen Schlag aus, um dann jedesmal kurz vor Erreichen der Oberfläche des Blockes, vergleichbar einem Maschinenmenschen, abrupt den Impuls abzubrechen, so daß der Schlag also immer wieder heftig angesetzt und heftig abgebrochen wurde.

Ich möchte hier ausführlicher auf einen Therapieausschnitt (ca. 100. Stunde) eines Patienten mit narzißtischer Grundstörung und vorwiegend depressiver Abwehr eingehen, dessen Lebensweg spätestens von seiner Geburt an bis zum Ende seiner Schulzeit durch eine ständige Folge katastrophal erlebter Abschiebungen – er sprach selber von »Deportationen« – gekennzeichnet ist. Zur notdürftigen Sicherung seiner bedrohten Selbstbewegung unterwarf er sich dem Zwang eines massiven »Wirkungstabus«. Er lebte unter der Fiktion, er könnte seinen Ängsten entgehen, wenn er sich möglichst unsichtbar und unwirksam machte und sein wahres Selbst unter der »Tarnkappe« der Überanpassung an die Bedürfnisse anderer zu retten versuchte. Darüber geriet er in den Teufelskreis sich wechselseitig steigernder Selbstverleugnungen und aggressiver Gegenbewegungen.
In der Stunde, die der zu referierenden vorausging, hatte er die Beziehung zu seiner Mutter angesprochen. Dabei hob er bedauernd hervor, daß er noch nie ein echtes Gespräch mit ihr zu führen gewagt habe. Selbst ein fiktiver Dialog mit ihr belebte noch große Ablehnungs- und Trennungsängste. Er wagte ihr aber mitzuteilen, worunter er bisher gelitten hatte: Sie wisse überhaupt nicht, wie und wer er eigentlich sei. Sie habe sich immer nur ein Bild von ihm gemacht und ihn nach ihrem Bild behandelt.

Die folgende Stunde begann er nun mit einem Bericht über einen heftigen Streit mit seiner Frau, in dessen Verlauf er in einen Ausnahmezustand geraten war. Er hatte sich durch ihre Vorwürfe zutiefst gedemütigt, wie erstorben, wie versteinert gefühlt. Seine Erstarrung wurde für seine Frau offenbar so unerträglich, daß sie schließlich als Reaktion auf seinen totalen Rückzug ein Telefon nach ihm geworfen hatte. Gleichzeitig hatte er ganz deutlich gemerkt, daß er seine Entrüstung und Wut nicht direkt hatte äußern können, daß er alles nach innen gedrängt hatte, daß Wut und Haßgefühle nur in seinem Inneren tobten. Er spürte heftige Impulse, einfach abzuhauen und sie sitzenzulassen, sich ein Messer in die Brust zu jagen oder sich aufzuhängen. Er konnte nachvollziehen, daß er alle diese Phantasien als Rachephantasien gegen sich wendete in der Hoffnung, daß seine Frau, wenn er sich umgebracht hätte, endlich merken sollte, wie sehr sie ihn mit ihren Äußerungen getroffen und vernichtet hatte. Da ich seinen undifferenzierten Affekten eine Möglichkeit bieten wollte, »in der archaischen Form Ausdruck zu finden, in der sie liegen geblieben sind« (Moser 1989a, S.91), fragte ich ihn, ob er nicht einmal auf den Schaumgummiblock schlagen und sehen wollte, was sich dann herausbilden würde.

Wir sprachen zuerst darüber, wie er das Angebot erlebte und welche Phantasien ihm dabei kämen. Er dachte darüber nach, wie leicht er geneigt sei, seine Aufgaben brav zu erledigen, ohne innerlich dazu bereit zu sein. Andererseits verspürte er in sich auch eine große Wut. Er wollte es auf jeden Fall einmal versuchen und gleichzeitig darauf achten, ob er sich nicht dabei wieder selber verriete.

Dann stellt er sich vor den Block, holt weit aus, schlägt mit einem im Hals erstickenden Schrei heftig auf den Block und bleibt darauf ganz lange regungslos liegen. Dabei verkrallt er seine Hände in das Schaumgummi. Dann kommt er ganz langsam hoch, schaut mich mit weit aufgerissenen und entsetzten Augen an und sagt: »Jetzt habe ich etwas zerstört. Ich habe das Bild meiner Mutter von mir zerstört.« Was die Mutter denn jetzt denken und sagen würde? »Das hätte ich nie von dir gedacht. Ich hätte nie gedacht, daß du so etwas machst.« Dann kommt ihm der Einfall: »Ja, auf einen Schlag müßte ich sie dreimal umarmen.« Ich schlage ihm vor, auch das einmal auszuprobieren. Mir weist er dabei die Rolle seiner Mutter zu. Er macht einen Schlag und stößt einen fürchterlichen Schrei aus, dann nimmt er mich fest in die Arme, klammert sich an mich und eine ganz tiefe Erregung erfaßt ihn. Ich merke, wie diese tiefe Erregung auch mich durchdringt mit massiven Bewegungswirbeln im Körper, die sich besonders in der Herzgegend konzentrieren. Eine große Not durchzittert seinen Körper, er fängt an zu weinen und liegt lange mit seinem Kopf an meiner Schulter. Ich fühle mich wie eine Mutter, die ein Kind, das etwas Schreckliches erlebt hat, beruhigt, indem sie es ohne Worte in ihre Arme schließt. Ich fühle mich auch als Vater, den er nie gehabt hat, der sein Kind, das sich mit größter Angst von der Mutter löst, bei seinen ersten Separationsschritten unterstützt.

Allmählich beruhigt er sich, tritt zurück und spricht über zwei Tendenzen, die er leibhaftig in sich spüre. Einerseits möchte er weiterschlagen, immer weiter und immer heftiger, und andererseits möchte er nach jedem Schlag wie ein Hund vor seiner Mutter wieder zu Kreuze kriechen. Es ist für ihn wie zum Verrücktwerden, und er hat Angst, daß auch ich darüber verrückt werden könnte. Ich erkläre ihm, daß ich seine Verzweiflung gut verstehen könne, daß ich darüber selber aber nicht verrückt würde. Zum Schluß der obigen Szene stellt er erschöpft fest, daß er seine innere Zerrissenheit noch nie so tief erfahren habe.

Seine einzige bisherige Möglichkeit, mit seinen extrem gegensätzlichen Tendenzen fertig zu werden, sei ein Erstarren, ein Lebloswerden, ein »Einbunkern«. Das Bild des Bunkers wurde einerseits als Schutz gegen die Angriffe von außen und andererseits als »Atombunker«, in dem die gewaltigen inneren Sprengkräfte eingeschlossen blieben, verständlich. So konnten auch erste Ansätze einer negativen Übertragung auf mich deutlich werden: daß er sich über meine Deutungsbilder geärgert hätte, daß er sich durch ferien- oder tagungssbedingte Absagen von mir im Stich gelassen fühlte usw. So wagte er sich schrittweise immer mehr auf ein authentisches Gespräch einzulassen, in dem ich immer deutlicher wahrnehmen durfte, wie und wer er wirklich ist und wie er mich wirklich erlebt.

3.3.3 *Weiterführung*

Unter dem Aspekt der Förderung wirkt der Abstinenzbegriff noch besonders in seiner defensiven Form nach. Die tatsächliche bzw. vermeintliche Grenze zwischen herkömmlicher psychoanalytischer Therapie und analytisch fundierter Körperpsychotherapie läßt sich an den Phasen des therapeutischen Wirkungsgeschehens verdeutlichen, in denen der Therapeut seinen Patienten eine leibliche Hilfe bietet, über den bisherigen Spielraum seiner eingeschränkten Selbstbewegung hinauszukommen. Dazu greife ich auf einen Erfahrungsbericht über eine analytische Gruppenpsychotherapie bei Kranken mit chronisch-entzündlichen Darmerkrankungen zurück, der von Wienen und Janssen vorgelegt wurde. Sie zeigen eindrucksvoll, wie die Gegenübertragungsreaktionen des die Gruppe leitenden Analytikers die latenten psychischen Vorgänge bei den psychosomatisch Erkrankten aufschlüsseln:

»In einer weit fortgeschrittenen Sitzung befindet sich die Gruppe in einem versunken wirkenden Rückzug und zeigt sich unlebendig und unbeteiligt. Mein Bemühen, sie anzuregen, mißlingt mehrfach. Dadurch entstehen in mir heftige Spannungen, sie sind so heftig, daß ich schreien könnte. Als die Patienten über Beschwerden zu sprechen beginnen, wird mir verständlich, daß mein Gegenübertragungsgefühl schreien zu können, von ihnen ausgedrückt wird über die Beschwerden. Sie sind ihr Schrei nach innen. Dadurch verstehe ich die Patienten besser, kann ihre Unfähigkeit, ihren Rückzug als Versuch verstehen, ihrer schrecklichen Angst, verrückt zu werden, zu begegnen, weil sie glauben, der Schrei werde nicht von der Mutter gehört und beantwortet. Die Patienten meinen, schreien dürften nur Säuglinge oder Verrückte. Sie müßten doch normal und erwachsen sein. Als darüber gesprochen werden kann, läßt das Beschämtsein vor unkontrollierten Gefühlen, vor heftigen Äußerungen des Verletztseins, des Alleinseins, nach« (Wienen und Janssen 1989, S. 166).

Wer erfahren hat, wie sehr sich die Beziehungseinöde psychosomatischer Patienten durch das systemische Zusammenwirken der Widerstände in einer sogenannten homogenen Gruppe im Vergleich zur Einzelanalyse noch steigert, der weiß die aus diesem Beispiel sprechende therapeutische Kunst im Aufnehmen, im Halten und im Umwandeln der Not der Patienten zu würdigen. Ich finde die Deutung psychosomatischer Beschwerden als leibliche Ausdrucksformen eines »Schreis nach innen« sehr treffend. Dasselbe gilt für die Übersetzung der psychosomatischen Aussagen des Kranken in die Formel: »Ein affektives Lebendigwerden in Spannungssituationen, insbesondere ein Lebendigwerden primitiver Impulse, ist gefährlich und kann zu einer Vernichtung führen« (Wienen und Janssen 1989, S. 160). Ich folge den beiden Kollegen auch noch gern, wenn sie hervorheben, daß Lebendigwerden zunächst einmal auch Schreienkönnen bedeutet und dieses Vokalisieren frühkindlich vor dem Verbalisieren kommt (S. 168), frage mich aber dann – und damit überschreite ich die Grenzlinie zwischen herkömmlicher und körperbezogener analytischer Psychotherapie – warum ich diese Probleme beim sprachsymbolischen und abstrakten Benennen belassen soll. Warum nicht einen weiteren Schritt tun und die Patienten an dem Entwicklungspunkt, an dem ihre Weiterentwicklung nachhaltig blockiert ist, abholen und ihnen leibhaftig dabei helfen, diese Ausdruckshemmung durch einen tatsächlichen Schrei allmählich zu lockern? Der Körperpsychotherapeut kann sich hier noch eine ganze Reihe von Zwischenschritten vorstellen, die er dem Patienten anbieten kann, seine Selbstbehinderung zu bearbeiten.

Janssen und Wienen vermuten zum Schluß, daß die Patienten schon in ihrem frühkindlichen Schreien als nicht normal galten (S. 168). Deswegen möchte ich dieselbe Vermutung auch auf die aktuelle Situation beziehen: Es könnte sein, daß sie sich insbesondere als erwachsene Patienten in einer psychosomatischen Klinik für verrückt hielten, wenn sie dort lauthals schreien würden. Dieselben Ängste träfen vielleicht auch auf Analytiker zu, die ihre Patienten dazu anregten oder dabei gar mitmachten. Auf diese Weise würde sich die ursprüngliche Notlage auch in der wohltemperierten, »rein« verbalen Analyse wiederholen. Die Patienten fühlten sich bestätigt: »Schreien dürfen nur Säuglinge oder Verrückte« (Wienen und Janssen S. 166).

Die körperpsychotherapeutische Behandlung des erstickten Schreis zeigt, welche Vorgänge dabei frei werden. Wenn der Patient immer mehr wagt, sein ersticktes Schreien zuzulassen, dann werden oft erst die grauenvollen Erfahrungen des Vernichtetwerdens und des Nichtigseins, die mit diesen Verspannungen abgewehrt werden, allmählich wahrnehmbar und bearbeitbar. Erst angesichts dieser Belastungen werden die gewaltigen Abwehr- und Sicherungsformen verständlich. Besonders wichtig erscheinen mir schließlich die Gefühle eines tiefen Befreit- und Befriedigtseins, die Patienten häufig erleben, wenn sie durch reales Schreien ihre Blockade durchbrochen haben. Diese erlösende Selbsterfahrung wurde mir besonders bei einer Patientin deutlich, die bis zu diesem Durchbruch unter Tag- und Nachtträumen gelitten hatte, in ausweglose Situationen zu geraten und nicht schreien zu können. Hier brachten weder das Rückführen des Symptoms auf seine frühkindliche Entstehungssituation (Resignation des abgeschobenen Säuglings) noch seine Deutung (Abwehr absoluter Ohn-

machts- und Nichtigkeitsgefühle und Sicherung mittels einer kompensatorischen Scheinautarkie) den therapeutischen Fortschritt, sondern die sich aus dem therapeutischen Kontext heraus entwickelnde Realerfahrung, wieder wirklich und unüberhörbar schreien zu können.
Der folgende Erlebnisbericht stammt von einer Teilnehmerin an einem von mir geleiteten Einführungskurs in die analytisch fundierte Familientherapie und Familienberatung. Er zeigt, wie sie auf der Grundlage einer rein verbalen Einzelanalyse durch eine leibtherapeutische Intervention dabei unterstützt wurde, eine Behinderung ihrer Selbstbewegung zu überwinden und wieder für ihren Individuationsprozeß frei zu werden:

Es geschieht mehrmals, daß ich auf dem Weg zur Therapie im Auto weine und die Vorstellung habe, ich würde mich am liebsten in die Arme der Therapeutin werfen oder mich auf die Couch legen und zudecken lassen, um zu weinen und meiner ungestillten Sehnsucht zur Mutter Ausdruck zu verleihen. Ich setze mich dann doch – wie immer – in den Sessel und rede. Meist sind es ganz andere Themen, und wir sprechen eher über meine innere Entwicklung, `was sich da so tut und in Träumen zeigt`, über verschiedene Selbst- und Ich-Anteile und Übertragung von (bezeichnenderweise eher negativen, weil nicht so gefährlichen) Mutter-Aspekten auf die Therapeutin. Die Sehnsucht bleibt auf der Strecke, bricht allerdings von Zeit zu Zeit wieder durch, wenn ich allein bin.
In einem Seminar ›Familientherapie‹ brechen diese Sehnsucht und der Schmerz wieder durch, ich schreie – noch innerlich - ›Mama‹ und kann meine Tränen nicht zurückhalten. Der Therapeut gibt mir die Anregung, ich könne mir aus der Gruppe eine Frau aussuchen und mich auf dem Boden um deren Hüften legen, den Kopf in ihrem Schoß. Als ich dort so liege, spüre ich, daß mich der Schmerz wieder überwältigt, ich halte mich ganz fest an ihr, das tut gut. Dann merke ich, daß etwas in mir schreit, und ich schreie durch den ganzen Raum ›Mama‹!, und wenig später ›Du sollst mir doch helfen‹. Ich schreie durch den Raum, in dem die Gruppenmitglieder sind, und gleichzeitig rufe ich in den Kosmos, in einen ›unendlichen‹ Raum. Ich erinnere mich an die Geburt meines Kindes, da schrie ich einfach, ohne Rücksicht auf Arzt und Hebamme, die ganz besorgt fragten, ob es denn so weh tue. Aber ich hatte keinerlei Schmerzen, wahrscheinlich weil ich mich nicht zurückhielt und verkrampfte. Gleichzeitig stieg in mir das Bild auf, mitten im Kosmos zwischen all den Sternen zu sein. Und so wurde auch das Kind geboren, es glitt einfach aus mir her-

aus, ohne weiteren Schmerz. Daran erinnerte ich mich, und dann beruhigte ich mich langsam, lag noch eine Weile im Schoß dieser Frau, wie ein kleines Kind, schlafend und geborgen im Arm der Mutter.
Es war für mich ein fundamentaler Unterschied, tatsächlich nach der Mutter gerufen zu haben, anstatt über die Sehnsucht zu reden und über die Art der Beziehung nachzudenken und nachzuspüren. Ich hatte das Gefühl, mein Rufen war angekommen, gehört worden. Ich hatte eine Gestalt geschlossen. Ähnlich erging es mir mit dem Vater, der an Krebs erkrankt ist und dem ich sagen konnte ›du sollst doch nicht sterben, ich brauch dich doch noch‹. Die Worte, die mir wie die eines kleinen Mädchens vorkamen, erlösten mich. Sie sind gesagt und gehört worden.«

Das Schreien ist ein ursprüngliches Kommunikationsmittel. Es wird notwendig, wenn Worte nicht mehr ausreichen, um das auszudrücken, was nach Mitteilung drängt. Petzold (1984) macht darauf aufmerksam, daß in unserer Kultur eine Disziplinierung des Schreis stattgefunden hat. Wenn der Schrei der Freude, des Jubels, der Begeisterung, der Lust sowie der Schrei der Qual, der Wut, der Angst, der Empörung, des Aufbegehrens chronisch unterdrückt wird, erstickt der lebendige Selbstausdruck; denn »alle basalen Emotionen drängen zum Schreien« (S. 86). Da dieser kreatürliche Ausdruck tabuisiert wird, bleiben die entsprechenden Selbstbehinderungen in der Therapie sehr leicht unbeachtet.

3.4 Wiederbelebung der eingeschränkten Selbstbewegung

3.4.1. *Verlebendigung des Widerstehens und der Selbstbewegung*

Bittner (1986) und Thomä (1992) stimmen mit den Körperpsychotherapeuten darin überein, daß sich unbewußte Phantasien im tiefsten Sinne des Wortes »einzubilden« vermögen. So sei man gut beraten, »bei allen Dysmorphophobien – also bei allen Körperbildstörungen, bei denen irgendwelche Deformitäten oder Mißbildungen, die tatsächlich nicht vorhanden sind, aber erlebt werden – abgewehrte, also unbewußt gewordene aggressive Impulse zu vermuten« (Thomä 1992, S. 4.). Bittner rückt mit seiner Auffassung sehr nahe, vielleicht zu nahe an mystische bzw. anthropomorphe Auffassungen, wie sie in den oft unklaren Gegenstandsbildungen der Körperpsychotherapien immer wieder vorkommen, wenn er mit ihnen annimmt, daß die Leidensgeschichte des Patienten sozusagen »in« bestimmten Organen »aufbewahrt« wird.

»Das ist eine Auffassung, die ich mit den Körpertherapeuten teile: daß das Körpergeschehen dem Zug von Bildern folgt, daß die Erinnerung an die ausgestandenen Leiden nicht allein in den Gehirnzellen, sondern in allen Organen des Körpers gespeichert sein kann: bei dem einen in der Leber, bei einem anderen im Knie, in den Bronchien und wieder bei einem anderen im Nacken« (Bittner 1986, S. 712).

In der Auseinandersetzung um die Kritik, die Psychoanalyse vernachlässige den Körper, verweisen beide auf die Begriffe Körperbild, Körperschema und Körperselbst und ihren Bezug zum Körpererleben: »geht man vom Körpererleben aus, gelangt man zu den subjektiven Krankheitstheorien und zu den Vorstellungen über den Körper« (Thomä 1992, S. 4). Für Bittner und Thomä ist diese Kritik an der Psychoanalyse völlig unverständlich, weil doch das Entdecken des eigenen Körpers und das Phantasieren über ihn für die heutige Psychoanalyse charakteristisch sei.

»Wie ein Mensch seinen Körper erlebt und bewertet, welche unbewußten Phantasien er über seinen Körper bildet und wie gegebenenfalls eine positivere, konflikt- und schuldfreiere Bewertung des eigenen Körpers unterstützt und gefördert werden kann – das sind zentrale Themen der Psychoanalyse« (Bittner 1986, S. 728). Diesen allgemeinen Standpunkten stimme ich zu; dennoch sind sie in mehrfacher Weise ergänzungsbedürftig. Ich gehe dabei von den gemeinsamen obigen Überzeugungen aus, behaupte jedoch trotzdem, daß die so charakterisierte Psychoanalyse ihr Konzept vom Körpererleben und Körperbild um eine ganze Dimension des Wahr-nehmens, Ver-stehens und Be-handelns erweitern kann.

1. Wenn Thomä meint, ausgehend vom Körpererleben könne man (sofort) zu den Körperbildern gelangen, dann führt dieser Weg über eine Kluft, die hier nur durch Worte übersprungen werden kann. Vom Körpererleben zum zugehörigen Bild und noch eklatanter, vom Bild zum zugehörigen Körpererleben zu gelangen, setzt einen langwierigen Prozeß mit vielen Zwischenschritten voraus, der bei solchen Formulierungen übersehen wird. Ich denke hier auch an den noch vor uns liegenden Wandlungsprozeß von kulturell beglaubigten Körperbildern von Weiblichkeit und Männlichkeit hin zu neuen authentischen Leiberfahrungen, die einmal die Keimform für befriedigendere und weniger verunstaltende Männlichkeits- und Weiblichkeitsbilder werden könnten (s. Kummer 1992).

2. Die abstrakte Rede von »Bild«, »Schema« oder »Muster« suggeriert einen dinglichen Umgang mit dem Seelischen und verdeckt den für die Psychotherapie grundlegenden Prozeß des erlebnishaften und aktualgenetischen Herausbildens solcher »Vorstellungen« und »Phantasien«. Solche vorzeitigen Abstraktionen verdrängen den für alle seelischen Veränderungen notwendigen Prozeß der Verlebendigung organismischer Widerstände und Sicherungen. Erst wenn der Patient leibhaftig wahrnimmt und begreift, wie er sich in für ihn typischer Weise verkörpert, seine individuelle Form des Wider-stehens leibhaftig spürbar, begreifbar und handhabbar wird, kann er die zugrundelegende Konfliktspannung neu regulieren und sich anders verhalten lernen.

3. Indem die organismischen Formen des Widerstehens und Sicherstellens als eigene Kräfte leibhaftig verfügbar werden, gewinnt der Patient wieder einen unmittelbaren und bewußten Zugang zu den schöpferischen Kräften seiner Selbstbewegung. In diesen Momenten sich wiederbelebenden Seins und Werdens tauchen als emotionale Korrelate Gefühle der Zufriedenheit, der Freude und des Glücks auf, von denen erotisch-sexuelle Lustgefühle nur einen Ausschnitt bilden.

Diese abstrakten Überlegungen möchte ich nun wieder an einem ausführlichen Fallbeispiel, das auch alle bisherigen Gesichtspunkte noch einmal zu verdeutlichen sucht, erläutern: Dazu berichte ich von einer Analysandin, mit der ich mehrere Jahre ausschließlich verbal-analytisch gearbeitet habe, bis ich dann auch leiborientierte Behandlungsformen in die Analyse einbezog. Sie hatte schon vorher eine etwa 100stündige Psychotherapie absolviert, die sie wie einen Unterricht erlebt hatte, aus dem sie sich jedesmal mit psychologischen Hausaufgaben entlassen fühlte, die dann in der nächsten Stunde abgefragt und überprüft wurden. Man könnte meine Patientin durch den von Winnicott geprägten Begriff der Entwicklung eines »falschen Selbst« kennzeichnen. In ihrer Überanpassung an die analytischen Regeln gehörte sie zu den scheinbar bequemen Patienten, die die Therapie gut anzunehmen scheinen, bei denen sich aber keine beobachtbaren Veränderungen zeigen. Die Beziehung zu ihrem Mann verblieb in einem System, in dem jeder für den anderen Elternfunktion übernahm oder übernehmen sollte. Als beruflich stark engagierte Oberstudienrätin, als Hausfrau und Mutter von zwei Kindern versuchte sie klaglos ihrem Mann, einem vielbeschäftigten Oberstadtdirektor, den Rücken frei zu halten. Sie charakterisierte sich sehr bald selbst als »Kopffüßler«. Dieser hochintelligente »Kopf« erkannte, wie sehr er sich mit den Verkrampfungen, insbesondere seiner Hals- und Nackenmuskulatur der Wiederbelebung emotionaler Selbstanteile widersetzte. Die Patientin sah ein, daß sie per Identifikation mit dem Aggressor die Unterlegenheitsgefühle in Überlegenheitsgefühle zu wenden und durch ihr Verhalten eine Scheinautarkie zu sichern versuchte, um nie wieder ein Gefühl der Nichtigkeit ertragen zu müssen, wenn,

wie in ihrer Kindheit, ihre Ich-Bedürfnisse chronisch verneint wurden.
Das biographische und das aktuelle Material ließen sich sprachlich differenziert mit ihr durcharbeiten, ohne daß ich das Gefühl hatte, von ihr wirklich berührt zu werden, noch sie wirklich berühren zu können. Das lief so lange schlecht und recht, bis sich in dramatischer und unübersehbarer Weise ihre Organsprache zu Wort meldete. Sie erkrankte an einer schweren Myokarditis (Herzmuskelentzündung) und mußte mit dem Notarztwagen zur Intensivstation gebracht werden. In dieser bedrohlichen Situation beschloß ich, in die weitere Arbeit auch leiborientierte Behandlungsformen, die ich mittlerweile durch eine abgeschlossene Weiterbildung in Bioenergetik erworben hatte, mit einzubeziehen. Die Patientin war damit einverstanden. Es war uns beiden deutlich geworden, daß sie den Kontakt zu ihrem gefühlsmäßigen und leiblichen Erleben weitgehend verloren hatte und darum rang, Resonanz zu sich und ihren Bezugspersonen, Bezug zu ihrer inneren und äußeren Welt zu finden, um überhaupt das Gefühl, existent zu sein, aufrechterhalten zu können.
Hier wird vielleicht schon verständlich, daß das verbale Finden eines Körperbildes oder einer Körperphantasie mitsamt dem eventuellen körperlichen Ausdrucksformen sowie das Heraus- und Durcharbeiten der analytischen Bedeutungen noch ein sehr begrenztes Vorgehen ist. Wie sehr das herkömmliche analytische Verständnis von Körperbildern und Körperphantasien an der Oberfläche verbleibt, wird bei einer Lektüre von Kafka (1992) deutlich, obwohl er den Körperphantasien, gerade für die psychoanalytische und psychotherapeutische Behandlung von schwer traumatisierten Patienten, einen besonderen Stellenwert zumißt (S. 86). Er zeigt, wie sich in den von Patienten gezeichneten (!) Körperbildern bzw. Körperphantasien (z.B. die Phantasie einer den Körper umgebenden Schutzhülle oder die eines Panzerkörpers) die Sicherungen vor Kontakt und den damit befürchteten Konsequenzen ausdrücken.
Der im Beitrag von Kafka in Anführungszeichen gesetzte Begriff des »Panzergefühls« sowie der Umstand, daß es sich hier um Zeichnungen handelt, verweisen auf die Leerstellen herkömmli-

chen analytischen Durcharbeitens und auf die Möglichkeiten leiborientierter Verstehens und Behandelns.

Die zugehörigen Gefühle und Empfindungen können mit einer völlig anderen Erlebensdimension wahr-genommen, be-griffen und ver-standen werden. Nachdem die Psychoanalyse das szenische Verstehen entwickelt hat und sich zögernd einer operativen Form des Verstehens nähert, harren die organismischen Formen des Verstehens noch der Entdeckung. Wie der Artikel von Kafka belegt, bleibt die aktualgenetische Perspektive der Verkörperung unbewußter Phantasien und Bilder außerhalb des Bewußtseinshorizontes. Eine leibfundierte analytische Psychotherapie könnte dem Patienten zu der organismischen Selbsterfahrung verhelfen, wie er sich selbst im Hier und Jetzt leibhaftig gestaltet und sichert: wie und wozu er sich verhärtet, sich verpanzert, natürlich auch wie und wozu er sich auflöst und zerfließt.

Um diese Überlegungen weiter zu erläutern, kehre ich nun wieder zu der obigen Fallvignette zurück. Die Verkörperung eines derartigen narzißtischen Rückzugs ist aus einer mentalen Perspektive äußerlich noch annähernd wahrzunehmen, aber in der Unmittelbarkeit der Berührung realisiert der Patient diese mit einer nicht mehr zu verleugnenden, ihn immer wieder selbst erstaunenden und überwältigenden leibhaftigen Gewißheit. Oft kann der Patient erst in der konkreten Berührung seine organismisch ganzheitlichen Zurücknahme und Zurückhaltung erfahren. Hier geht es nicht mehr um plausible Einsichten oder stimmige Assoziationen, sondern um leibliches Spüren, um körpersprachlich geformte Phantasien, um Verlebendigungen des »Widerstandes«, das heißt, um das innere Gewahrnehmen des Widerstehens.

So stellte z.B. die Patientin in mehreren Situationen fest, mit welcher Intensität sie vor einem körperlichen Kontakt zurückschreckte. Wenn ich z.B. meine Hand auf ihren Bauch legte, hielt sie ihren Atem an, bis überhaupt keine Atembewegungen mehr sichtbar waren und sie beinahe in Erstickungsnot geriet. Eigentlich fehlen hier die Worte, um diese andere Dimension organismischer Selbsterfahrung, die den Patienten in anderer Weise als sonst erfaßt, zu benennen. Der folgende Ausschnitt soll die sukzessive Ausweitung des Körpererlebens, die vertiefte innere Wahrnehmung des Widerstehens und die Wiederbelebung der schöpferischen Selbstbewegung veranschaulichen.

Neben ihrem Körperbild des Kopffüßlers und ihrer gehauchten Stimme gibt die Patientin viele andere Hinweise auf ihre Verspannungen im Hals- und Nackenbereich. So pflegt sie häufig, wenn sie mit kaum hörbarer Stimme und kaum sichtbarer Atmung ihre Probleme beschreibt, eine Hand unter ihren Nacken zu legen. Ich verstehe ihre Geste als einen notdürftigen und nicht hinlänglichen Versuch der Selbstunterstützung. Gleichzeitig ist die sich organismisch zeigende Selbstunterdrückung für mich als teilnehmender Beobachter offensichtlich. Aufgrund meiner früheren Erfahrungen bin ich sicher, daß sie eine Deutung ihres Verhaltens durchaus einsehen und bei ihrer Bemühtheit selbst eine wertende Widerstandsdeutung annehmen würde. Ich weiß, daß gerade bei Patienten mit massiver organismischer Abwehr auch zutreffende Deutungen oft nur zu mehr analytischer Einsicht führten, aber nicht zu einem vertieften Verstehen, das heißt, zu einer das gesamte innere und äußere Erleben durchströmenden neuen Selbstwahrnehmung.
Mittlerweile lasse ich mich nicht mehr in erlebensferne Denkbewegungen hinein verleiten, sondern lasse mich statt dessen mehr von den das Seelische begründenden leiblichen Hinweisen führen. Deswegen biete ich ihr an, meinerseits einmal ihren Nacken und ihren Hals zu halten. Dabei macht sie eine sehr drastische Erfahrung, die sie überhaupt nicht erwartet hatte. Ich fühle mich ebenfalls überrascht von der Quantität und Qualität ihrer Empfindungen: Obwohl ich bewußt keinen Druck auf die Nackenmuskulatur ausübe und nur Kopf und Nacken unterstütze, erlebt sie diesen vermeintlichen Halt wie eine quälende Folter. Sie spüre meine Hände an ihrem Kopf und an ihrem Nacken wie einen Schraubstock, der sie jeden Moment zu zermalmen drohe. Sie ist tief betroffen von der Diskrepanz zwischen der kognitiven Einschätzung der vermeintlich harmlosen Situation und der Bedrohung, die sie bei ihrer Realisierung erlebt. Auch ich bin als teilnehmender Beobachter von dieser Szene beeindruckt.
Mit der Schraubstockempfindung taucht ein Bild auf, wie sie zwischen die Gitterstäbe ihres Kinderbettes gezwängt ist. Der Kopf ist wie in eine Zange gepreßt. Sie kann weder vor noch zurück und fühlt sich unfähig zu schreien. Sie vermutet, diese Erfahrung real gemacht zu haben. Auf Nachfragen bestätigt ihre Mutter später einen solchen angeblichen Vorfall aus der sechsten Lebenswoche. Es ist meines Erachtens hier nicht so wichtig, ob dies wirklich so gewesen ist, oder ob es ein Bild ist, das sie nach vorausgegangenen Erzählungen ihrer Mutter reproduziert hat. Entscheidend ist, daß es sich hierbei um ein wirksames Assimilationsschema handelt,

das ihre Wahrnehmungen strukturiert. Sie hat offenbar Erfahrungen gemacht, die in diese Bildszene modellhaft eingeschlossen sind. Vermutlich konnte sie mit diesem von der Mutter bereitgestellten Bild das Unfaßbare ihrer frühen existentiellen Gefährdung festhalten.

In diesem Zusammenhang ist es nun wieder interessant, daß die Analysandin ein Babybild aus den ersten Lebenswochen mit in die Stunde bringt, das ihre Mutter zeigt, wie diese sie als Säugling – man möchte sagen auf dem Arm hält – wenn der Augenschein einem nicht die Sprache verschlagen würde: Es ist ein Bild, das mich schaudern läßt. Die Mutter hat eine distanziert gespreizte Haltung. Sie hält das Kind am ausgestreckten Arm, weit von ihrem Körper, in ihren Händen. Es besteht kein Blickkontakt zwischen ihr und dem Kind. Die Haltung der Mutter wirkt auf mich so erstarrt, als hätte sie einen gefährlichen Fremdkörper in die Hand gedrückt bekommen. Auf der Rückseite stehen passend dazu die beiden Worte, die – wie immer in tradierten lustigen Familienanekdoten – die verspannte Beziehung durch eine lustige Formulierung überspielen: »Unser Madameken«. Das ist ein in einer Region Nordrhein-Westfalens verniedlichender Ausdruck für eine vornehme Dame. Im Unterton dieser Zuschreibung für einen Säugling schwingt bereits eine latente Zurückweisung und Mißachtung der kindlichen Existenzweise mit.

Die zwanghafte Abwehr von Gefühlen spricht auch aus dem biographischen Material: Es gilt noch heute in der Familie der Patientin als höchst unschicklich, laut und heftig zu lachen. In einem Ratespiel wurde eine Karte verändert, die denjenigen, der diese Karte zog, aufforderte, ein Gefühl zu nennen. Das Wort »Gefühl« war durchgestrichen und durch das Wort »Bauwerk« ersetzt worden. Dazu paßt, daß es sich äußerlich gesehen um eine aufwärtsstrebende leistungsorientierte Familie handelte, in der alle anderen Lebensäußerungen massiv unterdrückt wurden. Lachen, Ausgelassenheit, alle Affektäußerungen waren verpönt und wurden mit Beschämung bestraft.

Bei der Analyse der »Schraubstockszene« kommen der Patientin gleich mehrere Einfälle aus ihren aktuellen Lebensbezügen. Zunächst einmal fällt ihr ein, wie schwer es für sie sei, Zärtlichkeiten ihres Mannes anzunehmen. Er dürfe nicht einmal zärtlich seine Hand auf ihr Haar – sie sprach hier schon gar nicht von Kopf – legen, was diesen verständlicherweise, da das ja wirklich eine zärtliche Geste von ihm sei – verunsichere. Die Angst vor körperlichem Kontakt sei bei ihr so groß. Eigentlich sei ihr zweitgeborener Sohn der einzige, mit dem sie einen leiblich-zärtlichen Kontakt ohne Einschränkung genießen könne. Dieser Sohn ist mittlerweile zwölf Jahre alt, und sie und ihr Mann sorgten sich, daß er in seiner Entwicklung etwas verzögert wirke und nicht in die Pubertät kommen wolle. Er komme auch noch jede Nacht zu ihr ins Bett. Das störe sie meistens nicht weiter, weil das schon völlig automatisiert sei. Hier wird die unbewußte Botschaft der Patientin an ihren Sohn deutlich, der ihre Bedürftigkeit genau spürt, die sie ihrerseits daran hindert, ihn zu weiteren Entwicklungsschritten zu ermutigen. Sie entdeckt, wie sehr sie ihren eigenen Sohn benötigt, um ihre primären Zärtlichkeitsbedürfnisse zu befriedigen und ihn dadurch an sich bindet und wie schwierig sie es erlebt, sich ganz auf die – insbesondere sexuelle – Beziehung zu ihrem Mann einzulassen.

Im weiteren Verlauf der analytischen Arbeit bemerkt sie, wie sie mit einem »inneren Flattern und Aufgeregtsein« in die Stunde kommt, wie sich durch die Körperarbeit eine nie geahnte Lebendigkeit im Innern ihres Körpers anmeldet. Äußerlich ist das für mich noch gar nicht sichtbar. Ein für mich in seiner Einfachheit beeindruckender Vorgang ist folgender: Als sie wieder einmal fast regungslos und mit unterdrücktem Atem auf der Couch liegt, bemerke ich, wie es kaum wahrnehmbar in ihrem Fuß und in ihrer Hand zuckt. Ich schlage ihr vor, auf die Matte zu treten und zu schlagen. Später ermuntere ich sie auch zu einer stimmlichen Beteiligung. Die Stimme wird lauter und kräftiger, obwohl sie immer noch stark gepreßt und sehr hoch bleibt. Sie verspürt danach eine relativ große Erweiterung ihres inneren Körperraumes. Auch das anfänglich gehemmte Schlagen wird stärker, erfaßt die ganze Länge ihrer Arme und Beine. Damit sie ihren Körperausdruck noch intensiviere, rege ich an, auch mit ihrem Becken auf die Matratze zu schlagen. Dabei ergibt sich wieder eine wichtige, wenn nicht sogar die wichtigste Entdeckung dieser Analyse: Wenn sie auf diese Weise ihre Selbstbewegungen willentlich aktiviert, spürt sie, wie sich in ihr eine innere Gegenbewegung anbahnt und ihre aufkeimende Lebendigkeit, noch ehe sie sich richtig entfalten kann, wieder blockiert. Die Belebung ist nur sekundenlang am Vibrieren der Bauchdecke zu beobachten und die innere Gegenbewegung wird für die Patientin erst wahrnehmbar, nachdem ich sie auf das Zittern angesprochen habe.

Durch wiederholte Erprobungen läßt sich dieser Vorgang fokussieren. Sie hat den Schraubstock internalisiert. Zu ihrem Selbstschutz vor den vernichtenden Kränkungen durch die Empathielosigkeit ihres frühen familiären Bezugsfeldes hat sie sich in die Erstarrung gerettet, die sie m. E. in die Nähe eines frühen Kindstodes gebracht hat. In der Analyse sind wir jetzt an einem für Patienten mit psychosomtischen Störungen fruchtbaren Punkt im Behandlungsverlauf angekommen. Er ist dadurch gekennzeichnet, daß das organismische Zusammenspiel von Wiederbelebung und (internalisierter) Blockierung leiblich spürbar und handhabbar wird. In meiner Begleitung kann sie ihren Selbstheilungsprozeß in die eigene Kompetenz nehmen. Sie kann sich in selbstdosierten Formen diesem leibhaftigen Konflikt zwischen Wiederbelebung und Abtötung der originären Selbstbewegungen annähern und die damit zunehmend auftauchenden Ängste und Affekte in tolerablen Dosen bewältigen. Eine für mich und für sie sehr bewegende Stelle in diesem Prozeß ist, als sie in dieser wiedergewonnenen Selbstbehandlung innehält. Sie sei plötzlich neugierig geworden zu prüfen »wie weit bin ich jetzt?«. Sie wolle das jetzt wissen und bäte mich, ihren Kopf noch einmal zu halten. Sie habe das Gefühl, daß ich jetzt ihren Kopf und ihren Hals halten könne, ohne daß sie die Empfindung des Schraubstockes spüre. Das kommt für mich in diesem Moment so überraschend, daß ich es kaum glauben kann und mich skeptisch, aber auch neugierig, auf ihren Vorschlag einlasse. Ich halte ihren Kopf und ihren Hals eine kurze Zeit, und ihr Gesicht lockert sich. Ich spüre einen leichten Gegendruck gegen meine Hand. Dann öffnet sie die Augen und strahlt mich an: »Es ist weg.« Es ist, als habe sie sich aus der eigenen internalisierten Folterkammer befreit. Sie erlebe die Unterstützung durch meine Hände wie die weichen Seitenstützen eines gepolsterten Ohrensessels. In dieser Wahrnehmung klingt neben der befreienden Erweiterung noch die Kargheit und die darin verbliebene Sicherung an, wenn sie die Berührung als einen Kontakt zu einem Polstermöbel erlebt. Dennoch wird diese Erleichterung ihr wie eine Befreiung erschienen sein.

Ich möchte diese Fallvignette nicht abschließen, ohne einen Bericht der Stunde zu geben, in der sich alle Probleme dieser Analyse noch einmal verdichten und in der es zu einer fruchtbaren Begegnung zwischen Patient und Therapeut kommt, die sich den Regelweisheiten von Lehrbüchern entzieht. Sie kommt mit einer gehörigen Portion Ärger aus einer Konferenz, in der eine Resolution erarbeitet werden sollte. Dabei hat sie sich über den Wortführer geärgert, von dem sie sich wortgewaltig unterdruckt gefuhlt hat. Sie ist auch über sich wütend, weil sie nicht wagt, ihm gegenüber eine erwachsene Position einzunehmen, statt Angst vor seiner Reaktion zu entwickeln. Es »wurmt« sie darüber hinaus, daß auch eine geplante Rückmeldung über den Anrufbeantworter mißraten ist. Erst verzögert sie die Rückmeldung um einen Tag, erreicht die Sekretärin nicht, hinterläßt dann vermeintlich ihr Votum auf dem Anrufbeantworter, ohne zunächst zu merken, daß dieser keine Aufzeichnung vornimmt. Die Analogie zu ihrer Lebenssituation ist evident: Sie wagt es nicht, sich offen zu wehren, sondern verbleibt, um den Kontakt zur Bezugsperson nicht zu verlieren, im heimlichen Protest stecken. Auch der Fehlschlag mit dem Anrufbeantworter scheint symptomatisch. Neben der Vermeidung arrangiert sie hier eine für sie typische Kindheitssituation: Wenn sie sich artikuliert, fallen ihre Äußerungen ins Leere und bleiben ohne Resonanz. Trotz dieses etwas verunglückten Selbstbehauptungsversuches freue ich mich, daß es ihr in dieser Form gelungen ist, Position zu beziehen, daß sie mittlerweile in der Lage ist, ihre Wut zu spüren und so lange zu halten. Hier lebt – wenn auch eingeschränkt – etwas Neues auf, das nicht sofort wieder verkümmert.

Da ich ihre wütende Erregung noch spüre, schlage ich ihr vor, entweder im Stehen auf den Schaumgummiblock zu schlagen oder im Liegen auf die Matte zu treten und zu schlagen. Sie entscheidet sich für letzteres. Dabei wird ein Stoßen mit den Beinen deutlich. Ich biete ihr den Schaumgummiblock als Widerstand. Sie tritt fest mit einem in der Kehle steckenbleibenden Ton, so als könne er sich seinen Weg noch nicht bahnen, dagegen. Sie gerät dabei in heftige Erregung. Ich bemerke, wie sich durch ihre Wut ihr Kontakt zu sich vertieft. Angesichts dieser Weiterführung bin ich überrascht, daß der Prozeß bei der nachträglichen Analyse wieder – wie früher – stockt. Ich spreche unsere Beziehung an und frage sie, ob es sein könne, daß sie sich, ähnlich wie von dem Kollegen, auch von mir dominiert fühle. Sie verneint die Frage und glaubt auch durch weitere Nachforschungen nichts Aktuelles aus den letzten Sitzungen zu finden. Die archaische Form des eigentlichen Übertragungsgeschehens bedarf noch des weiteren Prozesses, um ihre Bedeutung zu gewinnen.

Dann findet das Stocken doch noch seinen Sinn. Es wird deutlich, daß die passagere Erstarrung des Prozesses mit der Wiederbelebung bisher verleugneter Nichtigkeitsgefühle, deren sie sich zutiefst schämt, zusammenhängt. Durch die intensive Bewegung ist sie in Kontakt zu ihren immer wieder verleugneten Minderwertigkeitsgefühlen gelangt. Sie fühle sich unfähig, wertlos und nichtig. Sie sei froh, daß sie es mir gegenüber wage, diese schrecklichen Gefühle auszudrücken. Sie meint, daß ich sie als einziger in diesem Zustand aushalten könne und ihr dieses Gefühl nicht ausreden würde. Angesichts ihrer ganz erheblichen sozialen Beitragsleistungen fühlt man sich dazu fast zwangsläufig herausgefordert. Ich merke, wie ich in ein subtiles Arrangement und auch in einen Machtkampf hineingezogen werde. Mir fällt die paradoxe Intervention ein, ihr beizupflichten, daß sie auch wirklich nichts wert sei, um sie auf diese Art und Weise zum Widerspruch zu reizen. An meinen Ohnmachtsgefühlen merke ich, wie sie aus einer Not eine Tugend gemacht hat und jeden an ihrer betonten Nichtigkeit scheitern zu lassen versucht. Ich lasse mich durch ihre Äußerung nicht darauf einengen, sie nur in diesem Bewußtsein von Nichtigkeit zu begleiten. Ich fühle mich in das quälende Gefühl von Hilflosigkeit ein, gebe ihr aber auch zu bedenken, daß ich noch etwas anderes spüre, das vielleicht für sie unerkannt mitwirke. Sie ist verwundert, kann jedoch ein-

räumen, daß sie mit ihren Gefühlen nicht nur sich, sondern auch den anderen »schachmatt« zu setzen versuche.
Danach gelingt allmählich eine weitere Entdeckung. Zu Beginn stellt die Patientin scheinbar sachlich fest, daß sie sich wundere, daß die Bioenergetik im Vergleich zur Atmung nicht mehr Wert auf den Kreislauf und den Pulsschlag lege. Bei der Atmung gehe es noch um etwas von außen Hereinkommendes und von außen Beobachtbares. Während sie das sagt, befühlt sie ihren Bauch und ihre Halsschlagader. Ich bin zuerst etwas verwirrt, verstehe die Bedeutung noch nicht, verweigere mich einer sachlichen Erörterung und warte ab. Dann merke ich, wie sie mit verhaltenem Stolz und Triumphgefühl ihr geheimes, pulsierendes Leben in ihrem Leib ertastet und erspürt: »Das ist das eigentliche Leben!« Und dann trotzig aufbäumend: »Da kann mir keiner reinreden, das gehört mir, das bin ich!« Ich fühle mich befreit und erleichtert. Die Patientin hat entdeckt, wie sie sich bis in den Kern ihrer vegetativen Lebensbewegungen zurückgezogen hat. Erst hier spürt sie etwas Eigenes, das dem Zugriff sowie der Vernichtung und Verachtung durch andere entzogen ist. Angesichts dieser Selbstvernichtung zum Zwecke der Selbstsicherung erschaudere ich innerlich.
Es wird mir nun auch die Mühe verständlich, die ich während der Arbeit mit der Patientin erlebe. Das Übertragungsgeschehen wird evident: Sie versucht ein Leben unter der Tarnkappe, eine Nicht-Existenz zu führen, mit der daraus resultierenden Konsequenz quälender Nichtigkeitsgefühle. Je weniger sie tue, meint sie, um so weniger könne sie abgewiesen, beschämt, verachtet werden. Es soll eigentlich überhaupt keine Wirkung von ihr ausgehen. Trotz dieser wichtigen Entdeckung spüre ich, wie sich allmählich wieder eine Lähmung, Beziehungslosigkeit und Hilflosigkeit über mich legt. Ich bekomme eine leibhaftige Ahnung von der Dialektik ihrer subjektiv erlebten Nichtigkeit (infolge ihrer massiven Selbstunterdrückung) und der Gewalt, mit der sie den anderen in dieser Verfassung zu bestimmen sucht. Ich spüre wieder den Widerspruch zwischen der subjektiv erlebten Bedeutungs- und Wirkungslosigkeit der Patientin und deren lähmende Wirkung auf meine Lebendigkeit.
Ich frage mich, ob und wie ich dieses Thema wieder aufgreifen will. Ich befürchte aber, daß der analytische Dialog durch weiteres Denken leicht wieder zu einem »Migränewerk« mißraten könnte. Jedenfalls merke ich, daß ich wieder unter ein bekömmliches Maß an interaktiver Bezogenheit geraten bin und dafür Vorsorge treffen will, nicht selber aus einer erstarrten Verfassung heraus zu intervenieren. Dann tue ich etwas, was sich mittlerweile oft als förderlich erwiesen hat, weil ich damit operative und anschauliche Sinnerfassungsmodi der Patienten anspreche. Ich sage der

Patientin, daß ich jetzt erst einmal etwas für mich tun und von meinem Platz aufstehen will, um einige Schritte in meinem Praxisraum hin- und herzugehen. Ich stehe also auf, gehe durch den Raum und genieße das Gefühl einer sofort wiedererwachenden Lebendigkeit. In diesem Gefühl gehe ich mehrmals auf und ab.

Ich habe mich kaum wieder in meinem Sessel niedergelassen, da sprudelt es – wie bei ihr noch nie erlebt – aus ihr heraus: Was ich gemacht habe, habe sie regelrecht befreit. Ihr sei schlagartig bewußt geworden, wie sie auf mich und andere wirke. Darüber sei sie erst sehr traurig geworden: »Wie schrecklich ist das, was ich mit anderen mache, wenn ich mich anstrenge, keine Wirkung zu erzielen.« Sie sei richtig froh darüber gewesen zu sehen, daß ich für mich sorge, mir selber helfen könne und sie nicht für mich verantwortlich sei. Es sei auch wichtig gewesen, daß ich dabei nicht weggegangen, sondern in ihrer Nähe geblieben sei.

Dann richtet sie sich von der Liege auf und setzt sich mir gegenüber. Ihre Augen bekommen einen neuen Glanz: »Das will ich nicht mehr. So geht das nicht weiter.« Sie hält noch einmal fest, wie irrtümlich die Fiktion ist zu glauben, sich ihrer Selbstwirkung entziehen zu können. Sie erkennt, daß jede Selbstbewegung immer auch ein Aggredi, eine Wirkung enthält. Dann steht sie spontan auf, geht durch das Behandlungszimmer, streckt und reckt sich und hat die Phantasie: »Ich bin ein Schmetterling, der sich aus dem Kokon befreit hat.« Sie betont, wie schwierig die ersten Gehversuche seien, und bekommt bei dem schönen Bild des ausschlüpfenden Schmetterlings noch einmal Angst vor der eigenen, erwachenden Lebendigkeit. Sie beruhigt sich damit, daß sie ja nicht unbedingt der schönste Schmetterling werden müsse, ein Nachtfalter tue es auch, aber Schmetterlinge seien eben Schmetterlinge. Im Vergleich mit dem leblosen Larvenstadium sei das ein unvergleichlich ansehnlicheres und lebendigeres Wesen.

Zum Schluß stellt sie sich vor mich, strahlt mich an und fragt mich, ob sie mich in die Arme nehmen dürfe. Ich bin sehr berührt durch die Vorgänge, freue mich über ihre Entwicklung und willige gern ein. Sie sei mir sehr dankbar. Da sie ein Tagebuch über ihren Therapieverlauf führt und bereit gewesen ist, mir die kurzen Aufzeichnungen zu der obigen Stunde zur Verfügung zu stellen und auch keine Bedenken gegen eine Veröffentlichung hat, möchte ich hier abschließend die Zusammenfassung dieser Stunde aus der Sicht der Analysandin anfügen:

»Ich komme mit sehr viel Wut zur Stunde, da ich vor einigen Tagen etwas mit mir habe machen lassen, was ich nicht wollte. Das ist mir aber erst im nachhinein so richtig klar geworden. Ich spüre jetzt Wut auf die »Vergewaltiger«, aber besonders auf mich, weil ich mich nicht gewehrt habe, weil ich so feige war. Ich befreie mich durch eine Wutabführübung. Das tut gut, läßt meinen Puls ganz stark schlagen. Ich konzentriere mich gerne auf mein Herz, fühle meinen Pulsschlag, dabei nehme ich meine geheime Lebendigkeit wahr; die soll kein anderer merken, und deswegen kann sie mir auch keiner nehmen. Ich ziehe mich in mich selber zurück. Durch diese Wünsche nach Geheimhalten und Abkapseln komme ich ganz schnell wieder zu meinen Minderwertigkeitsgefühlen, die ich vor der Welt verbergen möchte, aber G. H. will ich zeigen, wie sehr sie mich quälen und daß ich wirklich so bin. Das mache ich anscheinend sehr ausdauernd und mit einer gewissen Unermüdlichkeit. G. H. meint schließlich, er müsse mal aufstehen, etwas für sich tun, seinen Kopf frei machen. Für mich ist das in Ordnung, soll er ruhig zwischendurch für sich sorgen, er läßt mich ja nicht allein, bleibt für mich erreichbar, ginge er aus dem Raum, wäre das sicherlich sehr schlimm für mich. Er geht etwas im Zimmer auf und ab und teilt mir dann mit, daß ich ihn gelähmt hätte, er hätte so nichts für mich tun können, ich hätte ihn gehindert. Als er das sagt, steigt plötzlich eine ganz tiefe Traurigkeit in mir auf, ich möchte weinen, kann gar nicht mehr richtig zuhören. Ich begreife schlagartig, daß ich eine Ausstrahlung habe, die den anderen lähmt, den anderen unfähig zum Handeln macht. Dieses Erkennen ist für mich entsetzlich, ich wollte mich doch so in mich zurückziehen, daß keiner mehr etwas von mir merkt. Aber nun gibt G. H. mir zu verstehen, daß immer eine Wirkung von mir ausgeht. Ich verspüre plötzlich einen heftigen Impuls, muß mich aufsetzen: Das will ich nicht! Ich will nicht, daß so viel Negatives von mir ausgeht, wenn ich mich schon nicht verstecken kann. Mit einem Mal fühle ich mich unglaublich befreit, kann mein Erleben nur mit einem Schmetterling vergleichen, der aus seinem Kokon schlüpft, welches er sich ja selbst gesponnen hat, um darin eine Umwandlung zu vollziehen, nun versucht er seine Flügel zu entfalten. Ich strecke mich, es ist so, als ob ich aus einem tiefen Schlaf erwacht bin, die Glieder sind noch ganz steif. Innen fühle ich mich warm, wohl und frei. Ich möchte G. H. in den Arm nehmen, um ihm meine Freude über diese Freiheit zu zeigen, zu der er mir verholfen hat, und ihm zu danken. Es ist herrlich, und das Schönste ist: es hält an!«

Der vorliegende Therapieverlauf bietet sich besonders an, um zwei von Thomä und Bittner vernachlässigte, in der körpertherapeutischen Arbeit hervortretende Gesichtspunkte aufzugreifen. Durch leibliche Intervention läßt sich die Dimension »Körpererleben«, die als solche ein von allen Analytikern anerkannter Gegenstandsbereich der Psychoanalyse ist, neu erschließen. Bereichernd ist zum einen, daß durch Probehandlungen das bisherige Erlebensspektrum erweitert wird. Es können Erfahrungen gemacht werden, die beim Verweilen im sprach-symbolischen Raum nicht erlebt und analysiert werden könnten. Die große Gruppe der Patienten, die den Kontakt zu ihrem Körpererleben weitgehend verloren hat, ist durch ein Festhalten an ausschließlich sprachlicher Kommunikation davon bedroht, im konkreten oder übertragenen Sinne »draußen vor der Tür« des Analytikers zu bleiben. Neben dieser Erweiterung des Körpererlebens werden die inneren Wahrnehmungen mit einer basalen leibhaftigen Gewißheit gespürt. Die Vertiefung der inneren Wahrnehmung bedeutet mehr, als mit der Sprache von einer sich vollziehenden Wende vom ichsyntonen zum ichdystonen Erleben ausgedrückt werden kann. Um diese Erfahrung zu veranschaulichen, möchte ich dem Leser vorschlagen, sich den Moment in seinem Leben vorzustellen, in dem er beispielsweise zum ersten Mal ein Hochgebirge oder ein Meer gesehen hat, und ihn anregen, dieses Erlebnis mit den Schilderungen, Bildern und Vorstellungen zu vergleichen, die er bisher von beiden Naturerscheinungen hatte. Dabei wird ein wesensmäßiger Unterschied zwischen den Abbildungen und dem unmittelbaren Erleben der entsprechenden Landschaft evident.

Die Psychoanalyse steht aus meiner Sicht an einer weiteren Schwellensituation ihrer Entwicklung. Sie muß den berühmten Satz Freuds, nach dem schließlich niemand in absentia oder in effigie erschlagen werden kann, auch auf die leiblichen Ausdrucksformen der Abwehr beziehen. Dann können die Übertragungen uns den unschätzbaren Dienst erweisen, die verborgenen Tendenzen des Patienten »aktuell und manifest zu machen« (GW VIII, S. 374). Dann wird die Übertragung »in den Händen des Arztes zum mächtigen Hilfsmittel der Behandlung und spielt in der Dynamik des Heilungsvorganges eine kaum zu überschätzende Rolle« (GW XIII, S. 223). So lange der Patient sein Ab-wehren, Abspalten, Sicher-stellen, Ver-steifen, Wider-setzen, Unter-drücken, Über-sehen, Ver-achten, Zurück-halten, Er-starren usw., d.h. die Verkörperungen seines Widerstehens nicht leibhaftig erspüren kann, verbleiben diese Widerstände bzw. Sicherungen außerhalb des analytischen Durcharbeitens. Zum tiefen psychologischen Verstehen gehört, wenn wir die leiblichen Ausdrucksformen des

Seelischen wirklich ernst nehmen, ein organismisches Durcharbeiten: Die analytische Arbeit muß davon ausgehen, daß »Widerstände« oder »Sicherungen« im therapeutischen Geschehen als prozessuale Akte leibhaftigen Sich-Formens spürbar werden. Indem der Patient aktualgenetisch sein personcharakteristisches Verkörpern, seine individuelle organismisch-ganzheitliche Formgebung aus dem Erlebensvollzug heraus wahrnimmt, wird sie für ihn erst wieder handhabbar und für kreative Umbildungen verfügbar.
So bedeutsam Begriffe wie Bild, Schema, Muster usw. sein mögen, wenn sie nicht als »begriffliche« Zusammenfassungen aus einem solchen ganzheitlichen Prozeß bewußtwerdender und verfügbarwerdender Selbstformung erwachsen, werden sie zu psychoanalytischen Denkgebilden, die vom parallel ablaufenden Körpererleben losgelöst sind. So wichtig das Bild des »Kopffüßlers« für den Prozeß der Patientin im letzten Beispiel auch war, fruchtbar wurde dieses Schema erst, als sie leibhaftig nachvollziehen konnte, wie sie auf Kosten ihrer Lebendigkeit und im Dienste ihrer Autonomiestrebungen möglichst viele ihrer Selbstbewegungen unterdrückte, den »Schraubstock«, den sie extern befürchtete, selbst verkörperte.

3.4.2 *Entwicklung von Lebensfreude*

Die Phänomene der Freude fristen in der Tiefenpsychologie ein kümmerliches Dasein. Die tiefenpsychologischen Entwicklungstheorien haben über eine vordringliche Beschäftigung mit den pathologischen Formen der Entwicklung, die sich durch eine adultomorphe Perspektive zusätzlich verzerrt, die schöpferischen Prozesse seelischen Werdens weitgehend vernachlässigt. So veränderte sich die gesunde Entwicklung zu einer Mühsal, in der belastende Mangellagen angestrengt zu überwinden und/oder hochgeladene Triebspannungen notdürftig zu regulieren sind. Dabei werden die oft sehr lust- und freudvollen Vorgänge der Individuation übersehen. Dem lebendigen Sein ist eine Entwicklungshoffnung immanent, die sich in einem spannungsvollen Austausch zwischen Erhaltung und Entfaltung ausformt. Hier kann auch die Freude ihren zentralen psychologischen Ort finden, der ihr in einer gesunden und gesundenden Entwicklung zukommt. Sie läßt sich dann als die emotionale Ausdrucksweise originärer Selbstbewegung betrachten, als die »innere Glut« (Fromm) erfüllten Seins und Werdens sowie der lebendigen Teilhabe an solchen schöpferischen Prozessen (Heisterkamp 1991c).

Die Vernachlässigung der Freude durchzieht die gesamte tiefenpsychologische Literatur. Selbst wenn man sich ausschließlich auf das die lebendigen Wachstums- und Entfaltungsprozesse nur eingeschränkt fassende Lustprinzip der klassischen Psychoanalyse bezieht, ist die Lücke eklatant. Liest man in den einschlägigen Veröffentlichungen nach, wann die Kategorie »Lust« nicht als Denkprinzip, sondern als Begriff für das Erleben von Lust verwendet wird, stellt man wahrscheinlich fest, daß der Begriff in der Bedeutung von freudigem oder lustvollem Erleben entweder ganz abhandengekommen oder zu jenem Inbegriff »vertrocknet« ist. Es sei hier auch auf die Vernachlässigung gelungener therapeutischer Prozesse in der Supervision hinzuweisen, obwohl das Lernen durch Erfolg bekanntlich viel effektiver ist als das, das sich an Schwierigkeiten und Fehlern ausrichtet.

Die psychologische Bedeutung der Freude im analytischen Prozeß zeigt sich anschaulich in dem letzten Beispiel der Patientin mit psychosomatischen Störungen. Sie selbst drückt ihre Werdensgefühle in dem schönen Bild vom ausschlüpfenden Schmetterling aus. Freude ist die emotionale Ausdrucksform heilsamer Entwicklungsprozesse. Sie bestehen zum einen darin, daß bisher desintegrierte und erlebensfremde Bewegungsmomente als eigene wiedergewonnen werden, und zum anderen darin, daß sich damit der bisherige Spielraum individueller Selbstbewegungen erweitert und sich neue Bereiche des Erlebens und Verhaltens eröffnen.

Die Patientin, die nach einer Apoplexie eine analytische Psychotherapie bei mir begonnen hatte und von der ich auf Seite 51 ff. berichte, kommt eines Tages strahlend in die Sitzung und teilt mir ein Erfolgserlebnis mit. Sie hat sich in letzter Zeit als Betroffene und als Psychologin mit der seelischen Verarbeitung von Schlaganfällen beschäftigt und ein Konzept der psychischen Rehabilitation erarbeitet. Sie besucht dazu Kongresse und kommt mit Experten ins Gespräch. Nun ist sie von einer ärztlichen Institution gebeten worden, einen Vortrag über psychologische Rehabilitationsmaßnahmen nach Schlaganfällen zu halten. Sie ist überzeugt, daß sie sowohl von der eigenen Erfahrung als auch von ihrer psychologischen Kompetenz her viel dazu beitragen kann. Das Angebot versetzt sie in Spannung und Aufregung. Ich merke, wie sie sich in verhaltener Form über die in der Einladung ausgedrückte Anerkennung freut. Ich sehe, wie ihre Freude durch Bewegungsandeutungen in ihren Beinen und Armen nach Ausdruck drängt. Deswegen frage ich sie, ob sie ihre Freude einmal mit ihrem ganzen Körper ausdrücken möchte. Sie ist begeistert, springt sofort von der Couch auf und sagt bestimmt: »Dann will ich hüpfen und springen.« Während des Springens und Hüpfens habe ich den Eindruck, als seien ihre Bewegungseinschränkungen fast verschwunden. Sie hüpft federnd leicht und klatscht dabei begeistert in die Hände. Sie freut sich wie ein glückliches Kind. Ich fühle mich angesteckt, hüpfe mit und strahle sie in meiner Freude über diesen Anblick an.

Anschließend, als sich die Wellen der Freude gelegt haben, fällt ihr eine Kindheitserinnerung ein, die typisch für die gesamte analytische Arbeit mit ihr sowie für ihre frühen Erfahrungen ist. Sie sei etwa fünf Jahre alt gewesen. Sie habe während ihrer Grundschulzeit einen landesweit ausgetragenen Dichtwettbewerb gewonnen und ihre Gedichte vor vielen Zuhörern vorgetragen. Diese und ihre Lehrerin seien begeistert gewesen. Sie erinnert sich noch genau, wie sie angesichts dieser Begeisterung den Kopf zwischen ihren Armen versteckt und sich heimlich gefreut habe, weil die Mutter ihr ausdrücklich eingeschärft hatte, daß sie auf keinen Fall ihre Freude, sondern nur eine vornehme Zurückhaltung zeigen dürfe. Bei dieser Patientin ist noch wichtig anzumerken, daß es sich nicht nur um eine schichtspezifische, quasi aristokratische Vornehmheit handelt, sondern um ein Weiblichkeitsideal jenes Kulturkreises, dem die Patientin entstammt: in völliger Zurückhaltung der eigenen Befindlichkeit strahlend schön und absolut perfekt zu erscheinen. Vor diesem Hintergrund haben mich ihre Freude, ihre Lockerheit und ihre Spontanität besonders berührt. Ich spüre das wiederbelebte kindliche Vergnügen eines Menschen, der sich jahrzehntelang nach dieser kulturellen Fiktion gestreckt und sich dabei total entfremdet hat.

Nach etwa zwei Monaten findet das Thema seine Fortsetzung: Sie habe ihren Vortrag gehalten und sei froh und stolz, wie es gelaufen sei. Es sei ihre »Jungfernrede« gewesen. Obwohl sie in ihrem bisherigen Leben hervorragend gelernt habe, brilliante und schlüssige Formulierungen zu finden, habe sie auf solche perfekten Absicherungen verzichtet. Sie habe einen derartigen Vortrag über Rehabilitationsmaßnahmen für Patienten nach dem Schlaganfall durch eine Referentin, die einen solchen selbst erlitten hat, für unecht gehalten. So habe sie ihren Vortrag – wenn auch unter großer Angst – nur mit Stichworten vorbereitet, völlig frei gehalten und habe zu all ihren üblichen und krankheitsbedingten Schwierigkeiten, das richtige Wort und die richtige Syntax zu finden, gestanden. Die Tatsache, daß Deutsch nicht ihre Muttersprache sei, habe es ihr auch nicht leichter gemacht. Sie ist tief bewegt von der eigenen Authentizität. Sie habe bei ihren Zuhörern wegen der berührenden Übereinstimmung zwischem dem, was sie vortrug, und dem, wie sie es tat, einen nachhaltigen Eindruck hinterlassen. Ich spüre bei ihr eine tiefe Freude, an der ich glücklich teilhabe.

Es paßt zu dieser Entwicklungsstelle, daß sie sich in der Folgezeit in Deutschland einbürgern läßt, obwohl ihre politisch-kritischen Bezugspersonen das nicht verstehen und teilweise sogar belächeln. Die Einbürgerung hat eine starke symbolische Bedeutung, insofern sie diese wie eine Wieder- oder Neugeburt erlebt. Ihr ganzes Leben sei bisher eine einzige lebensbedrohliche und schwierige Geburt gewesen. Sie habe den Eindruck, als sei sie von Anbeginn ihres Lebens an auf der Flucht gewesen. Nun sei sie angekommen und habe erstmals das Gefühl einer heimatlichen Geborgenheit und Zugehörigkeit gefunden. Die »Einbürgerung« ist insbesondere auch in ihrer intrapsychischen Bedeutung zu verstehen. Sie ist auch bei sich und ihrer originären Selbstbewegung angekommen. Sie kann sich auf ihr eigenes Erleben einlassen, sie kann sich mittlerweile selbst verantworten sowie ihre Chancen und Begrenzungen sehen und kreativ damit leben.

Die Entwicklung von Lebensfreude und Lebenslust betrifft auch die Psychohygiene des Analytikers. Allein die Rede von seiner »Psychohygiene« tabuisiert das, worum es geht: nämlich seine Freude an der eigenen Arbeit. Wir wähnen unsere Patienten auf einem guten Weg, wenn sie Freude an ihrer Arbeit finden und stolz auf ihre beruflichen Leistungen sind. Therapeuten selber wagen es höchstens in privaten Zirkeln und mit verschämter Zurückhaltung, sich über ihre Therapieerfolge zu freuen und dämpfen im übrigen auch ihr Bedauern über ihre Mißerfolge. Die gehemmten Erfolgs- und Mißerfolgsgefühle sind vermutlich der Tribut an die Fiktion selbstloser Hilfeleistungen sowie eine Absicherung gegen die Angst vor Kollegenschelte wegen vermeintlicher Verstöße gegen das Gebot der Abstinenz.

Ich möchte hier die Frage stellen, wie es dem Analytiker damit geht, wenn er täglich mit Patienten arbeitet, deren Lebendigkeit von frühester Kindheit an durch massive Abwehr- und Sicherungsformen erstorben ist? Wie hält er es aus, wenn seine Interpretationen und Konfrontationen ohne Wirkung vom Fels »alexithymer« Verfassungen zurückhallen und sein empathisches Verstehen an den Intellektualisierungen des falschen Selbst abprallt? Moser (1987) hebt hervor, daß der Therapeut mit manchen Patienten unter ein bekömmliches Maß an Bezogenheit gerät und ohne die nötige Grundversorgung an Kontakt selber Schaden an Leib und Seele nimmt. Während der Therapeut seine Patienten auf einem guten Weg wähnt, wenn sie Freude an ihrer Arbeit gewinnen, gerät er selber in die Gefahr, sich seiner eigenen Arbeit zu entfremden. Seitdem ich körpertherapeutische Verfahren in die Analyse integriere, fällt mir die Tabuisierung der Freude in tiefenpsychologischen Entwicklungs- und Behandlungstheorien besonders auf. Die freudige Anteilnahme an der wiedererwachenden Lebendigkeit des Patienten ist ein bis heute weitgehend vernachlässigter Wirkfaktor der Psychotherapie.

Dazu möchte ich noch ein Beispiel anfügen: Es handelt sich um einen Ausschnitt aus der Therapie eines zwanghaft-rigiden Patienten, von dem ich auch auf S. 168 berichte. Seine Entwicklung ist durch eine massive Unterdrückung seiner Lebensbewegung gekennzeichnet. Über die allmähliche Internalisierung dieser Blokkierung geriet er schon sehr früh in den Engpaß eines lähmenden Konfliktes zwischen Anlehnung und Auflehnung. Sein Lebensstil symbolisiert sich in einer Kindheitserinnerung aus dem dritten Lebensjahr, als er stundenlang in der Ecke der Toilette – unterhalb des Schlüsselloches, so daß er von seinen Eltern nicht beobachtet werden konnte – hockte und dabei den Anus fest auf eine Ferse preßte, um so den andrängenden Kot gewaltsam zurückhalten zu können.

Ihm wurde im Laufe der Analyse deutlich, wie sehr er in allen seinen Lebensbereichen in einem chronischen Stau lebte und seine spontanen Lebensimpulse ständig blockierte. Nach einer krisenhaften Zuspitzung und einem tumultartigen Durchbruch wurde er spürbar lebendiger, konnte seine intellektualisierenden und rationalisierenden Sicherungen erheblich reduzieren und sich intensiver auf sein Erleben einlassen. Sein Leben geriet wieder in Fluß: Er löste eine Reihe von beruflichen und privaten Verstrickungen, seine Arbeitswut verringerte sich und er gewann mehr Spielraum für das gemeinsame Leben mit seiner langjährigen Lebensgefährtin. Er heiratete und kaufte ein Haus. Mit großer Freude wurde das erste Kind erwartet und ohne Komplikationen in seinem Beisein und mit seiner Unterstützung geboren. Obwohl ich auch an dieser Neubelebung freudigen Anteil genommen hatte, bedurfte es offenbar noch einer ausdrücklichen Thematisierung der leidvollen Unterdrückung, um sich der Freude am eigenen Sein und Werden überhaupt hingeben zu können:

Ungefähr um die 200. Analysestunde kommt er in eine Sitzung und gibt mit entschuldigendem Unterton in der Stimme zu verstehen, daß er eigentlich nicht wisse, was er ansprechen solle. Ich bemerke jedoch, daß seine Augen strahlen, seine Bewegungen beschwingt sind und er sich offenbar in froher Stimmung befindet. Ich spreche ihn auf seine gute Verfassung an mit dem Hinweis, daß er annehme, daß positive Gefühle nicht in die Analysestunde gehörten. Er ist überrascht und stimmt mir zu: So sei es. Er habe tatsächlich gemeint, nur Schwierigkeiten einbringen zu müssen. Im Grunde habe er immer nur Probleme bearbeitet, über Dinge gesprochen, die kaputtgegangen seien, immer nur über Scheiße gesprochen. Es sei ihm völlig fremd, über seine Freude zu sprechen. Dann schildert er glücklich, wie befreit er sich zur Zeit fühle und wie gut es ihm gehe. Dabei berichtet er strahlend über seine neugeborene Tochter, über das wohlige Gefühl, wenn sie auf seinem Bauch liege und dort einschlafe, über den Spaß, den beide haben, wenn er sie auf den Knien halte und sie krähend mit ihren Füßchen gegen seinen Bauch strampele. Er berichtet weiter, wie gut er sich mit seiner Frau mittlerweile verstehe und wie attraktiv er sie finde. Auch der Umbau des Hauses mache beiden Spaß. Dabei betont er zwar noch mehrmals, daß ihm die Finanzierung nach wie vor Sorgen bereite, aber diese Sorgen um die Zukunft, die sonst sein tagtägliches Leben terrorisierten, bleiben in dieser heiteren Grundstimmung eine Nebensache.
Da ich weiß, wie stark seine originäre Lebendigkeit unterdrückt wurde, möchte ich es ihm ermöglichen, die aktuellen Glücksbewegungen umfassender als bloß durch Worte zum Ausdruck zu bringen. Deswegen frage ich ihn, ob er Lust habe, seine augenblickliche Verfassung in einer Handlung auszudrücken. Im Gegensatz zur sonstigen ängstlich vorsichtigen Zurückhaltung springt er auf, legt die beiden aufeinanderliegenden Matratzen, welche die Couch bilden, hintereinander und schlägt eine ganze

Serie von Purzelbäumen, mehrmals die Bahn hinauf und hinunter, und das mit einer sichtbaren Begeisterung und einem ansteckenden Vergnügen. Schließlich bleibt er am Ende der Matratze erschöpft und glücklich hocken. Nach einer Weile beginnt er wieder zu reden: Es habe ihm eine ungeahnte Freude bereitet, so ausgelassen durch den Praxisraum zu tollen. Während des Rollens sei ihm eine Situation aus der Kindheit eingefallen, wo er fernab vom Elternhaus mit anderen Kindern gespielt und sich sehr wohl gefühlt habe, bis er dann wieder in das »häusliche Gefängnis« zurückgekehrt sei. Während seiner Erzählung fällt ihm eine weitere Kindheitserinnerung ein, in der er ausgelassen über ein Gartenbeet gesprungen sei und dabei einen Gartenzwerg geköpft habe. Darüber hätten sich seine Eltern fürchterlich aufgeregt. Die Mutter habe ihn mit Liebesentzug und der Vater mit Prügel gestraft. Alle spontanen Äußerungen der Lebensfreude und der Lebenslust hätten seine Eltern erschreckt. Am Schluß der Sitzung spürt er Mitleid mit dem eingeschränkten Leben seiner Eltern sowie Freude, im Kontakt zu seinem Kind die Tradierung seelischen Leids von einer Generation zur nächsten zu durchbrechen.

3.5 Zusammenfassung

Der Gegenstand einer leibfundierten analytischen Psychotherapie ist die Selbstbewegung des Patienten als umfassende und durchgängige Einheit des Erlebens. Die seelischen und leiblichen Ausdrucksbewegungen werden als integrale und gleichermaßen bedeutsame Momente des Erlebensprozesses aufgefaßt. Psychotherapie wird als Prozeß der Mit-Bewegung mit der notgeborenen Selbstbehinderung des Patienten verstanden.

Indem leibfundierte Bewegungs- und Handlungsproben bereitgestellt werden, erweitert sich die Dimension des Wahrnehmens und Verstehens.

Über die kontinuierliche Beachtung der leiblichen Ausdrucksbewegungen behält der Therapeut, während er sich von seinem Patienten führen läßt, eine anschauliche Orientierung im komplexen seelischen Geschehen. Die Fixstellen der Selbstbehinderungen rücken dabei ins Bild.

Durch seine organismische Mit-Bewegung gewinnt der Therapeut einen natürlichen Zugang zu den unbewußten Momenten der Selbstbewegung.

Im natürlichen Atemrhythmus und seinen Variationen findet sich eine urtümliche und anschauliche Form des Selbsterlebens, Selbstausdrucks und der Selbstsicherung. Er bildet eine anschauliche Syntax, die das Erleben bedeutungsvoll interpunktiert. Im Rahmen bewegungs- und leiborientierter Probehandlungen werden bereits bekannte Kindheitserinnerungen tiefer erfaßt, weitere und oft noch frühere Schlüsselerlebnisse wiederbelebt und Modellsituationen der Entwicklung in Szene gesetzt.

Der Umgang mit organismischen Sicherungen in einer leibfundierten analytischen Psychotherapie eröffnet eine neue Dimension des Durcharbeitens und der Widerstandsanalyse. Erst wenn der Patient leibhaftig versteht, wie er sich »aktuell« in charakteristischer Weise verkörpert, erst wenn ihm seine individuelle Form des Widerstehens und des Sicherstellens leibhaftig begreifbar wird, gewinnt er neue Bewegungsspielräume, um seine Konfliktspannung neu zu regulieren und sein Bewegungsmuster kreativ umzuwandeln.

Indem bewegungs- und leiborientierte Probehandlungen bereitgestellt werden, lassen sich auch präverbale Erfahrungsniederschläge aus der langen Phase vorsprachlichen Erlebens, deren Neuaufzeichnung in symbolischer Form frühen organismischen Sicherungen zum Opfer gefallen sind, wiederbeleben, sprachlich nacherfassen, nachträglich verstehen und integrieren. So werden die Patienten auf der Ebene der Kommunikation erreicht, bis zu der die aktuellen Störungen als notdürftige und notreife Selbstheilungsversuche zurückreichen.

Wie die leiblichen Ausdrucksbewegungen, so vermittelt auch der leibliche Kontakt eine vereindeutigende und entschlüsselnde Wirkung. In der Berührung bilden sich exemplarische Beziehungsgestalten heraus, die den Therapeuten für Wiederholungen der frühen Manipulation oder der frühen Vernachlässigung in der therapeutischen Beziehung sensibilisieren.

Bei Patienten, deren originäre Selbstbewegung sehr massiv behindert worden ist und deren verkümmerte Ausdrucksbewegungen einen letzten Zugang bilden, kann die stellvertretende Übernahme von Entwicklungs- und Ich-funktionen (annehmen, halten, antworten, ordnen, bestätigen, versorgen) oft nur noch leibhaftig erfolgen. Dann werden körpersymbolische Formen des An-nehmens, Ver-stehens, Be-greifens und Be-handelns notwendig. Sie erweitern nicht nur das herkömmliche Inventar sprachsymbolischer Formen der Unterstützung, sondern betonen auch in fundierter Weise die Wachstumstendenzen des Patienten.

In einer leibfundierten analytischen Psychotherapie kann der Analytiker auch im täglichen Umgang mit Patienten, die in ihrer Lebendigkeit weitgehend erstorben sind, ein bekömmliches Maß an interaktiver Bezogenheit für sich und den Patienten wahren. Die freudige Anteilnahme des Therapeuten an der wiedererwachenden Lebendigkeit des Patienten erweist sich als wichtiger Wirkfaktor der Psychotherapie.

4. Vorgehensweisen leibfundierter analytischer Psychotherapie

Wilde Körperarbeit ist ebenso wie *wilde* Psychoanalyse dadurch gekennzeichnet, daß es den therapeutischen Interaktionen an psychologischer Begründung fehlt. Noch genauer: Das Auffassen und das Behandeln sind weder theoretisch fundiert, noch methodisch geleitet, sondern organisieren sich nach unbewußten Strukturen der eigenen Abwehr und Sicherung. Die bemühte Theorie fungiert dabei als rationalisierende Abwehr gegen die Wiederbelebung eigener Mangellagen und Konfliktspannungen. Ich finde es einseitig, wenn diese Form der Körperarbeit zum Anlaß für eine grundlegende Ablehnung genommen wird. Andererseits stimme ich mit denen überein, die eine stringente psycho-logische Reflexion des bewußten und unbewußten Beziehungsgeschehens eines therapeutischen Prozesses als unabdingbar fordern. In diesem Sinne muß auch die Kunst analytischer Körperarbeit reflektiert werden. Mit einer Psychologie der Wirkungsweise muß auch eine Methodologie der Behandlung entwickelt werden.

Jeder die Körperarbeit integrierende Analytiker betritt Neuland, das im Kreuzfeuer der Kritik nur zu leicht zum Feindesland wird. Dabei kann sich der in dieser Weise experimentierende Analytiker weder auf eine anerkannte analytische Tradition beziehen, noch kann er sich mit dem methodischen Rüstzeug, das Körpertherapien anbieten, zufriedengeben. Die Bücher Lowens, die wahre Fundgruben für das Verständnis von Körperprozessen darstellen, lassen den Analytiker mit seinen fundamentalen Fragen der Beziehungs- und Widerstandsanalyse sowie zum Zusammenwirken von Übertragung und Gegenübertragung allein. Viele Bioenergetiker bieten Veröffentlichungen an, die im wesentlichen eine Ansammlung von Techniken und Übungen (z.B. Dietrich, R. und Pechtl 1992, Lowen 1985, Schwieger 1977) darstellen. Und wenn diese für den Fachmann auch sehr anregend und hilfreich sein können, so dokumentieren sie unausdrücklich eine Naivität hinsichtlich der Problematik eines Einsatzes solcher Verfahren und hinsichtlich eines prozeß-analytischen Verständnisses. Das sind die offensichtlichen Auswirkungen der im zweiten Kapitel beschriebenen Unklarheiten hinsichtlich des psychischen Gegenstandes. Wer die Bioenergetik als eine Sammlung von Übungen darstellt, zeigt mit seinem gewählten Ordnungsprinzip, daß er nicht gewohnt ist, den aktualgenetischen und interdependenten Verlauf des therapeutischen Wirkungsgeschehens zur Figur seines Auffassens und Behandelns zu machen.

4.1 Allgemeine Behandlungsprinzipien

4.1.1 *Einrichtung eines therapeutischen Rahmens*

Es erübrigt sich fast zu betonen, daß analytisch orientierte Körperpsychotherapie im Rahmen einer aus den unmittelbaren Vollzügen der tagtäglichen Realität herausgenommenen Situation geschieht. Diese Rahmung bringt, trotz allen Ernstes und aller Intensität, einen Als-ob-Charakter, etwas Modellhaftes oder etwas Spielerisches in das therapeutische Geschehen. Huizinga (1965) sieht im Spiel den Ursprung der Kultur. Sein Wesensmerkmal liegt darin, daß es, wie alle kulturellen Handlungen, in einem aus den sonstigen Lebensvollzügen ausgegrenzten »Spielfeld« stattfindet. Das gilt auch für die therapeutische Situation: Im »Spiel« der therapeutischen Interaktionen stellt sich der Therapeut zur Herausbildung lebensstiltypischer Szenen des Patienten bereit, um sie gleichzeitig und/oder danach – ähnlich wie ein Zuschauer eine Theaterszene – analytisch zu betrachten und zu verstehen.
Wie natürlich die Quasi-Realität der therapeutischen Situation für den Patienten ist, zeigt sich an der relativen Selbstverständlichkeit, mit der der Patient sich mit Zeitintervallen von ein- bis viermal fünfzig Minuten aus dem Gesamtumfang der wöchentlichen Arbeitszeiten seines Therapeuten, von seiner Freizeit gar nicht erst zu reden, zufrieden gibt und darauf einstellt. So läßt sich eine therapeutische Situation einrichten, die selbst bei schwer gestörten

Patienten und allen Schwierigkeiten, die Vereinbarungen einzuhalten, auf einer prinzipiellen Übereinkunft über die »Spielregeln« gründet.
Psychotherapie geht also aus der grundlegenden Kompetenz des homo ludens hervor, sich in einem ausgegrenzten Rahmen »als« Patient bzw. »als« Therapeut verhalten zu können. Er lebt nicht nur wie ein Tier in einer Umwelt, sondern sie ist ihm gegenständlich gegeben. So ist es ihm auch möglich, sich zu sich selbst als Objekt zu verhalten und sein Verhalten und Erleben zu reflektieren (Buytendijk 1958, S. 38 ff). Menschliche Bezüge setzen ein reflexives Bewußtsein voraus.

»Die spezifisch menschliche Haltung ist die reflektive. Diese Haltung bedeutet eine Befreiung von den unmittelbaren und darum eindeutigen Bezügen zur Situation. Durch diese Befreiung, die nie vollständig sein kann – ja sich oft nur vage meldet –, weil der Mensch als Lebewesen immer auch der Natur verschrieben ist, entsteht die ursprüngliche Zweideutigkeit unseres Seins und unseres Tuns« (Buytendijk 1958, S. 179).

Die reflexive Introspektion stellt einen Sonderfall der grundlegenden Fähigkeit zur spielerischen Entrückung dar. Das wird deutlich bei Patienten mit einer intellektualisierenden Abwehr. Wenn sie auch kaum in der Lage sind, auf ihr eigenes Erleben einzugehen, so nehmen sie doch permanent, wenn auch eingeschränkt, eine reflexive Position ein, indem sie sich ständig beobachten und über sich nachdenken. Selbst wenn jemand den emotionalen Kontakt zu sich beinahe verloren hat, bleibt er in der Lage, sich rollengemäß zur therapeutischen Situation zu verhalten.
Wenn man die prinzipielle Zweideutigkeit oder Ambiguität menschlicher Existenz berücksichtigt, bedarf es nicht mehr der Einführung einer sogenannten therapeutischen Ich-Spaltung (Sterba 1934). Sie spaltet das Verhalten des Patienten in zwei Klassen (Arbeitsbündnis und Übertragung), verleugnet die interdepententen Wirkungszusammenhänge zwischen Patient und Therapeut und unterschlägt die Konflikthaftigkeit des Therapeuten (s. Körner 1989). Die grundsätzliche Ambiguität menschlicher Existenz legt keine segmentelle Spaltung des Geschehens in positive und

negative Verhaltensbereiche nahe, sondern eine Wahlmöglichkeit für unterschiedliche Zentrierungen. Bei Sterba und Greenson (1975) wird das Gesamtgeschehen aufgeteilt in ein Übertragungs- und in ein Arbeitsverhalten. Was mit der Ich-Spaltung eigentlich gemeint sein sollte, ist die Fähigkeit des Patienten und des Therapeuten, sich auf die therapeutische Situation und die therapeutische Beziehung einzulassen und sich gleichzeitig und/oder nachträglich, auch im Sinne eines szenischen Verstehens, davon distanzieren zu können: wie eben in Selbstbewegung und Mit-Bewegung, und zwar beides sowohl auf den Patienten als auch auf den Therapeuten bezogen.

Die Regeln des therapeutischen Zusammenspiels von Patient und Therapeut werden im Arbeitsbündnis ausdrücklich herausgestellt. Das gilt auch für eine analytische Psychotherapie mit systematischer Leibfundierung. Trotzdem kommen noch einige Modifikationen ins Spiel, die das Wesen der therapeutischen Situation mit ihren ausdrücklichen Regelungen noch unterstreichen, und zwar in mehrfacher Hinsicht:

Es werden ausdrücklich auch die leiblichen Wahrnehmungen in die analytische Regel der freien Assoziation einbezogen. Hier gehe ich konform mit Analytikern wie z.B. Gedo (1979), Lichtenberg (1983) und Anthi (1983), die dafür plädieren, »den Abkömmlingen präsymbolischer Erfahrungen auch schon bei der Formulierung der Grundregel gebührende Aufmerksamkeit zu widmen, d. h., den Patienten darum zu bitten, auch auf Selbstzustände, Stimmungen, Körperwahrnehmungen, leibliche Reize zu achten« (Mertens 1990b, S. 29).

Bei einer leibfundierten analytischen Psychotherapie kann der Patient, analog zur vorbereitenden Aufklärung über die analytische Regel und das Arbeitsbündnis, auch auf mögliche bewegungs- und körperpsychotherapeutische Verfahren vorbereitet werden. Dazu wird er gefragt, ob er damit einverstanden ist, daß zur Vertiefung des Verstehens seiner Probleme auch Bewegungspiele und/oder körperliche Berührungen in die psychotherapeutische Arbeit einbezogen werden können.

Er wird darüber informiert, daß dieser Einsatz immer erläutert und vorbereitet wird. Ferner kann der Therapeut den Patienten darauf hinweisen, daß selbst vermeintliche Schwierigkeiten bei der Durchführung oder auch die Ablehnung eines solchen Angebotes oft das Verstehen gerade vertiefen und Bewegungs- und Berührungsproben nicht um ihrer selbst Willen, sondern nur als Hilfsmittel für ein vertieftes Erleben und Verstehen herangezogen würden.

Dieses Vorgehen erfordert eine dauernde Erneuerung des Arbeitsbündnisses. Weiterhin fokussiert es das Wechselspiel zwischen Imagination und Reflexion. Beides zusammen dient einem vertieften Einlassen auf den therapeutischen Dialog und fördert die Eigenverantwortung des Patienten für seinen Heilungsprozeß.

Hieraus folgt auch eine erweiterte Auffassung vom Setting. Die psychotherapeutische Situation wird ausdrücklich über die zwei Quadratmeter der Couch bzw. über den Beziehungsraum zwischen Couch und Sessel hinaus auf den gesamten Praxisraum ausgedehnt. Darin liegt ein von der Geschichte der Tiefenpsychologie wenig beachteter, aber wesentlicher Unterschied zwischen der Freudschen und der Adlerschen Position. Adler erschien es unerheblich, besondere klinische Vorkehrungen dafür, daß eine Übertragungsneurose entsteht, zu treffen. Er war vom Anfang seines Wirkens an davon überzeugt, daß der Patient gar nicht anders kann, als seine lebensstiltypische Wirklichkeit auch im »Ordinationszimmer« auszuformen. So warnte er davor, zu starre Regeln (»etwa einen bestimmten Platz anzuweisen, einen Diwan«) einzuführen, weil dem Therapeuten dadurch vieles entginge und plädierte für einen größeren Bewegungsspielraum. »Ich sehe einen Vorteil darin, die Bewegungen eines Patienten nicht zu unterbrechen.Es wird sich demnach jeder in seinem Bewegungsgesetz vorstellen« (Adler 1933c, 1973, S. 173 f.). Bei dieser geradezu bewegungstherapeutischen Einstellung wundert es schon nicht mehr, daß er bereits 1920 die nonverbalen Ausdrucksformen des Seelischen therapeutisch zu nutzen verstand:

»Recht wertvoll erweist sich mir auch der Kunstgriff, mich wie bei einer Pantomime zu verhalten, auf die Worte des Patienten eine Weile nicht zu achten und aus seiner Haltung und aus seinen Bewegungen innerhalb seiner Situation seine tiefere Absicht herauszulesen. Man wird dabei den Widerspruch zwischen Gesehenem und Gehörtem scharf empfinden und den Sinn des Symptoms deutlich erkennen« (Adler 1920, 1974. S. 63).

Entsprechend einer solchen Auffassung wird auch das Behandlungszimmer gestaltet. Peter, ein leibfundiert arbeitender Psychoanalytiker aus der Schweiz, schildert seinen Arbeitsraum so detailliert, daß typische Merkmale des körpertherapeutischen Settings deutlich werden:

»Mein Arbeitsraum ist groß, freundlich, auch für Gruppen geeignet, mit so dicken Teppichen belegt, daß kaum jemand gern mit Schuhen darauf tritt; den Wänden entlang einzelne Sitzpolster. Eine wirksame Schallisolierung läßt Außengeräusche nur gedämpft hereindringen. Wie innerhalb dieses Rahmens das raumgebende Setting konkret aussieht, ist von Klient zu Klient ganz verschieden. Jeder macht davon den Gebrauch, der ihm entspricht, und bestimmt damit ein stückweit Gestalt und Atmosphäre seiner Sitzungen. Alles kommt vor: sich erwartungsvoll in die Mitte setzen, sich vor mich hinpflanzen zu gegenseitiger Musterung, herumgehen und in spontanen oder mehr stereotypen Bewegungsabläufen herausfinden, wie die Stunde beginnen soll, sich irgendwo hinfallen lassen und räkeln, den Polstersitz an stets der gleichen Stelle einnehmen und mit einer Abfolge von Kontrollblicken alles rasch überprüfen, und so weiter. Aufgefordert, in einem spärlich strukturierten Rahmen seinen Ort zu wählen, signalisiert der Analysand sein Erleben der Therapie, seine Erwartungen und Befürchtungen, seinen mehr kreativen oder defensiven Umgang mit Freiheit. Von der stark individuellen Einfärbung eines solchen Setting bleibe ich als Therapeut nicht ausgenommen. Es gibt da keinen vorgegebenen Abstand zwischen Couch und Sessel, der mir meinen Platz zuwiese. Wenn ich mich in je anderer Anordnung in der Nähe des Klienten einrichte, so nehme ich Stellung zu seinem Angebot, und ich drücke auch aus, wie es um mich steht. »Du bietest dich ihm als reales Objekt an«, moniert der Analytiker in mir, »und gefährdest damit seine Übertragung.« Richtig, ich zeige mich ebenfalls als ich selber samt meinen unbewußten Tendenzen, die sich im Körper auszudrücken pflegen. Die Erfahrung in einem so offenen Setting hat mich gelehrt, daß es nicht in erster Linie darauf ankommt, für den Patienten undurchsichtig zu sein, wie das zum Schutz der analytischen Beziehung postuliert wird. Im Gegenteil wird die Tendenz des Therapeuten, sich vor dem Patienten zu verstecken, von diesem als Abwehr wahrgenommen und als mangelnde Verfügbarkeit, wenn nicht als Zurückweisung verstanden. Ist aber der Therapeut für ihn wirklich vorhanden, so setzt sich sein Bedürfnis nach Aktualisierung der traumatischen infantilen Positionen regelmäßig durch, und die Besetzung des Analytikers als Übertragungsobjekt läßt die Realitätsanteile genauso in den Hintergrund treten wie auf der Couch; es sei denn, ich hindere diesen Prozeß durch störendes Verhalten oder durch unzulängliches Verständnis. Mein strenges analytisches Überich hat es mir nicht leichtgemacht, zu diesen Erfahrungen vorzudringen, und ich kann mir gut denken, daß jemand es damit leichter hat, der nicht so lange hinter der Couch gesessen hat. Heute bin ich durch vielfache Anschauung überzeugt, daß es auch in einem offenen Setting, wie ich es skizziert habe, regelhaft zu einer klaren und starken Übertragungsentwicklung kommt (Peter 1989, S. 12 f.).

Mit dem Versäumnis, die therapeutische Szene einzurichten, ist ein typischer Fehler von Therapeuten benannt, die selber keine ausreichende Erfahrung in Körperpsychotherapie haben, aber in ihrer eigenen therapeutischen Arbeit auf die Wichtigkeit oder Notwendigkeit leiborientierter Behandlung gestoßen sind und ihre ersten Versuche in diese Richtung unternommen haben. Der laienhaften Intervention entspricht auch eine laienhafte Kritik, die genau diese Form als typisch für die Körperpsychotherapie unterstellt. Der Anfängerfehler folgt dem Muster: Der Patient gerät in eine ihn schwer belastende Gefühlslage von Trauer, Schmerz, Niedergeschlagenheit, Verzweiflung, Verlorenheit, Panik usw. Der Therapeut nimmt diese Belastung wahr, folgt einem spontanen Impuls und setzt sich z.B. neben den Patienten oder legt seine Hand auf dessen Hände oder seine Arme um dessen Schultern oder stellt irgendeinen anderen Körperkontakt her. Diese Art Anteilnahme oder Mitleids- und Tröstungsreaktion ist in Gruppen immer wieder zu beobachten.

Manchmal zeigt die nachfolgende Reaktion des Patienten, daß die Interaktion – ähnlich wie bei spontan anteilnehmenden Gesten von nahen Bezugspersonen – als hilfreich erlebt worden ist, insofern sie den therapeutischen Prozeß weitergebracht hat und nachträglich in ihrer tiefen psychologischen Wirkung verstanden werden kann. Sie führt aber sehr oft – wie ich in Supervisionen beobachtet habe – in eine Kollusion mit dem Patienten, insofern das Als-ob der therapeutischen Situation und die Zentrierung um das Verstehen des Übertragungs- und Gegenübertragungsgeschehens verlorengeht. Durch Nachspielen solcher Patient-Therapeut-Interaktionen läßt sich dann – besser als es mit Worten möglich ist – ziemlich deutlich beobachten, wie sich das auf den Prozeß des Patienten gerichtete Wirkungsgeschehen in eine Wirkungseinheit mit zwei »Energiezentren« hinein zu verändern droht. Solche Fehlinterventionen wenden sich allerdings wieder ins Heilsame, wenn der Therapeut merken kann, was er bewirkt hat, und wenn er die von ihm mitinszenierte Szene mit dem Patienten verstehend aufschlüsseln kann. Wenn es sich allerdings um ein Gegenübertragungsagieren handelt, kann und darf der Therapeut nicht merken, wie er z.B. den tiefen Schmerz des Patienten nicht zuläßt, weil dadurch zu viele eigene und unerledigte Verletzungs- und Verlusterfahrungen in ihm berührt würden. Masochistisch strukturierte Patienten, die der Fiktion anhängen, nur durch eine persönliche Aufopferung die Zuwendung und Anerkennung anderer zu bekommen, werden auf diese Weise in ihrer unglücklichen Grundhaltung noch bestärkt. Bei diesen Überlegungen ist zu berücksichtigen, daß die Tiefe und die Heftigkeit der wachgerufenen Emotionen in einer. leibliche Behandlungsweisen integrierenden Psychotherapie oftmals die Erfahrungen von Analytikern aus ihren eigenen Lehranalysen übersteigen (s. Worm 1990, Jaeggi 1987).

Wenn der Patient massive Trauer oder Wut durchlebt und sich wesentlichen, bisher abgespaltenen Momenten seiner Selbstbewegung überläßt, ist zunächst eine weitere Intervention nicht sinnvoll. Hat der Therapeut jedoch aufgrund seiner Mit-Bewegung mit dem Patienten den Eindruck, daß dieser von seinen Emotionen überwältigt zu werden droht, wird eine formgebende und

-stützende Intervention notwendig. Spürt er dagegen, daß der Patient seine Trauer, seine Wut, seine Freude nur verhalten zulassen kann – er merkt das sicher an der Diskrepanz zwischen der Selbstbewegung des Patienten und seiner eigenen Mit-Bewegung –, sind Hilfestellungen notwendig, die dem Patienten allmählich, am besten in selbstdosierten Zwischenschritten, einen tieferen Zugang zu seinem Selbsterleben ermöglichen.
Diese Überlegungen gelten ebenso für den Umgang mit erotisch-sexuellen Übertragungen. Wenn es sich um die Entwicklung einer reifen Liebe der/s Patienten/in zum/zur Therapeuten/in handelt, würde eine leibliche Intervention entweder einen Mißbrauch oder ein Vermeiden darstellen. Ganz anders ist die Lage bei erotisch-sexuellen Übertragungen, die im Dienste frühkindlicher Ich-bedürfnisse stehen. Ich erkenne sie schon daran, daß ich – ganz im Gegensatz zum obigen Fall – keine komplementären Regungen in der Gegenübertragung spüre, sondern viel mehr elterliche Gefühle wahrnehme. Die bilden dann eine gute Grundlage für leibhaftige Bereitstellungen, in denen die entsprechenden Patienten/innen relativ schnell und deutlich die primären Anliegen erspüren, die sie bisher mit erotisch-sexuellen Mitteln immer wieder vergeblich zu verwirklichen versuchen. Die Quintessenz meiner Überlegungen besteht darin, daß leiborientierte und/oder sprachliche Interventionen nur an ihrer therapeutischen Wirksamkeit, also daran gemessen werden können, ob sie den Heilungsprozeß des Patienten fördern oder hindern. Mit beiden kann man beides bewirken.

4.1.2 *Orientierung am Gesamtgeschehen*

Während es sich bei den obigen Überlegungen um Rahmenbedingungen handelt, die den Heilungsprozeß tragen und konturieren helfen, sind wir mit dem Therapieverlauf beim Dreh- und Angelpunkt therapeutischer Intervention. Man kann analytische Psychotherapie als einen Prozeß der Wiederbelebung und der Neubelebung verstehen. Dies ist belastend, weil unerträgliche Not- und Konfliktlagen sowie die entsprechenden Abwehr- und Sicherungsformen wieder spürbar werden. Die Wiederbelebung hat ihre befreiende Seite darin, daß originäre Bedürfnisse und schöpferische Kräfte frei werden, die nach der analytischen Arbeit mit Macht zu einer befriedigenderen Umgestaltung des Bewegungsmusters, zu einer flexibleren Regulation der mit jeder Entwicklung verbundenen Grundspannungen führen. Darauf sind alle, auch die leiborientierten Interventionen bezogen. Das gilt sowohl für die situative Einbettung in den aktuellen Prozeß der einzelnen Stunde als auch für die Integration in den gesamten Therapieverlauf.

Um dies zu erläutern, möchte ich einen Patienten mit einer narzißtischen Störung vorstellen. Er kam nach einem Zusammenbruch auf dem Höhepunkt einer grandiosen Karriere zu mir in die Therapie. Seine Lebenssituation war desolat. Er war, der Veruntreuung beschuldigt, aus einer hervorragenden beruflichen Position entlassen worden. Gleichzeitig strengte seine Frau die Scheidung von ihm an und zog mit der gemeinsamen Tochter in ein anderes Bundesland. Ebenso warfen ihm seine Eltern persönliches Versagen vor und rückten von ihm ab. So erlebte er sich plötzlich »mutterseelenallein« und verschuldet in einer »feindseligen« Welt, in der alle seine Bezugspersonen ihm sein Elend vor Augen führten und ihn beschuldigten.

Nach den Vorgesprächen entschied ich mich, eine analytische Psychotherapie mit ihm zu wagen. Die Formalien wurden geklärt, und dann erschien er regelmäßig und pünktlich zu den vereinbarten Sitzungen, um in den ersten Wochen und Monaten nichts anderes zu machen, als immer wieder über die Ausweglosigkeit seiner Situation zu klagen und alle Beteiligten (seine ehemaligen Vorgesetzten, Mitarbeiter, die Journalisten, seine Frau, seine Eltern, den Therapeuten seiner Frau usw.) auf das Heftigste anzuklagen sowie sich durch ebenso detaillierte und ausführliche Rechtfertigungen von fremden Unterstellungen zu befreien. Wie groß sein Berechtigungsproblem war und wie sehr er sich gekränkt fühlte, läßt sich daraus entnehmen, daß er im Laufe seiner Analyse wenigstens ein Dutzend Prozesse führte, die juristisch alle zu seinen Gunsten ausgingen. In diesen Komplex wurde ich Stunde um Stunde neu einbezogen. Ich wußte zunächst nicht, wie mir geschah. Er legte mit brillianter Intelligenz und geschliffener Sprache eine Anklage oder ein Plädoyer nach dem anderen vor. Einer sei-

ner Anwälte – so teilte er mir einmal mit – hätte ihm auch im juristischen Bereich eine blendende Karriere vorausgesagt.
Diese endlosen Verhandlungen erhielten ständigen Nachschub durch tägliche telefonische Kontakte zwischen ihm und seiner Frau. Die große Distanz zwischen ihren beiden Wohnorten hinderte sie nicht daran, ihre gescheiterte Beziehung nachzubereiten, indem jeder jeden vehement für die Frustationen seiner narzißtischen Bedürfnisse verantwortlich machte. In hartnäckiger Strategie setzte er Stunde um Stunde dasselbe Szenarium gegen alle und über alle Interventionen hinweg durch. Sein Verhalten schien ihm völlig selbstverständlich, keine auch nur angedeutete Distanzierung oder Reflexion seines Verhaltens waren anfangs zu beobachten. Ihm schien nichts an seinem eigenen Verhalten auffällig, befremdlich, hinterfragbar, relativierbar.
Trotz aller meiner Schwierigkeiten, Irrtümer und Umwege zu Beginn der Analyse, gelang es mir immer wieder neu, mich bereitzuhalten. Vielleicht gewann ich in meiner eigenen unverdrossenen Bereitstellung die Offenheit, auch in seinen unerschöpflichen Monologen seine ihm verbliebene und deformierte Vitalität wahrzunehmen. Ich spürte immer deutlicher meine Gewißheit, daß er unermüdlich und mit unglaublicher Lebensenergie um Empathie rang und mich immer wieder in seine deformierte Selbstbewegung einbeziehen würde, bis ich ihn endlich verstehen würde.
Ein wichtiger Durchbruch gelang, als ich meine eigene Fassungslosigkeit über die ich-syntone und stereotype Selbstverständlichkeit, mit der er aus der Therapie ein juristisches Ritual machte und sich jeder anderen Beziehungsform zu verweigern schien, therapeutisch umwandeln konnte und mit einem Mal – ich war selber erleichtert – in seinem verrückten Handeln seine eigene Fassungslosigkeit über das spüren konnte, was ihm widerfahren war, und zu dem er – wenn er seine Impulse nicht so extrem unter Kontrolle gehabt hätte – am liebsten immer wieder geschrien hätte: »Das darf doch nicht wahr sein!« Er war sehr erleichtert. Ich hatte mich von ihm berühren lassen und konnte ihn erreichen.
Ein zusätzlicher Fortschritt war zu verzeichnen, als ich das schreckliche Gefühl, mit meinem empathischen Mitgehen immer wieder auf den unerbittlichen Fels einer alexithymen Verfassung

zu stoßen, zulassen und diese Erfahrung in das unerträgliche Schicksal eines Kindes wenden konnte, das immer wieder vor eine Wand fehlender Resonanz gestoßen ist. Auf diese Weise konnte ich ihn emotional mit der Entdeckung bewegen, daß Gefühle für ihn offenbar keine originäre Existenzberechtigung gehabt hätten, sondern in Erklärungen und Rechtfertigungen umgewandelt und auf diese Weise unterdrückt werden mußten.

Eine Zeitlang habe ich meine Ohnmacht und Insuffizienzgefühle angesichts der Wirkungslosigkeit meiner Interventionen nur zögernd wahrnehmen und annehmen können. Je deutlicher mir meine Gegenübertragungsgefühle wurden und je besser ich zwischen der therapeutischen Mit-Bewegung und der eigenen Selbstbewegung zu unterscheiden vermochte, um so klarer gelang mir die Umzentrierung auf den Patienten: Ich konnte mich immer offener von den Hilflosigkeits- und Ohnmachtsgefühlen anrühren lassen. Die Katastrophe schien sich durch seine Untätigkeit noch zuzuspitzen. Ich ließ mich schließlich auch nicht mehr durch seine intellektuelle und berufliche Tüchtigkeit blenden und von seiner emotionalen Lage ablenken. Indem ich mich von dieser Not immer mehr anrühren lassen konnte, löste sich das Verhandlungsritual allmählich auf und seine Situation verdichtete sich u.a. in dem Bild: »Ich bin wie ein kleines Kind, das nicht schwimmen kann und mitten ins Meer geworfen wurde. Ich versuche mich an ein Rettungsboot zu klammern. Es sind zwei Boote in der Nähe. In dem einen sitzen meine Eltern und in dem anderen meine Frau. Wenn ich mich an der Kante eines Bootes festhalten will, hacken sie mir die Hand ab.«

Trotz aller Fortschritte schwebte über den Therapiestunden die Ahnung eines drohenden Verhängnisses, das sich mir in der erschreckenden Kluft zwischen der Bedeutungsfülle des erinnerten Materials und dem Mangel an Gefühlen andeutete. Diese bangen Ahnungen verdichteten sich zur leibhaftigen Gewißheit, als ich in meiner Mit-Bewegung immer deutlicher an seiner Einengung teilhatte. Indem er innerlich erstarrte, versuchte er sich verzweifelt gegen die Wiederbelebung seiner abgewehrten Lebensnöte zu wehren und geriet durch diese Selbstimmunisierung in eine unerträgliche Leere, Hoffnungslosigkeit und Ohnmacht. In meinen eigenen Verspannungen und Lähmungen, in denen ich vor Schmerzen am liebsten laut geschrien hätte, partizipierte ich an seiner Immunisierung gegen eine tiefe Verlorenheit und Verzweiflung in seiner aktuellen und seiner frühen Lebenslage. Seine notdürftige Sicherung führte ihn in eine solche Verödung und Entleerung, daß er in eine suizidale Krise geriet, in der ihm der Tod immer mehr zu einer verlockenden Erlösung aus dem Verlies seiner erstorbenen Lebendigkeit erschien. Hier veränderte sich das Ringen um Empathie (s. Rohde-Dachser 1986) zu einem Ringen um sein Leben und um seine Lebendigkeit.

Hier möchte ich nun von der makroanalytischen Perspektive zur mikroanalytischen wechseln und zeigen, wie der oben beschriebene, sich zuspitzende therapeutische Prozeß durch leibfundierte Hilfestellungen aufgegriffen wurde und sich die eskalierende Selbstabtötung in eine Wiederbelebung abgewehrter Selbstanteile wandelte. Dazu möchte ich einen detaillierten Ausschnitt aus der Therapiephase um die 80. Sitzung herum anführen:.

Er kommt in völlig gedrückter und apathischer Verfassung in eine Sitzung und beginnt, wie so häufig, mit einem intellektualisierenden Monolog über seine augenblickliche Situation: allein zwischen unausgepackten Kisten in einer kleinen Hochhauswohnung, inmitten einer Betonlandschaft, einziger Außenkontakt zu seiner geschiedenen Frau durch tägliche Telefongespräche, die immer wieder in Beschuldigungen und Rechtfertigungen enden, keine Anstellung, keine finanziellen Mittel für den Lebensunterhalt, Schulden, keine Unterstützung, keine Hoffnung auf Besserung usw. Eigentlich habe er sich immer schon so elend gefühlt. Früher habe er das allerdings durch seine beruflichen Erfolge und durch das Zusammensein mit seiner Frau und seinem Kind überspielen können. Nunmehr sehe er sich vor dem existentiellen Nichts. Dabei bezweifelt er auch die therapeutischen Möglichkeiten: »Selbst wenn ich das alles verstanden habe, was ändert das schon?« Diese Spaltung findet sich auch in ihm wieder: Er kann seine totale Verzweiflung verbalisieren, aber er darf sie offenbar nicht erleben. Seine großen sehnsuchtsvollen Augen scheinen ihm aus dem Kopf zu quellen. Mir fällt das Bild einer Bombe ein, das er aufgreift. Die Spannung sei so groß, daß er bald platze. Aber das würde keine Explosion wie bei einer Bombe, sondern eine Implosion. Er würde nach innen explodieren und das bedeute Selbstzerstörung. Er schildert seine suizidalen Tendenzen wie bei einem klassischen Bilanzselbstmord, der am Ende einer langen und zermürbenden Grübelspirale steht.

Wenn ich ihn auf die Diskrepanz zwischen seiner Verzeiflung, die ich nachvollziehen kann, und ihrem fehlenden emotionalen Ausdruck in der therapeutischen Situation hinweise, kann er nur festellen, daß er an diesen Gefühlen sterben würde, wenn er sie zuließe: »Dann wäre ich schon tot«. Er meint, daß ihn seine fürchterlichen Ängste, wenn er sie spüren würde, umbringen würden. Er kann und darf nicht merken, daß ihn gerade die Sicherung davor in eine immer größere Erstarrung, Einengung, Vereinsamung und Leere treibt. So gelangt er in eine ausweglos erscheinende Todesspirale. Er sei völlig am Ende. Die negative Seite seines Lebens überwiege eindeutig und ausschließlich. Es gehe ihm so schlecht, daß der Tod geradezu eine Erlösung für ihn sei. Ich versuche mich einzufühlen und spüre dabei meine Not, daß er sich wirklich etwas antut. Er stehe am Abgrund.

Währenddessen hat er seinen Kopf ein- und seine Schulter hochgezogen, sein Hals ist verspannt und seine Atemzüge sind kaum sichtbar. Eine Hand hat er in den Nacken gelegt, so als müsse er sich selber stützen. Während ich ihn begleite, steigt mein Kopfdruck, verflacht mein Atem; ich werde müde, schweife ab, eine bleierne Lähmung legt sich über mich, ich sterbe selber innerlich immer mehr ab. Ich verstehe mein Erleben als Gegenübertragungsreaktion und möchte ihm helfen, aus diesem gefährlichen Prozeß der Selbstlähmung herauszufinden.

Er ist mit meinem Vorschlag, meine Hand einmal unter seinen Nacken zu legen, einverstanden. Nachdem ich ihn auf diese Weise unterstütze, hört er allmählich auf zu reden, und ich merke in meiner Hand, wie ganz feine Ströme in seinem Nacken spürbar werden. Sein Atem wird tiefer und er verfällt in einen tranceähnlichen Zustand, in dem er einen für mich noch undefinierbaren eigenartigen Ton abgibt. Dabei spüre ich ein leichtes Andrängen seines Kopfes an meine Hand. In der anschließenden Bearbeitung dieser Phase scheint es ihm plausibel, daß er sich mit der Bewußtseinstrübung vor der Wiederbelebung belastender Gefühle und Affekte zu schützen versucht hat und seine leichte Kopfbewegung eine präsymbolische Aufforderung ist, ihn dabei nicht allein zu lassen. Ich schlage deswegen eine Intensivierung meines Haltangebots vor, indem ich mich hinter ihn setze und seinen Kopf in meine Hände nehme: Der Atem wird stärker, der Ton lauter, die Qualität seines stimmlichen Ausdrucks prägnanter. Es ist jetzt unverkennbar das Jammern eines verlorenen Kindes. Allmählich fängt er an, seinen ganzen Körper von der einen zur anderen Seite hin- und herzuschaukeln und bezieht schließlich auch den Kopf mit ein. Die Schaukelbewegung intensiviert sich allmählich und das Jammern wird immer lauter. Es ist ein herzergreifendes Bild, einen erwachsenen Mann auf der Couch liegen zu sehen, der wie ein allein gelassenes Baby jammert und in die typischen Monotoniebewegungen hospitalisierter Kinder verfällt.

Als er sich allmählich beruhigt hat, kann er es nicht fassen: »Ich habe nie daran gedacht, aber das ist mir jetzt ganz deutlich eingefallen, wie ich früher immer im Bettchen lag, wenn ich ganz allein war und niemand bei mir war. Dann habe ich diese Schaukelbewegungen immer gemacht. Gleichzeitig habe ich in der einen Hand den Teddy gehabt und den hab ich an mich gedrückt und mit der anderen Hand habe ich das Bettlaken in die Hand genommen und über meinen Körper gezogen. Ich war von oben bis unten völlig zugedeckt, dann habe ich mich so geschaukelt.« Er erinnert sich nicht mehr daran, auch so gejammert zu haben. Dann kommt ihm, wie er meint, eine ganz verrückte Idee. Er erinnert sich an eine Situation,in der er sich schrecklich allein gefühlt und geschrien hat, in der ihn auch diese Bewegungen nicht mehr beruhigen konnten, er aus dem Bett ausgestiegen ist und hinter der Türe gesessen hat und die Leute auf der anderen Seite der Türe im Hausflur, die durch sein Schreien aufmerksam geworden waren, versucht haben, ihn durch die Türe hindurch zu beruhigen. »Und wissen Sie, wo meine Eltern waren? Im Konzert! Jetzt kommt mir die verrückte Idee, ob ich vielleicht nur deswegen Musiker geworden bin, um mit diesen schrecklichen Gefühlen des Alleinseins fertig zu werden.«

Die in der beschriebenen Stunde gewonnenen Selbsterfahrungen und ähnliche aus den folgenden Sitzungen wurden zu tragenden Überbrückungshilfen zwischen den verschiedenen Terminen und führten dazu, daß seine Selbsterstarrung und die damit verbundene »Implosionsgefahr« sich allmählich auflockerten. Die verbliebenen Lebensimpulse konnten zu Wendepunkten seiner extrem eingeschränkten Entwicklung werden. Er war übrigens während seiner Jugend einmal Regionalmeister im Streckentauchen, d.h. auch im Luftanhalten. Je mehr er seine Sicherungen reduzierte, um so heftiger belebten sich die unterdrückten Gefühle. Er verfiel in eine schwere Depression, in der existentielle Ängste von Ausweglosigkeit und Verlorenheit sowie deren kompensatorische Sicherungen behandelt werden mußten. Mit großer Intensität meldeten sich seine zentralen Themen in seinen Träumen. Diese und seine Kindheitserinnerungen waren durch große Verlassenheitsängste sowie durch Gefühle, diesen Widerfahrnissen hilflos ausgeliefert zu sein, gekennzeichnet. Eine lange Reihe von teilweise lebensbe-

drohlichen Verletzungen, Unfällen, psychosomatischen Erkrankungen und funktionellen Störungen aus einzelnen Phasen seines bisherigen Lebens gewannen allmählich als Notschreie eines bedrohten Individuums einen tiefen psychologischen Sinn. In dieser Phase durchlebte er in seinen Träumen eine so »irrsinnige« Bedrohung, daß er aus Angst vor der Angst nicht mehr einzuschlafen wagte. Hier wurde unmittelbar deutlich, wie sehr die Selbstunterdrückung im Dienste der Selbstsicherung gestanden hatte.
Dieses Beispiel zeigt sowohl unter makroskopischer als auch unter mikroskopischer Perspektive, wie sich leiborientierte Interventionen am therapeutischen Prozeß orientieren. Der folgende Ausschnitt aus der Therapie desselben Patienten (rd. 240 Stunden später) zeigt, wie selbst geringfügige organismische Anknüpfungspunkte als Königswege zu den unbewußten Strukturierungsproblemen des Patienten genutzt werden können. Wenn der Therapeut gelernt hat, den aktualgenetischen Prozeß zu beachten und die leiblichen Momente der Selbstbewegung zu begreifen, dann kann er sich vom Patienten zielsicher in charakteristische Szenen führen lassen. Im folgenden Beispiel möchte ich zeigen, wie sogar ein minimaler leiblicher Hinweis weiterführen kann.

Es ist die erste Stunde im neuen Jahr und gleichzeitig die einzige vor einer siebenwöchigen Therapiepause, bedingt durch meine Achillessehnenoperation. Seit einiger Zeit zieht der Patient Bilanz, und diese Stunde ist wie ein »Erntedankfest«: herzliche Begrüßung zum neuen Jahr; freudige Mitteilung, daß er mit seiner neuen Freundin erstmals geschlafen habe. Es habe ihr viel Spaß gemacht, und – wie ich erst auf Nachfrage erfahre – ihm auch. Er freut sich auch über das sehr gute Resultat seiner jährlichen medizinischen Routineuntersuchung. Nach der großen Anzahl früherer psychosomatischer Erkrankungen und funktioneller Störungen sei es schön zu hören, wenn der Arzt ihn für kerngesund erkläre. Auch seelisch fühle er sich sehr wohl. Sein Fernstudienlehrgang, den er vor über einem Jahr begonnen hat, mache ihm ebenfalls viel Freude, er fühle sich bei den wesentlich jüngeren Mitstudenten gut integriert und von den Hochschullehrern in seinen früheren Spezialdisziplinen Philosophie und Literaturwissenschaften wertgeschätzt. Was ihn vor allen Dingen froh stimme und was er früher nie für möglich gehalten habe: Er habe heute ein völlig neues Lebensgefühl. Was zu seinem Lebensglück fehle, sei eine feste Anstellung, um die er sich trotz dauernder Bewerbungen immer noch vergeblich

bemühe. Dann könne er auch endlich wieder aus seinem Elternhaus ausziehen. Er wirkt gelöst, und ich freue mich mit ihm über seine Entwicklung, in der stillen Hoffnung, daß es ihm auch gelingen möge, den Unterschlupf im elterlichen Haus wieder zu verlassen.
Dann geht er auf eine Episode mit einem Verkehrspolizisten ein, in der er sich erfolgreich gegen eine gebührenpflichtige Verwarnung gewehrt habe. Nach dieser Aufregung sei er zu seiner Freundin gefahren, von der er sich habe trösten lassen. Nachdem ich auf die Ähnlichkeit mit einem früheren familiären Interaktionsmuster (sich vom Vater beschuldigen lassen, um sich von der Mutter in Schutz nehmen zu lassen) hingewiesen habe, erlahmt der Kontakt zwischen uns. Ich vermute im nachhinein, daß ich mit meiner systemischen Deutung das blockierte, was sich anschließend doch noch herausstellte. Er scheint ebenfalls zu spüren, daß unser Dialog zu versiegen droht und schlägt vor: »Jetzt möchte ich aber mal was Körperliches machen.« Seine Aufforderung erscheint mir zunächst wie eine Verführung zu einer unreflektierten körperpsychotherapeutischen Intervention. Deswegen erkundige ich mich nach seinen Vorstellungen sowie nach leiblichen Hinweisen.
Ich frage ihn also, wie er darauf komme, um die noch unausdrücklichen Momente seiner Selbstbewegung aufzugreifen und nicht mit irgendeiner beliebigen Übung zuzudecken. Er habe einfach das Gefühl. Auch nach dieser vagen Antwort lasse ich mich nicht zu einer Intervention verführen und versuche, leibliche Anzeichen für den Prozeß zu finden. Da die Wahrnehmung der eigenen und der Ausdrucksbewegungen des Patienten nicht weiterhelfen, frage ich ihn, ob er etwas körperlich spüre. Er zeigt auf den Lumbalbereich, da sei so eine Festigkeit in der Hüftgegend. Erst will er den »bioenergetischen Bogen«* machen, dann zögert er, »au, das tut weh« und beginnt zu scherzen: »Ich habe es vielleicht zu oft mit der Freundin gemacht. Aber eigentlich müßte es dann doch besser sein.«
Hier fällt ihm offenbar etwas Unpassendes auf und ich folge diesem Einfall. Ich schlage ihm deswegen vor, mit seinem Becken und dem zugehörigen Lumbalbereich zu arbeiten. Er antwortet: »Becken ist immer gut« und lacht. Dann assoziiert er: »Loch ist immer gut.« Das sei ein Artikel von Tucholsky, der heiße »Die Sozialpsychologie des Loches« und sei leicht frivol, aber auch sehr gekonnt. Er ende mit dem Ausspruch: »Loch ist immer gut«.

---

* Im schulterbreiten Stand wird das Becken vorgeschoben, die Fäuste in die Nierengegend gestemmt und ein Hohlrücken gemacht. Der Körper bildet so mit Hals und Kopf, die die gewölbte Linie der Wirbelsäule fortsetzen, die Form eines Bogens nach.

Dann unterstütze ich ihn bei der Lockerung des Beckens, indem ich ihm vorschlage, die eine Hand an das Schambein, die andere auf das Kreuzbein zu legen und das Becken allmählich in eine pendelnde Bewegung zu bringen und zu beobachten, wie er dabei atme. Die Beckenbewegung verläuft rund, die Becken- und die Atembewegungen sind deutlich asynchron. Als Hilfe schlage ich ihm vor, seinem Atem einen Ton zu geben. Der Atemton ist sehr stark gepreßt, willentlich produziert und langgedehnt. Er liegt auf einer sehr hohen Tonlage und paßt nicht zum Bewegungsrhythmus des Beckens. Es ist so, als arbeiteten zwei isoliert und asynchron wirkende Energiezentren, eines im oberen Halsbereich und eines im Beckenbereich. Die Momente seiner Selbstbewegung sind offenbar nicht integriert.

Als Musiker versteht er meinen diesbezüglichen Hinweis sofort, und er formuliert von sich aus fachmännisch: »Der Ton liegt stabil über der Bewegung, und er geht nicht in den Bewegungsrhythmus. Der Ton ist noch gemacht oder aufgesetzt, von oben drauf.« Er weiß zu berichten, daß das für Sänger, Dirigenten, Schauspieler, Tänzer usw. ganz besonders wichtig ist. Wer unorganisch atme, also »draufsetze«, sei unklar, disharmonisch, zeige unkoordinierte Körperbewegungen. Darüber habe er oft mit seinem Freund, einem bekannten Pantomimen, gesprochen. Ich greife jetzt noch einmal den Hinweis vom Anfang auf, daß nämlich seine Rückenschmerzen mit dem Koitus zusammenhängen könnten und frage ihn, ob er sich dabei auch zurückhalte. Das kann er gleich aufgreifen, denn »beim Vögeln« sei bei ihm immer noch so etwas wie »es machen wollen«, »überzeugen wollen«. Ich hebe dieses »Über-zeugen-wollen« hervor, bei dem der überkompensatorische Aspekt besonders deutlich wird. Dann kommt er nochmals auf das dreifache Splitting zu sprechen, daß er erstens einen Ton künstlich gemacht, zweitens den Ton auf den Atem und ihn dann drittens noch auf die Beckenbewegung gesetzt habe. Das sei eine dreifache Diskoordinierung gewesen. Ich schlage vor, den Ton zurückzunehmen, nur zu atmen und zu versuchen, ob sich Becken und Atembewegungen von allein aufeinander einregulieren können. Das gelingt ihm gut, und auch der Ton ist passend. Das macht ihm sichtlich Spaß, und zum Schluß springt die Bewegung in ein lebendiges und lustvolles Lachen über. Als sei ihm etwas eingefallen, lacht er noch lauter und sagt: »Wenn meine Mutter den Ton hören würde, dann käme sie sofort ins Zimmer gerannt und würde vorwurfsvoll fragen: ›Ei Bub, was machst du da?‹.« Sie würde natürlich denken, daß er masturbiere.

Ihm fällt auch noch ein, daß er immer Angst hatte, zu klein zu sein und sich dann aufgebläht habe, indem er den Brustkorb hochgehalten, im Zustand der Einatmung verharrt und das Becken arretiert habe. Dann wiederholt er die Bewegung mit mehr Mut zum Ton. Ich fühle mich angeregt, ihn dabei stimmlich leicht zu unterstützen, was er als ermutigend erlebt. In seiner Familie sei Sexualität tabuisiert gewesen. Er habe nie Aufklärung oder gar Unterstützung in dieser Hinsicht bekommen. Er habe sich in der Pubertät auch nicht mit Jugendlichen zusammen sexuell betätigt, so daß er auch diesen Rückhalt vermißt habe. Das veranlaßt mich, ihn zu fragen, ob er die Probehandlung noch einmal, dieses Mal mit mir gemeinsam, wiederholen möchte. Das macht ihm sichtbar und hörbar Spaß. Anschließend möchte er sich ausruhen und hinsetzen: Das sei prima gewesen, aber als es lauter wurde, sei es doch schwierig gewesen, den eigenen Rhythmus und Ton zu halten und sich nicht dem anderen anzupassen. Das bezieht er auch auf den Koitus mit seiner Freundin, die er zu sehr zu überzeugen versucht habe.

Zwischendurch stellt er überrascht und erfreut fest, daß der Schmerz völlig weg ist. Er fühle sich locker. Ich biete ihm an, die Bewegung noch zu steigern. Hierbei wird der Ton aggressiver und die Bewegung heftiger. Das führt zu einer weiteren Lockerung. Er freut sich darüber: »Das kann ich auch alleine zu Hause machen.« Abschließend findet die Verspannung im Rücken auch noch eine andere Bedeutung. Seine Freundin habe noch nicht viele sexuelle Erfahrungen mit Männern gehabt, sei daher unsicher, aber schließlich glücklich darüber gewesen, daß der sexuelle Kontakt so schön gewesen sei. Sie hätte schon viel früher mit ihm geschlafen, wenn sie das gewußt hätte. In diesem Zusammenhang entschlüsselt sich seine Rückenverspannung als Versuch, sowohl überzeugend als auch zurückhaltend bzw. rücksichtsvoll zu sein. Seine verhaltene Hingabe dient seiner eigenen Sicherstellung und führt auch gleichzeitig zu einer Einschränkung des Lustgewinns. Das kann er gut nachvollziehen.

Gegen Ende der Stunde meint er, daß er ja nun während der Therapiepause genügend Zeit habe, das mit seiner Freundin zu üben. Zum Schluß verabschiedet er sich von mir in heiterer Stimmung und wünscht mir alles Gute für die bevorstehende Operation, wobei er mir auch noch einige wohlgemeinte Erfahrungen von seiner früheren Archillessehnenoperation mit auf den Weg gibt. Das Übertragungsgeschehen dieser Sitzung ist durch die Suche nach einem »väterlichen« Rückhalt in der Entwicklung seiner männlichen Identität gekennzeichnet. Ich unterstütze ihn in seinen Bemühungen, der Mann zu werden, der er ist. Es ist berührend mitzuerleben, wie er am Ende der Sitzung seine Position selber umwandelt, indem er nunmehr mich mit freundschaftlichen Ratschlägen unterstützt.

4.2 Spezielle Behandlungsprinzipien

4.2.1 *Die Selbstbehinderung wird fokussiert und Entwicklungsproben werden bereitgestellt*

Wegen der fundierenden und strukturierenden Funktion leiblicher Ausdrucksbewegungen ist es für den Therapeuten verhältnismäßig leicht, die Stelle im therapeutischen Wirkungsgeschehen zu spüren, an der die Selbstbewegung des Patienten in einen Engpaß gerät, der beängstigende Formenwandel vermieden werden soll und sich sein neurotisches Bewegungsmuster zu reinszenieren droht. Genau an dieser Stelle tut sich die Schere zwischen der Selbstbewegung des Patienten und der Mit-Bewegung des Therapeuten auf. Hier würde der therapeutische Dialog entgleisen, wenn nicht der Therapeut diesen Moment fest-stellt und fest-hält, damit in der Zerdehnung des Augenblicks die Tendenzen, die unbewußt mit im Spiel sind, ihren Ausdruck finden. Es ist auch die Stelle, an der sich der Therapeut dem eingeschränkten Bewegungsmuster des Patienten verweigert, quasi seine »direkte« Empathie zugunsten einer »indirekten« Empathie aufgibt, indem er stellvertretend für den Patienten die induzierte Erlebniseinheit weiterführt. Deswegen markiert der Engpaß in der Selbstbewegung den Moment einer sinnvollen Intervention. Sie sollte auf die vom Patienten aktualisierte und deswegen ganzheitlich wahrnehmbare Bewegungshemmung sowie auf die sich darin ebenfalls herausbildenden Bewegungsansätze bezogen sein. Der Therapeut fokussiert diese Stelle und ermöglicht es dem Patienten, mit Hilfe von Bewegungs- oder Entwicklungsproben die Selbstbehinderung wahrzunehmen und neue Bewegungsspielräume zu erproben.

Das läßt sich am Beispiel des auf S. 62 ff. beschriebenen Patienten gut verdeutlichen. Sein verbaler Bericht enthält in den leiblichen Ausdrucksformen eine offenkundige Dramaturgie. Der leibdramatische Höhepunkt seines Handlungsdialoges – im Badezimmer wie auch im Therapiezimmer – weist genau auf den Punkt hin, an der er in seiner Entwicklung nicht weitergekommen ist. Genau hier könnte der Wendepunkt seines Lebensstils liegen. Indem er

die Unterarme herunterfallen läßt, die Augen schließt, den Atem anhält, indem er schluckt, den Körper zusammenzieht und den Bauch verspannt, verkörpert er sein individuelles Bewegungsgesetz. Er fühlt sich immer wieder gezwungen, seine unerledigte Not- und Konfliktlage aufzusuchen. Gleichzeitig schreckt er aber vor den damit verbundenen psychologischen Konsequenzen zurück. Der furchtbare Höhepunkt des Beziehungsproblems ist gerade der fruchtbare Moment im Therapieprozeß, insofern sich auch hier der mögliche Wendepunkt für Veränderungen herausbildet. Blothner spricht in Anlehnung an Freud von einem »Drehpunkt« der Behandlung, wo die Überlebensstrategie des Patienten Wirklichkeit wird. Dadurch wird es möglich, »im Feld der Störung selbst zu operieren« und den Patienten dabei zu unterstützen, seinen charakteristischen Bewegungsmodus, sein Lebenswerk, »in eine entwicklungsfördernde Drehung« zu bringen (Blothner 1992, S.59). Förderlich sind alle Interventionen, die diese ausgeklammerten Bewegungsmomente aus dem Vollzug der Selbst- und Mit-Bewegung heraus zu beleben, zu verstehen und zu integrieren helfen.
Im Verlauf der Therapie habe ich dem beschriebenen Patienten angeboten, folgendes auszuprobieren: sich mit dem Rücken vor die Wand zu hocken, so daß Unter- und Oberschenkel etwa einen rechten Winkel bilden, und beide Arme auszustrecken. Meine Intervention dabei war, ihm einen basalen Zugang zu seinem Bedürfnis nach Kontakt und seiner gleichzeitigen Angst davor zu ermöglichen. Die dabei gewonnenen Erfahrungen waren dem Patienten so wichtig geworden, daß er immer wieder im Laufe seiner Analyse auf sie zu sprechen kam. Da ich dazu keine eigenen Aufzeichnungen gemacht habe, möchte ich hier die stichwortartigen Notizen des Patienten, die er mir zur Verfügung gestellt hat, zitieren. Sie sprechen für sich, wenn man weiß, daß er sich in dieser Zeit mit seiner langjährigen Freundin H. in einer ernsten Beziehungskrise befand und sie plante, sich von ihm zu trennen.

»Experiment: Hocke, Arme ausgestreckt, vor der Wand. Trauergefühl, dann Vibrieren im Körper; konnte mich darauf einlassen, bremste nicht, ›Prozeß floß‹ egal, ob ich von (erwarteter) Trauer mitgerissen würde. Schmerz (Bauchgegend) und Trauer; plötzlich, ganz unerwartet brach ›et-

was‹ durch – aus mir heraus; tiefe Verzweiflung und aus dem ›Bauch‹ (Inneren) brach eine Stimme, die in tiefer Erschütterung sagte: ›Ich brauche dich, H.‹ Ich war tief erschüttert bis ins tiefste Innere, ich war als ›Ganzes‹ erfaßt, diese Erkenntnis war ein Teil meiner selbst (meines Selbst). Längeres, schluchzendes Weinen.
Ich habe wohl zum ersten Mal zugelassen, daß ich jemanden brauche. Danach war es, als ob die Wand zwischen mir und H. weg sei; paradox: durch Zulassen der Erfahrung des Angewiesenseins gewann ich Freiheit, Autonomie (... wurde ich befreit). Danach offen für Beziehung, auch gegenüber Trennungstendenzen. Meine Wandlung teilte sich im Kontakt zu H. mit, vielleicht war es jetzt erst möglich, daß sie meine Liebe spüren konnte. Vorher war da eine Wand der scheinbaren Autonomie, Unabhängigkeit.«

Wie richtig er mit seiner Einschätzung lag, zeigt seine weitere Entwicklung. Die Beziehung stabilisierte sich und erhielt von beiden Seiten eine positive Perspektive. Mittlerweile sind sie seit mehreren Jahren verheiratet, haben zwei Kinder und fühlen sich wohl miteinander.
Die therapeutische Arbeit ist an dieser Stelle mit der künstlerischen vergleichbar. Das läßt sich z.B. an den Bildern von Edward Hopper verdeutlichen. So macht Salber (1992, S. 70 ff.) die Wirkung der Bilder von Hopper verständlich aus dem »Stillstand eines Augenblicks«, der eine »ungeheure Vielfalt von Entwicklungen, Bewegungstendenzen, Brechungen in Spannung« setzt. »Am Still-Gehaltenen wird spürbar, was alles in Bewegung ist.« Wir sind gespannt, ob es nun nach einem sich geschichtlich wiederholenden Schema weitergeht oder ob wir in das Unvorhersehbare von Verwandlungen hineinkommen. Wie Hopper rückt auch der Therapeut durch Feststellen des Augenblicks eine Grundspannung zwischen dem Bewahren vertrauter Sicherungen und dem Riskieren von Auflösung und Umwandlung ins Bild (Salber 1992, S. 70 ff.). In dieser Polarität von Erhaltung und Entfaltung läßt sich die Grundspannung menschlicher Individuation wiederfinden (Antoch 1985, S. 12 ff.; Heisterkamp 1991c, S. 31 ff.).

Hier könnte »eine grob schematische und rudimentäre Aufzählung des Repertoires an Körpertechniken«, wie sie Peter anbietet, aufschlußreich sein:

»a) der Patient selber tut etwas, wozu wir ihn verbal eingeladen oder angewiesen haben. Tun steht hier für körperliche Aktivität im weitesten Sinne: eine Dehn- oder Streßübung ausführen, einen Ausdruck verstärken, auf die Atmung achten, einen Ton von sich geben, auf etwas einschlagen, mit Schwerkraft und Gleichgewicht experimentieren, wiederholtes Zusammenziehen und Loslassen einer verspannten Körperstelle, sich mit seinem Aussehen konfrontieren, Fokussieren der Körperwahrnehmung und aktives Erspüren, Erproben ungewohnter Stellungen und Haltungen, Aufdecken und Überwinden von Vermeidungen im Körperbereich, usf. Wo nötig, stellen wir Hilfsmittel zur Verfügung: Matratze, Polster, Tücher zum Zudecken, zum Sichverstecken, Tücher zum Auswringen, Zerren, Zerreißen und Draufbeißen, einen Spiegel, Lowens berühmten Atemschemel und seinen Tennisschläger, Bälle, Stäbe und Rollen für Gleichgewichtsarbeiten und dergleichen. Natürlich sind die Körpertechniken dieser ersten Gruppe nicht minder interaktionell und übertragungsrelevant als die nun folgenden, bei denen Patient und Therapeut in Körperkontakt sind. Charakteristische Beispiele für die erste Gruppe sind Atemübungen und Grounding, das aktive Bewirken eines intensiven Gefühls, auf den eigenen Füßen zu stehen.

b) Wir tun etwas mit dem Patienten: anschauen, wegschauen, berühren, halten, führen, betasten, lockerschütteln, pressen, massieren, in Streßhaltungen bringen u.ä. Viele dieser Interventionen geschehen am liegenden Patienten und werden durch ihre regressive Qualität noch potenziert. Auch hier wird gelegentlich mit den erwähnten Hilfsmitteln gearbeitet. Ein typisches Beispiel: Ich folge mit der Hand auf dem Brustbein den gehemmten Atembewegungen meines Klienten und bewirke durch die Berührung als solche eine allmähliche Lockerung der Verspannung. Zudem ermögliche ich ihm durch eine minimale Verzögerung des Mitgehens vor der Einatmung, daß er tiefer auszuatmen wagt und angstbedingte Zwerchfellkontraktion lösen kann.

c) Wir lassen den Patienten etwas mit uns tun: uns anschauen, sich vor uns zeigen, uns berühren, betasten, erforschen, sich anlehnen, abstützen, anklammern, sich annähern, sich abwenden, uns fortstoßen, unseren Widerstand erfahren, sich messen, sich mit uns konfrontieren etc. Wir stellen uns also dem Patienten mit unserer Körperlichkeit zur Verfügung. Das ist nicht gleichbedeutend mit dem Therapeuten als Realobjekt;vielmehr kann es für den Patienten von entscheidender Bedeutung sein, daß er innerhalb der Übertragung die Möglichkeit zu gewissen Realitätserfahrungen erlebt. Der ganze Therapieprozeß kann dadurch an Tiefe und Authentizität gewinnen. Und natürlich verlangen auch hier die Grenzen zu kontraproduktivem Acting Out besondere Beachtung« (Peter 1989, S. 17 f.).

Am Ende dieser Aufzählungen möchte ich mit Peter darauf hinweisen, daß das Benennen dieser Probehandlungen in keiner Weise die vielfältigen kreativen Ausgestaltungen dieser scheinbar einfachen Handlungen ausdrücken kann. Sie sind leibhafte Medien des schöpferischen Selbstausdrucks. Der Leser gewinnt eine Ahnung davon, wenn er sich das komplexe Geschehen, das sich aus einer einfachen Erprobung entwickelt, anhand der bisherigen Beispiele vor Augen führt und dabei bedenkt, wie dieselbe Bereitstellung bei verschiedenen Personen unterschiedliche Komplexe wachrufen kann. Es handelt sich also nicht um »Aufgaben« oder »Übungen«, sondern um Medien der aktiven Imagination. Im therapeutisch geschützten und reflektierten Rahmen kann der eigene Lebensstil auf die Probe gestellt, können seine Entwicklungsgrenzen und Entwicklungschancen ausgelotet werden (Salber 1989, Salber und Rascher 1986).

4.2.2 *Bewegungsbilder deuten sich an*

Wenn der Therapeut Ausdrucksbewegungen und leib- sowie bewegungsnahe Redewendungen des Patienten in entsprechende Deutungsbilder zu bringen lernt, tauchen unter regressiver Perspektive immer wieder die modellhaften Situationen der Kindheit auf, die aus beziehungsanalytischer Sicht die aktuellen Wirkungszusammenhänge zwischen Patient und Therapeut bzw. zwischen Patienten und Umwelt prototypisch aufschlüsseln. Sie erreichen den Patienten in einer »Tiefenschicht« oder auf einer »Regressionsebene«, die jenseits seiner erwachsenen Sprachsymbole liegen. Die

Anschauungslogik dieser Bilder, die umfassende Vereinheitlichung einer komplexen Fülle von Momenten, die simultane Erfassung eines sukzessiven Geschehens und dessen exemplarischer Sinngehalt ermöglichen dem Patienten und dem Therapeuten, das komplexe Wirkungsgeschehen nach Grundmustern zu strukturieren:

- wenn Kiefer- und Mundbewegungen Erfahrungen des Gestillt- und Abgestilltwerdens sowie der Umstellung auf feste Nahrung wachrufen und sich dabei die aktuelle Beißhemmung und Trennungsangst wie die verhaltene Wut aufschlüsseln;
- wenn die rhythmischen Schaukelbewegungen von Patienten, die wie das Bild eines hospitalisierten Kindes anmuten, frühe Gefühle der Verlorenheit wiederbeleben und derzeitige Sicherungen unmittelbar verständlich werden lassen;
- wenn sich im Wegsehen und Hinsehen, im Abwenden und Hinwenden, im Einschlafen und Wachwerden die unerledigten Probleme der Phase der Wiederannäherung reinszenieren;
- wenn sich im Ausreichen und Zurückhalten, im Ausdehnen und Zusammenziehen, im Ausatmen und Einatmen das typische Bezogensein herausbildet;
- wenn sich in den leiblichen Imaginationen bedeutsame Situationen auf dem Wickeltisch herausgestalten, welche die momentanen Beziehungsstörungen schlagartig einsichtig werden lassen;
- wenn sich im Zucken der Arme und Beine aggressive und expansive Tendenzen andeuten und ausgestalten wollen;
- wenn sich der Patient krümmt und windet, als müsse er sich von äußeren und/oder inneren Fesseln befreien;
- wenn er sich mit seinen Fingern, Händen oder Füßen selber berührt, als würden sie die zärtlichen oder strafenden Gesten der Bezugspersonen nachbilden;
- wenn er mit verspanntem Nacken den Kopf hebt, als müsse er sich mühsam über Wasser halten oder dem Fall ins Bodenlose entgegenwirken;
- wenn er seine Knie durchdrückt, um die Unsicherheiten seines eigenen Standpunktes zu kompensieren; usw.

Bei der Herausstellung von Bewegungsbildern leiten den Therapeuten insbesondere die organismischen Gegenübertragungsreaktionen:

– wenn er merkt, wie sich seine Atmung immer mehr verflacht und er an der Selbsteinschränkung des Patienten unmittelbar teilhat;
– wenn sich sein Kopfdruck erhöht und er feststellt, wie er in ein Migränewerk hineingezogen werden soll;
– wenn er müde und schläfrig wird;
– wenn sich seine Kehle verschließt und er Würgereize verspürt;
– wenn sich sein Magen verkrampft oder er etwas wie einen Schlag in die Magengegend verspürt;
– wenn er heftige Impulse zu schreien, aufzuspringen, zu schlagen oder zu treten verspürt;
– wenn sein Herz lauter zu pochen, zu rasen oder zu schmerzen beginnt;
– wenn er sich genital erregt fühlt oder nichts dergleichen spürt, wo es zu erwarten wäre; usw.

Meinen bisherigen Überlegungen möchte ich zwei Beispiele anfügen. Bei dem einen wird ein aktuell wirksames Beziehungsmuster herausgestellt, das nachträglich seine biographische Bedeutung gewinnt. Beim anderen Beispiel wird die aktuelle Beziehung über ein frühes Entwicklungsbild, das sich mir aufdrängte, tiefer verständlich.

Der folgende Therapieausschnitt bezieht sich auf einen rigide strukturierten Patienten, zu dessen psychosomatischen Beschwerden u.a. eine große Krankheitsanfälligkeit im Hals-, Nasen- und Rachenbereich gehörte. Eine längere Zeit hatte ich große Schwierigkeiten, meine Gegenübertragungsgefühle und -empfindungen zuzulassen, zu halten und therapeutisch umzuwandeln. Da ich den Patienten in der Analyse liebgewonnen hatte, tat es mir leid, ihn emotional nicht zu erreichen. Ich wurde auch ärgerlich auf ihn, weil er keinen Kontakt zuzulassen schien und kein Deutungsangebot, das ich ihm machte, stehenlassen oder gar akzeptieren konnte. Besonders belastend war es, daß er sich, während er sich formal an die Assoziationsregel anpaßte, mit einem Wust von intellektualisierenden Überlegungen umgab, den ich immer wieder vergeblich verstehend aufzulösen versuchte. Das Kommunikationsmuster wurde auch nicht wesentlich erträglicher, als seine gedrechselten Redewendungen als Schutz gegen die Gefahr, daß ihm jemand »über den Mund fährt«, sowie als Versuch, den anderen verbal zu umgarnen, deutlich wurden. Ich fühlte mich nach wie vor in einer

Situation, in der ich ihn nicht erreichen konnte, während er sich wie ein Hammerwerfer zu drehen schien und mit der Gewalt seiner Worte den Raum um sich zum gefährlichen Sperrgebiet machte.
Erschwerend kam noch eine Gegenübertragungsempfindung hinzu, die mich zunächst verunsicherte und mir nicht erklärlich war: Wenn eine seiner Gedankenreihen zu Ende gekommen schien und ich eine fokussierende oder klarifizierende Äußerung tun wollte, holte er genau in diesem Moment, in dem ich für eine verbale Intervention Luft holen wollte, erneut zu einer ausschweifenden Gedankenbewegung aus, so daß ich schlucken und schweigen mußte. In manchen Stunden wiederholte sich das so oft, daß ich es immer unerträglicher fand und deutliche Würgereize im Hals verspürte. Über das Bild eines abgewürgten Handlungsimpulses fand sich eine plausible Erklärung in einer frühen Kindheitserinnerung, die ihm aufgrund meiner Deutung einfiel. Er schilderte eine frühe Modellsituation, die seine primäre Not aufschlüsselte und sein aktuelles Verhalten als Wendung vom Passiven ins Aktive deutlich werden ließ: Seine Mutter hält ihn auf ihrem Schoß fest, quetscht ihn mit der linken Hand an ihren Körper und stopft, ob er will oder nicht, einen Löffel voller Essen nach dem anderen in seinen Rachen. Er muß schlucken und schlucken bis zum Erbrechen. Tradiert wurde dieses Ritual in einer Familienanekdote als Notfallmaßnahme, weil er bei seiner Geburt unterernährt gewesen war. Er selber erlebte dieses Ritual mehr als eine caritativ verbrämte Form der Vergewaltigung. Er hatte erstmals nach einer schweren Sturzverletzung mit dem Fahrrad zu ahnen begonnen, wie »erpresserisch und vorwurfsvoll« die Sorge der Mutter um ihn gewesen sei. Der Taxifahrer, der ihn ins Krankenhaus fuhr, habe ihm mehr Mitgefühl entgegengebracht als seine Mutter, die sich währenddessen über ihn entrüstete, daß er nicht auf sie gehört hatte und die schwere Verletzung als Folge seines Ungehorsams brandmarkte. Angesichts seiner Früherfahrungen wurde es verständlich, daß er sich nicht auf eine so intensive und intime Begegnung wie die analytische Beziehung einzulassen wagte, weil sie alle die Ängste und Widerfahrnisse wiederzubeleben drohte. Nachdem diese Szene sowie unsere Beziehung und analoge Erfahrungen bearbeitet worden waren, wurde unsere Kommunikation deutlich beweglicher.
Viele Mißverständnisse zur Frage der Körperarbeit in der analytischen Psychotherapie rühren von einer gebräuchlichen Metapher her, die sich am Modell einer russischen Matrioschkapuppe orientiert: Man tut so, als »stecke« im Erwachsenen noch ein kleines Kind. Spricht man »vom Kind im Erwachsenen«, nehme man den Erwachsenen nicht ernst; geht man auf den Erwachsenen ein,

übersehe man »das Kind in ihm«. Der »Gegenstand« der analytischen Arbeit ist nicht die kindliche oder erwachsene Person als solche, sondern das individuelle Bewegungsmuster des betreffenden Menschen. In den aktuellen Beziehungserfahrungen von erwachsenen Menschen sind oft frühe Muster wirksam, deren Verwirklichung im Hier und Jetzt mit Leid und Schwierigkeiten verbunden sind. Diese, die aktuelle Selbstbewegung unbewußt durchformenden Strukturen sind für die Therapie relevant.

Lange wurde das therapeutisch Wirksame darin gesehen, diese Muster kognitiv aufzudecken, bis immer deutlicher wurde, daß die Art und Weise der Sinnerfassung die therapeutische Wirksamkeit bestimmt. Wenn wir darauf hinweisen, wie wichtig emotional getragene Einsichten, die entschlüsselnde Bedeutung von Kindheitserinnerungen und frühkindlichen Modellsituationen oder das szenische Verstehen sind, so liegt der gemeinsame Wirkfaktor in der basalen Form der Sinn- und Bedeutungserfassung. Sie ermöglicht dem Patienten, seine Selbstbehinderung auf einer Entwicklungsebene zu begreifen, auf der das Sinnkontinuum seiner Individuation verlorengegangen ist. Ohne Bezug auf primäre Formen des Verstehens bleiben die kognitiven – selbst wenn sie völlig richtig sind – oft erlebnismäßig leer und psychotherapeutisch unwirksam. Es folgt ein Beispiel eines etwa 40jährigen Patienten, der erst über ein präverbales Spielmuster die Nachwirkungen früherer Entbehrungen bis in sein gegenwärtiges Leben hinein erlebnismäßig orten und leiblich begreifen konnte.

Der Patient überläßt sich einer ganzen Reihe von Einfällen: Er spricht von der Angst, von seiner Frau vereinnahmt zu werden, die besonders während des Urlaubs aktualisiert wurde. Am liebsten hätte er mich in den Urlaub mitgenommen. Ich hätte dann so eine Art Vaterrolle gehabt, um ihn vor diesem Vereinnahmen und dem Verschmelzen zu schützen. Er gerate bereits am Telefon, wenn er mit seiner Mutter spreche, in eine solche eigenartige Verbindung. Dabei beschleiche ihn ein Gefühl von Auflösung. Beim letzten Gespräch hätten sie zuerst gescherzt. Das sei noch angenehm gewesen bis zu dem Moment, an dem seine Konturen richtiggehend zu zerfließen drohten. Ich ergänze, daß es fast so wie im Zustand des Verliebtseins sei. Er stimmt dem in gewissem Sinne zu. Er habe auch Angst vor dem am nächsten Tag anstehenden Besuch bei seiner Mutter. Der Vater sei nicht da und die Oma gehe ohnehin schon sehr früh ins Bett. Er

habe es viel lieber, wenn der Vater dabei sei. Nach der ersten halben Stunde, wenn der Small talk beendet sei, geschehe es dann, daß er sich irgendwie in ihrer Gegenwart verliere. Dann wolle er am liebsten sofort weg. Er habe aber dann das Gefühl, nicht von der Mutter wegzukommen.
Während des Urlaubs habe er geträumt, daß er zurück in die Schule könne. Die Schule sei für ihn eine schöne familiäre Zeit gewesen, in der er sehr viel Spaß gehabt, viel gespielt und sehr viel Freude mit den Mitschülern erlebt habe. Das Lernen sei ein notwendiges Übel gewesen. Nach dem Aufwachen sei er sehr traurig gewesen, als er wieder in sein erwachsenes Leben zurück gemußt habe.
Wir stellen erneut fest, wie sehr er seiner Kindheit nachtrauert und wie viele Mechanismen er entwickelt hat, um das Unmögliche doch noch möglich zu machen, nämlich seine Entwicklung einfach an- und festzuhalten. Während er die für ihn schwierige Situation bei seiner Mutter schildert, bemerke ich, daß das, was er sagen will, verbal nicht so richtig faßbar wird, und ich frage ihn, ob er den Dialog mit der Mutter einmal mit verteilten Rollen spielen wolle. Er setzt sich auf die Couch. Der Mutter rückt er einen Sessel zurecht. Die gespielte Szene wirkt gestellt und unklar. Es gelingt ihm nicht, den Dialog nachzuspielen. Er ist unzufrieden mit seinem Spiel. Das Beziehungsgefüge ist für mich während des Gespräches nur ansatzweise zu erahnen. Als er andeutungsweise beginnt, die Hände gegeneinander zu schlagen, fällt mir bei dieser Ausdrucksbewegung sofort das Backe-Backe-Kuchen-Spiel ein, das Kinder im zweiten Lebensjahr so gern spielen. Als ich merke, wie der verbale Dialog zwischen ihm und seiner Mutter und auch unser nachträglicher Austausch darüber versandet, mache ich ihm den Vorschlag, mich auf den Stuhl der Mutter zu setzen und diese Bewegung, die ich bei ihm gesehen hätte, einfach einmal mitzumachen. Ich spreche dabei noch nicht vom »Backe-Backe-Kuchen«, sondern imitiere die Handbewegung.
Schon bei meinem Vorschlag ist er sich sicher, daß ihm das vorgeschlagene Spiel eine besondere Freude bereiten werde. Er wundert sich über die Eindeutigkeit des Gefühls, ohne daß er es zunächst verstehen kann. Bei der Durchführung erlebt er dann noch eine verblüffende Steigerung seiner Freude und danach, was er vorher nie geahnt hätte, eine aus seinem tiefsten Innern aufsteigende intensive Traurigkeit darüber, daß so etwas nicht mehr gehe, daß das alles vorbei sei. Schließlich merkt er, daß er sich über solche infantilen Gefühle, also über so viel »verbliebene Kindlichkeit« (Fürstenau 1977, S. 848)) schämt. Ich fühle mich hier auch in die Scham des Erwachsenen ein, der bei sich kindliche Bedürfnisse entdeckt. Wenn ich diese Regungen als vernachlässigte und desintegrierte, von der Weiterentwicklung ausgeklammerte Bedürfnisse artikuliere, können Pati-

enten sie sehr gut annehmen. Im weiteren Verlauf lassen sich seine Abhängigkeitstendenzen mit seinen aktuellen sexuellen Schwierigkeiten verbinden: Wenn er sich z.B. von seiner ihn begehrenden Frau immer wieder vereinnahmt fühlt.

Wir halten fest, wie sich ein kindliches Bedürfnis nach Resonanz und Spiegelung bis heute gehalten hat, das ihm offenbar noch wichtiger ist als sexueller Kontakt. Er erinnert sich weiter an die Zeit bei seiner Oma und an die traumatische Trennung von ihr durch die Eltern, die nicht merkten, wie sehr er inzwischen eine primäre Bindung zu seiner Großmutter entwickelt hatte. Bisher konnte er sich überhaupt nicht an die Zeit vor dem vierten Lebensjahr erinnern, schon gar nicht an die beiden ersten Lebensjahre bei der Großmutter. Bei ihr habe er »herumspielen, herummachen, herummatschen« dürfen und sei nicht immer, wie bei seiner Mutter, unterbrochen worden. »Während die Oma kochte, schaute sie hin und wieder wohlwollend auf mich, sie ließ mich sein, wie ich wollte, sie sagte hin und wieder was, sie erklärte mir z. B. beim Kuchenbacken, was sie machte und gab mir Antwort, und so entstand eine wunderschöne Situation.«

Dann ist er überrascht, weil ihm einfällt, daß er im Urlaub in einem Buch von Heinz Kohut (1979) über Spiegelung und Resonanz gelesen und sich dabei Situationen mit der Oma vorgestellt hat: Er habe gespielt und sie habe ihm wohlwollend zugeschaut. Vielleicht habe sie sogar Spaß an dem gehabt, was er gemacht habe und möglicherweise auch mit ihm Backe-Backe-Kuchen gespielt. Während ich noch auf dem »Mutterstuhl« sitze, taucht bei ihm das komische Gefühl auf, daß er jetzt nicht mehr wisse, was zu tun sei. Ich frage ihn, ob er jetzt in Gefahr gerate, sich selbst zu verlieren. Ja, das könne sein. Was ihn hindere wegzugehen? Seine Angst- und Schuldgefühle. Seine Mutter habe immer ängstlich reagiert, wenn er sich von ihr entfernt habe: »Tu das, tu jenes nicht.« Sie habe in ständiger Angst gelebt, es könne ihm irgendetwas passieren. Seine Lösungsversuche konnten von der Mutter nicht durch Entwicklungshilfen unterstützt werden.

Das operative Verstehen macht hier einen Fixpunkt seiner Entwicklung deutlich. In dem unbewußten Wunsch nach kindlicher Spiegelung und Unterstützung hält er an der Mutter fest, wagt die Trennung aus Angst und Schuldgefühlen nicht. Nach dieser verbalen Bearbeitung schlage ich vor, daß ich mich wieder auf meinen Sessel setze und er einmal beobachten könne, wie es ihm dabei gehe. Ich tue das, und er ist erstaunt, wie ihn das erleichtert. Er spüre geradezu körperlich, wie er wieder zu sich komme. Ihm wird daran deutlich, wie sehr ihm derartige Entwicklungs- und Individuationshilfen gefehlt haben und wie sehr er sie noch heute von seinen Bezugspersonen erwarte und damit selber an seiner Kindposition festhalte, in der er die anderen (z.B. seine Frau, seine Eltern, Freunde oder mich) auch fürchte. Der psycho-logische Zusammenhang wird evident: Über die Suche nach fürsorglicher Unterstützung handelt er sich gleichzeitig die Angst vor Vereinnahmung ein.

4.2.3 *Bedeutsame Handlungsentwürfe werden in der Phantasie durchgespielt*

Oft implizieren Ausdrucksbewegungen bereits eine Probehandlung. So fiel mir bei der Patientin, die während der Therapiestunde Kaubewegungen machte, ein, daß sich vielleicht ihre tiefere Bedeutung offenbaren könnte, wenn sie willentlich und, ohne dabei zu sprechen, für eine längere Zeit nur diese Bewegungen ausführen würde. Bei Männern, die im Genitalbereich eine Fragmentierung erleben und sich deswegen z.B. des öfteren die Hand auf den Penis legen, wie um sich seiner fragwürdigen Existenz zu vergewissern bzw. ihn vor Angriffen zu schützen, schlage ich zur Validierung ihrer Geschlechtlichkeit oft vor, meine Hand auf ihre den Penis bedeckende Hand zu legen. Dieses Beispiel ist durch seine Ungewöhnlichkeit besonders gut geeignet, den Nutzen vorgestellter oder vorphantasierter Handlungsproben zu demonstrieren.

Zunächst wirkt dieses Angebot, insbesondere wenn es noch erläutert wird, wie eine bildhafte Deutung. Darüber hinaus regt es zu einem fokussierten »Assoziieren« an. Der Patient antwortet darauf, indem er das Deutungsbild in seiner Weise ausmalt und modifiziert. In der vorgestellten Entwicklungsprobe vertieft sich das Geschehen. Ich weiß aus vielen Einzel- und Gruppenanalysen, daß allein der Vorschlag viele Männer in einer tieferen Dimension ihres Erlebens anspricht, als wenn ich die psychodynamischen Zusammenhänge nur sprachlich formuliert hätte. Es wird eine Fülle von hochbedeutsamen Phantasien und Erinnerungen belebt.

Manchmal erübrigt sich im anschließenden therapeutischen Dialog eine Ausführung, und es reicht dem Patienten allein das mentale Durchspielen. Im Austausch über die bildhafte Deutung kläre ich ab, ob der Patient die vorgeschlagene Handlungsprobe durchführen möchte. Mit ausschlaggebend dabei ist z.B., wie er mit der Vorstellung umgeht. Hin und wieder ist es gerade sinnvoll, eine

Probehandlung nicht durchzuführen. Die personcharakteristische Bedeutungen in der Einleitungsphase bestimmen das weitere Geschehen.

Ich denke hier an einen Patienten mit präverbalen Störungsanteilen, für den das Nichtausführen einer von mir vorgeschlagenen Probehandlung ein wichtiges Weiterkommen bedeutete. Ich hatte den Eindruck, daß es um das Thema »sich fallen lassen« ging und schlug ihm vor, sich einmal rückwärts auf eine Matratze fallen zu lassen. Er schien es zunächst ausprobieren zu wollen. Zu Beginn der Handlung veränderte er jedoch den Ablauf.

Er stellt sich so vor die Matratze, daß er sie mit den Fersen berührt. Darauf angesprochen, versteht er sein Tun als eine Form der Absicherung. Indem er sie »im Zeitlupentempo« aufgibt und zentimeterweise vorrückt, spürt er immer deutlicher seine Angst. Erinnerungen an eine Turnstunde werden wach und an die Verzweiflung, den Felgaufschwung nicht gekonnt zu haben. Er hatte ihn unter den Augen des Lehrers immer wieder probiert, sich dabei immer mehr angestrengt, um der Blamage des Scheiterns zu entgehen. Es hatte nichts genutzt, er war letztlich am Ende der Schulstunde frustriert und mit dem Gefühl eigener Unfähigkeit unglücklich zurückgeblieben. Abends im Bett war er den Übungsablauf viele Male durchgegangen und hatte dabei gespürt: In dem verzweifelten Bemühen, es unbedingt schaffen zu müssen, hatte er sich total verkrampft und den Oberkörper an die Reckstange herangezogen. Er ahnte, daß es galt, loszulassen, sich ins Leere nach hinten zu werfen, sich fallen zu lassen. In der nächsten Turnstunde versuchte er, es ganz heimlich auszuprobieren. Dabei gelang ihm zum ersten Mal der Felgaufschwung. Hier und jetzt bei der Bewegungsprobe unter meinen Augen, wird dem Patienten erstmals klar, daß er sich aus Angst vor der väterlichen Verachtung immer mehr verkrampft hatte und deshalb zunächst wiederholt gescheitert war.

Während er das sagt, guckt er weg. Es wird deutlich, daß er sich noch schämt und befürchtet, wie bei seinem Vater in meinen Augen ebenfalls Verachtung zu sehen. Seine Angst, gedemütigt und lächerlich gemacht zu werden, ist groß. Ihm fallen vernichtende Urteile seines Vaters ein. Er bringt sie so heftig heraus, daß unmittelbar deutlich wird, wie sehr er unter den Entwertungen seines Vaters gelitten hat und mit ihm als Aggressor noch identifiziert ist. Um ihn in seiner tendenziösen Wahrnehmung mit Aspekten der realen Situation zu konfrontieren, schlage ich ihm vor, mir in die Augen zu schauen und zu sagen: »Ich habe Angst, mich fallen zu lassen.« Dann sagt er in einer originären Wendung: »Ja, ich habe Angst. Ich will mir jetzt nicht wieder Gewalt antun, wie ich es in meinem ganzen bisherigen Leben immer wieder getan habe, wenn ich rücksichtslos meine Angst unterdrückt und mich verkrampft habe. Deswegen will ich das jetzt nicht machen. Ich möchte zu meiner Angst stehen.« Als er das sagt, nehme ich ein mich ganz erfassendes Gefühl der Erleichterung wahr. Auch er spürt ein intensives Strömen in seinem Körper und fühlt sich ebenfalls stark erleichtert und tief beglückt darüber, sein Handeln wieder in die eigene Verantwortung genommen und dabei die Angst vor dem vernichtenden Urteil des Vaters ausgehalten und sich davon befreit zu haben.

Ich bin ebenfalls vorsichtig, wenn der Patient im Laufe der Therapie selber vorschlägt, eine ihm bekannte Erprobung zu wiederholen bzw. eine neue durchzuführen. Wenn er sie dem Therapeuten zuliebe durchführen möchte, hat diese Überanpassung ihren eigenen Ausdruck und schafft eine neue bedeutsame Szene. Eine Handlungsprobe abzulehnen ist ebenso aufschlußreich und klärt oft die Patient-Therapeut-Beziehung. Manchmal biete ich Patienten mehrere Entwicklungsproben an. Hierzu möchte ich wieder das Beispiel aus der Behandlung der Patientin, auf die ich bereits auf S. 37 ff. und 92 ff. eingegangen bin, anführen.

Nach etwa 150 Stunden spricht die Patientin darüber, wie sie von ihrer Freundin wegen ihrer Fähigkeit, ihre Mahlzeiten zu regulieren und ihr Gewicht zu halten, beneidet und bewundert werde. Desweiteren berichtet sie, daß sie von einem Mann zu einem ihr sehr wichtigen, sie aber auch sehr ängstigenden Dienstgespräch ermutigt worden sei. Obwohl ihr das liebevoll gesagt worden und auch so gemeint gewesen sei und ihr das auch alles gut tue, spüre sie weiterhin ein Unbehagen. Was ihr fehlt, offenbart die weitere Analyse: ein Gegenüber, das auch mit ihrer Angst mitgeht.
In dieser Stunde zeigt sich, daß ihre »Fähigkeit zu kontrolliertem Essen« der Ausläufer einer anorektischen Phase während der Pubertät ist, in der sich belastende frühe Trennungserfahrungen wiederholten. In der Kindheit litt sie zudem unter einer Angstneurose, die ebenfalls bis in die Gegenwart nachwirkt. Das Gespräch mit dem mächtigen Vorgesetzten ihrer Berufsorganisation belebte die Beziehung zu ihrem Vater, die heftigen Diskussionen und Machtkämpfe mit ihm, der ihr seine Überlegenheit demonstrierte. Ich merkte, daß sie sich mehr wünscht, in ihrer Angst wahrgenommen, als für die kompensatorisch erworbenen Fähigkeiten gelobt zu werden.
Der Versuch, eine analytische Einsicht auf sprachsymbolischer Ebene zu erzielen, scheint mir bei dieser intellektuellen Frau nicht hinreichend fun-

diert. Ich habe zwei Einfälle, um diese Situation erlebnisnäher ins Bild zu rücken. Ich teile ihr zunächst meine Vermutung mit, daß sie sich in ihrer Kindheit möglicherweise oft allein gelassen gefühlt und sich nach elterlicher Unterstützung gesehnt habe. Mein Vorschlag sei, daß wir uns einmal nebeneinander stellen und ich sie an die Hand nehme. Wir könnten aber auch etwas anderes ausprobieren. Ich würde mich etwas erhöht hinsetzen, während sie sich vor mich setzen und sich mit ihrem Rücken und ihrem Kopf an die Vorderseite meines Körpers anlehnen könnte.

Nachdem sie eine Weile nachgedacht hat, antwortet sie: Spontan habe sie sich für den zweiten Vorschlag entscheiden wollen. Der habe sie sofort berührt, aber auch gleichzeitig geängstigt. Sie hatte als Mädchen unter den sexuellen Übergriffen ihres Vaters gelitten. Im Widerstreit zwischen der Sehnsucht nach diesem Halt und der Angst, in dieser Situation mißbraucht zu werden, gestaltet sie die Szene um: Sie wolle sich hinlegen und ich solle mit meinem Stuhl in Reichweite zur Couch rücken. Zwischendurch guckt sie mich scheu und ängstlich, aber auch zärtlich an. Ich habe ein liebevolles Gefühl, wie wenn ich am Bett meiner kleinen Tochter sitze und mich über das Dasein und Sosein meines Kindes freue. Ich erinnere mich, daß das eine ähnliche Situation wie die mit ihrem Vater ist, nur daß sie immer wieder entgleist ist, wenn er sie, die sich abends so sehr seine zärtliche Nähe gewünscht hatte, »so unangenehm befummelte«. Sie war dann immer zwischen Entsetzen und Sehnsucht erstarrt und blieb nach diesen schrecklichen Situationen totunglücklich zurück.

Nach einer Weile bittet sie mich, ihr meine Hand zu reichen. Sie legt ihre hinein. Ich bin sehr bewegt von der Zartheit dieser Begegnung, und auch sie ist sichtlich ergriffen. Tränen laufen ihr die Wangen hinunter. Sie spüre, wie sehr sie sich einen solchen Kontakt mit ihrem Vater immer gewünscht hat, wie wichtig es für sie sei, in ihrer Not wahrgenommen zu werden, wie tief ihre Sehnsucht nach Zärtlichkeit aus Angst vor Mißbrauch verschüttet ist und wie mißtrauisch sie gegenüber allen Annäherungen ist. In einer zarten Suchbewegung hat sie ihre Erfahrungen, Phantasien und Sehnsüchte, Enttäuschungen und Sicherungen in eine leib- und psychodramatische Szene eingebracht, die bis in unsere aktuelle Beziehung und ihr übriges Leben hineinwirken.

4.2.4 *Die Handlungsproben werden modelliert*

Das letzte Beispiel leitet über zu einem weiteren Aspekt körperpsychotherapeutischer Arbeit, der Modellierung. Dabei geht es darum, daß Patient und Therapeut die Form der Interaktion herausfinden, die der Selbstbehinderung entspricht. Dazu gehört auch, einen problem- und entwicklungsadäquaten Abstraktionsgrad auszuwählen, das heißt, die Erprobung sollte gleichzeitig konkret genug und ausreichend symbolisch sein (Moser 1989a, S. 192). Das folgende Beispiel zeigt, wie ein Patient eine Handlungsprobe so variiert, daß die Not ambivalenten Hin- und Hergerissenseins spürbar und begreifbar wird. Die neue Wahrnehmung begründet dann weiterführende und differenzierende Analysen auf sprachsymbolischer Ebene.

Herr T. spricht stöhnend über seine bevorstehende Hochzeit. Das sei ein unerträglicher Streß. Die Einladungskarten seien nicht fertig geworden. Er habe eine Horrorvorstellung davor, ein Fest zu organisieren, bei dem sich alle wohlfühlen sollen. Dabei würden sich die Eltern noch gar nicht kennen und auch überhaupt nicht zusammenpassen. Am liebsten bliebe er mit seiner Frau allein. Aber das ginge auch nicht ... Wann immer ein originärer Einfall auftaucht, schon blockiert er ihn wieder mit einem intellektualisierenden Kommentar. Meine Feststellung, daß er sich für die anderen verantwortlich fühle und sich selber darüber ganz verliere, wird ohne sonderliche Veränderung seines Verhaltens sogleich bestätigt. Er könne sich davon überhaupt nicht abgrenzen, merke aber, wie lästig ihm alles sei und er sich von allem fernhalten möchte. Er hat genügend psychologische Kenntnisse, um sein Problem gekonnt auf einen Konflikt zwischen Bindung und Lösung zurückzuführen. Während ich in meiner Mit-Bewegung spüre, wie mich alle seine Überlegungen unberührt lassen, achte ich bei diesem Thema auf nonverbale Anknüpfungspunkte, die es ermöglichen, ihn auf der Ebene anzusprechen, auf der seine Entwicklung vermutlich blockiert ist und Selbstheilungsversuche ihn bisher nicht entscheidend weitergebracht zu haben scheinen.
Währenddessen sehe ich, wie er sich mit seinem Körper wurmartig windet und die Füße aneinander reibt. Ich hebe hervor, daß es wohl sicherer für ihn sei, wenn er nur mit sich Kontakt halte. Darüber muß er laut lachen: »Mit mir selber geht alles besser.« Er lacht vielsagend und wir wissen beide, daß damit auch seine sexuellen Schwierigkeiten in der Beziehung zu seiner Frau angesprochen sind. Wenn sie etwas von ihm will, fühlt er sich oft so bedrängt, daß er »ausrasten« könnte. Dabei macht er eine Bewegung mit den Beinen, als ob er mit dem einen Fuß etwas von dem anderen Bein abstreifen wolle. Ich biete ihm an, ob er nicht einmal ausprobieren wolle, sich mit den Füßen abzugrenzen, indem er gegen die Matratze tritt. »Ach nee, nicht richtig, da wird was draus, was nicht rich-

tig paßt. Dann trete ich fest dagegen, aber das ist es nicht.« Ich verstehe, daß es nicht ein heftiges Wegstoßen sein soll. Vielleicht möchte er nur die Grenze im Kontakt spüren? Ja, das stimme. Rücken an Rücken? »Nein, das ist zu nahe!« Ob es passe, wenn ich mich ans Fußende setze und er seine Füße auf oder an meine Oberschenkel stelle. »Ja, genau, das sei passend«, lacht er, »das ist genau richtig, das ist schön.« Ich nehme meine Position ein. Er probiert vorsichtig, erst mit dem einen und dann mit dem anderen Fuß, zieht beide Füße wieder zurück und wiederholt dann den Kontakt. Ich erlebe diese Szene wie eine anrührende Symbolisierung der Wiederannäherungsthematik. Dann bleibt er längere Zeit in Körperkontakt zu mir. Er ist sehr bewegt und fängt an zu weinen. »Das ist so lebendig und so warm. Ich kann kommen und gehen.«

Ich fasse seine Füße nicht an. Das könnte ihm schon zu nah sein. Ich bin nicht sicher. Nachher frage ich ihn, und er bestätigt: »Dann hätte ich mich sofort wieder gekrallt gefühlt.« Es hat ihn tief gerührt, selber innige Nähe herstellen zu können, ohne sich dabei vereinnahmt zu fühlen. Er vermutet, daß es mir nicht lästig gewesen sei, vielleicht sogar gefallen habe. Wenn ich das jedoch bestätigen würde, dann fühlte er sich sofort wieder für meine Stimmung verantwortlich. Das würde ihn belasten und zum Rückzug veranlassen. Während der letzten Phase hat er die ganze Zeit den Fuß an meinem Oberschenkel gelassen. Nachher kommt er wieder auf seine Hochzeit zu sprechen und auf die entsprechenden Ängste, dann festgelegt und gebunden zu sein. Er wolle und wolle auch nicht. Wie bei dem Experiment, und eigentlich wolle er ja.

In beängstigenden Situationen ist es für den Patienten wichtig zu wissen, daß er nicht weitergehen muß, als es für ihn bekömmlich ist, und daß er jederzeit die Probehandlung unterbrechen oder beenden kann. Zusätzlich läßt sich ein Zeichen oder ein Wort vereinbaren, das den jeweiligen Prozeß sofort beendet. Der Therapeut kann sich zudem erkundigen, ob für den Patienten die Situation noch stimmig ist. Alle diese Interventionen unterstützen und fördern die Selbstregulation des Patienten. Sie findet ihren expliziten Ausdruck, wenn sich Patienten beängstigenden Wahrnehmungen, belastenden Erfahrungen und Konfliktspannungen in selbstdosierten, durch therapeutische Reflexion unterbrochenen Zwischenschritten annähern.

Patienten mit psychosomatischen Störungen oder Patienten mit einem sogenannten »falschen Selbst« bieten für die therapeutisch begleitete Selbstbehandlung besonders instruktive Beispiele. Bei ihnen ist die Selbstbewegung auf kognitive und/oder somatische Prozesse eingeengt. Um in unerträglicher Lebenssituation zu überleben, unterdrückten sie sehr früh ihre Selbstbewegungen und opferten ihre eigene Lebendigkeit fremden Setzungen. Im Verlauf der Therapie bilden sich in der Interaktion zwischen Patient und Therapeut leibdramatische Szenen heraus, die als typische Wendepunkte im Prozeß der Wiederbelebung abgespaltener Selbstbewegungen angesehen werden können: Wenn ich dem Patienten z.B. die Hand auf den Bauch lege und sich daraufhin sein Magen verkrampft, sich ein Brechreiz einstellt, er in Erstickungsnot gerät; oder wenn er sich beim Atmen in eine Hyperventilation hineinbewegt, ihm schwindelig wird, er befürchtet, ohnmächtig zu werden; wenn bestimmte Stellen des Körpers energetisch sehr stark aufgeladen werden usw.; dann befinden wir uns in lebensstiltypischen Situationen des Patienten, in denen sich die Erweiterung der eingeschränkten Selbstbewegung organismisch ankündigt.

Die häufig abrupte Einschränkung und Verlagerung des Prozesses wird dem Patienten sehr schnell als »organismische Notbremse« verständlich. Der Körperpsychotherapeut weiß, daß es sich bei diesen Empfindungen um leibliche Alarmzeichen handelt, die den Patienten vor den andrängenden Affekten, die ihn zu überwältigen drohen, warnen, quasi um seelische Transformationen, die die aufkommenden Emotionen neutralisieren. Es ist zunächst wichtig, daß der Therapeut diese Reaktionen des Patienten als not-wendende Selbstschutzmaßnahmen vor einer noch unbewußten, wie auch immer gearteten Bedrohung versteht. Dieses Verständnis weckt beim Patienten zumeist schon bedeutsame Erinnerungen aus Gegenwart und Vergangenheit. Der nächste Schritt besteht darin zu klären, ob der Patient sich diesen Bedrohungen, denen er sich früher allein und hilflos ausgeliefert fühlte, nunmehr im Schutze des therapeutischen Settings und in Begleitung des Therapeuten noch einmal nähern möchte, und zwar so weit, wie er es selber als erträglich erlebt. Wenn der Patient einwilligen kann, beginnt eine Phase der Annäherung, Wiederbelebung und Bearbeitung frühester Erfahrungen und Widerfahrnisse.

Um Mißverständnissen vorzubeugen: Dies bedeutet kein reales Zurückkehren zu den Traumen der Vergangenheit, so als ob das

»Rad der Geschichte« zurückgedreht werden könnte. Es werden statt dessen die aufgrund früher traumatisierender Erfahrungen eingeschränkten, noch unbewußt nachwirkenden Sicherungen, die sich im Hier und Jetzt der Selbstbewegung ausformen, leiblich herausgebildet. Indem die verdrängten Momente der Selbstbewegung wiederbelebt werden, tauchen auch die diesem aktuellen Erleben entsprechenden Kindheitserinnerungen auf, und zwar als Re-produktionen aus der jeweiligen aktuellen Verfassung.

Zur weiteren Veranschaulichung greife ich auf das Beispiel eines Analysanden zurück, bei dem durch eine vorausgegangene Analyse nicht mehr so viele Zwischenschritte wie gewöhnlich erforderlich waren. Das Beispiel möchte ich besonders deswegen erwähnen, weil ich mit diesem Analysanden bereits früher gearbeitet habe, als ich die Körperarbeit noch nicht in die Analyse einbezog. Einen Ausschnitt aus dieser Therapie, in der bereits das chronische Erbrechen aus seiner Kindheit zum Thema geworden war, hatte ich in einer früheren Veröffentlichung vorgestellt, um zu zeigen, wie durch ein kontinuierliches einfühlendes Verstehen der Prozeß rückkehrenden Erinnerns und affektiven Wiederbelebens gefördert werden kann (Heisterkamp 1984).

Es scheint mir nun besonders interessant, wie sich durch die spätere Teilnahme an einer leibfundierten Selbsterfahrungsgruppe der analytische Prozeß vertiefte und Einschränkungen der Selbstbewegung auch nach der längst überstandenen »somatischen« Erkrankung noch wirksam waren, da sie offenbar in der vorausgegangenen Analyse noch nicht ausreichend bearbeitet werden konnten.

Seine psychische Verfassung vor Beginn der zu berichtenden Körperarbeit war durch einen plötzlichen Stimmungsumschwung von einer als glücklich erlebten Lebensphase, die sich besonders in lustvollen Beziehungserfahrungen mit seiner Frau ausdrückte, in eine depressive Verfassung mit Todesängsten gekennzeichnet. Ausgelöst wurde diese Verfassung durch eine Dokumentation im Fernsehen, in der gezeigt wurde, wie Menschen infolge eines Zeckenbisses an Hirnhautentzündung erkranken und daran sterben. Seit dieser Sendung kreisten seine Ängste ständig um eine eventuelle lebensbedrohliche Krankheit, da er selbst schon einmal von einer Zecke gebissen worden war.

So fühlte er sich, als er sich zum ersten Mal über den Atemschemel legt. Zunächst vertieft sich sein Atem kurz, bleibt aber dann sehr verhalten. Die Atembewegung wird durch Verkrampfungen des Zwerchfells und des Bauches behindert. Plötzlich verzieht er sein Gesicht und erhebt sich ziemlich abrupt mit den Worten: »Ich habe genau das Kotzgefühl wieder wie in der Kindheit, das ist ganz widerlich!« Ich schlage ihm vor, sich diesem Kotzgefühl so weit, wie es ihm im Moment möglich sei, zu nähern und gegebenenfalls realiter alles zu erbrechen. Wir stellen zur Sicherheit einen Eimer bereit, und ich gebe ihm die verbale Hilfe, es zu versuchen, seinen Atemwellen durch den ganzen Körper zu folgen. Desweiteren biete ich ihm eine leibhaftige Unterstützung, indem ich seinen Kopf leicht mit der Hand halte. Der Atem vertieft sich zunehmend und Energiewellen strömen – sichtbar an einem leichten Vibrieren – durch Bauch und Becken. Dabei verspürt er relativ kurz einen Würgereflex, von dem er sich offenbar nicht mehr abschrecken läßt, und unmittelbar danach gerät er, wie er nachher berichtet und aus seinem nonverbalen Ausdruck deutlich wird, genau in das entsetzliche Gefühl seiner Kindheit, einem Gemisch aus panischer Angst und schrecklicher Verlorenheit, das so schlimm gewesen sei, »daß ich mir früher am liebsten alle Haare ausgerissen hätte und am liebsten gestorben wäre«. Im nachhinein ist er sehr überrascht. Er habe nicht geahnt, daß dieses Gefühl noch in dieser Intensität in ihm lebendig gewesen sei und offenbar noch so intensiv in seine aktuelle Wirklichkeitsgestaltung hineingewirkt habe.

Die verhängnisvolle Lebensbedrohung, der er in seiner Kindheit hilflos ausgeliefert war, war offenbar noch immer latent wirksam. Durch Körperarbeit im Schutz der therapeutischen Situation wurde sie wahrnehmbar und bearbeitbar. In dem Beispiel setzt die psychosomatische Reaktion unmittelbar vor dem Erleben seiner existentiellen Angst ein. Das Erbrechen wehrt diese unerträglichen frühen Lebenserfahrungen ab. Da sie noch nicht in seelischen Formen gehalten und verarbeitet werden können, bedarf es der Weiterführung und Verarbeitung durch basale, nämlich leibliche Formen. Das Verkrampfen des Bauches ist eine somatische Notfallfunktion, mit der unerträgliche Erfahrungen doch noch zu bewältigen versucht werden. Mit seinem Erbrechen hatte er eine primitive Form der Abwehr zur notdürftigen Sicherung des Überlebens gefunden. In ihr transformiert sich sowohl seine existentielle Not als auch seine massive Wut. Im Schutz des therapeutischen Set-

tings kann er sich dem psychosomatischen Wendepunkt, an dem die Brechreizempfindungen in Fühlen umschlagen, immer mehr nähern. In diesem Moment geschieht die Transformation von der somatischen Reaktion ins seelische Erleben, die dieser Analysand, bedingt durch die analytischen Vorerfahrungen schneller als gewöhnlich – dafür aber um so leichter demonstrierbar – vollziehen konnte. Sobald die abgewehrten Gefühle wieder spürbar wurden, schlüsselten sich analoge Lebenssituationen (mit seiner Frau, mit Freunden, mit Gruppenmitgliedern und dem Therapeuten usw.) auf, in denen er sich, um nicht in eine frühe Verlorenheit zu geraten, mit Groll im Bauch, vermeintlich selbstlos, zur Verfügung stellte, um den anderen für sich verpflichten zu können.
Eine andere Form des erprobenden Umgangs mit der Selbstbewegung läßt sich in Beispielen finden, in denen der Patient von sich aus eine Probehandlung vorschlägt oder eine früher schon einmal durchgespielte wiederholen möchte. Mit solchen Vorschlägen erahnt er bereits, daß er seinen Bewegungsspielraum über diese Entwicklungsproben erweitern kann. Auch hier bot der Musiker, auf den ich in diesem Buch schon auf den Seiten 135 ff. eingehe, ein illustratives Beispiel:

Seit längerem beschäftigt uns die masochistische Komponente seiner Psychodynamik. Es scheint ihm immer bewußter zu werden, wie er versucht, mit dem grandiosen Arrangement von Opfersituationen narzißtische Gratifikationen herbeizuleiden und über die Inszenierung schreiender Ungerechtigkeiten seine frühkindlichen Reparationsforderungen einzuklagen. Nach einer langen Zeit des Durcharbeitens, auch mit körpertherapeutischen Behandlungsformen, und nachdem sich seine Verfassung deutlich gebessert hat, will er in einer Stunde noch einmal ausprobieren, wie es jetzt für ihn sei, sich rückwärts auf die Matratze fallen zu lassen. Ich bin überrascht über diesen Vorschlag. Er selbst vermutet, daß er sich noch immer festkralle und Angst habe loszulassen.
Dann startet er eine ganze Serie von rückwärtigen Fallbewegungen, bei denen er den Falleffekt noch steigert, indem er die Position, von der er sich fallen läßt, durch einen Hocker erhöht. Ich merke ihm an, daß er in introspektiver Hinsicht etwas ausprobiert. Ich nehme wahr, wie er durch lustvolle Töne den Moment des freien Falles (wie ich es für mich bezeichne) stimmlich betont. Manchmal schüttelt er den Kopf, murmelt etwas von »Das darf doch nicht wahr sein«, und ich werde immer neugieriger,

was er da für sich bewegt. Schließlich hält er inne und stellt zu mir gewendet fest: »Ich habe in mir ganz deutlich ein verrücktes Gefühl gespürt. Ich halte das Leid und die Angst lieber fest, als daß ich mich auf das Glücksgefühl des Fallenlassens einlasse.« Mit diesem äußerst differenzierten Mann habe ich an zahllosen Beispielen diese Problematik detailliert besprochen. Er möchte mir konkret zeigen, was ihm dabei immer noch nicht genügt: Er will auf einen kognitiv schon längst, aber noch nicht tief genug »verstandenen« Konflikt eingehen und diese innere Spannung deutlicher, als es bisher möglich gewesen ist, wahrnehmen. Er will seiner neurotischen Konfliktspannung (Festhalten an dem ihm vertrauten Unglück und Vermeiden einer ihm unvertrauten Veränderung) noch in einer anderen Weise inne werden, als das bisher offenbar möglich gewesen ist. So sucht er für sich probierend eine Ebene anschauungsnaher und leibnaher Symbolisierung, die seine Einsichten mit der Wahrheit seines ganzen Erlebens erfüllen.

Ich verdanke diesem Patienten, gerade aus dieser Situation heraus, daß sich mein Verständnis von Begriffen wie Einsicht, Deutung und Verstehen erweitert hat. Wo immer in der psychotherapeutischen Diskussion eine Unterscheidung zwischen diesen kognitiven Prozessen und einem vermeintlich notwendigen Durcharbeiten oder Einüben gemacht wird, insbesondere wenn Therapeuten klagen, daß ihr Patient zwar eigentlich alles verstanden habe, sich jedoch nichts ändere, vermute ich ein eingeschränktes, nicht ganzheitliches Konzept von Verstehen und damit auch eine eingeengte Apperzeption des gesamtseelischen Prozesses. Der Therapeut kann sich dem Patienten in klar definierten Situationen auch selber für Bewegungs- und Berührungsproben bereitstellen. Ich greife hierzu ein Beispiel aus der Behandlung einer Patientin mit einer Borderlinestörung auf, von der ich später (S. 175) noch ausführlicher berichten werde:

Ihr ist aufgefallen, daß sie sich in einem starken Ausmaß in Streitgespräche mit anderen verwickeln kann und nur geringfügig zur Abgrenzung fähig ist. Die Patientin und ich verstehen dies so, daß sie in den Verstrickungen mit anderen wohl auch eine sehr frühe Angewiesenheit und Gebundenheit zum Ausdruck bringt. Ich erinnere mich dabei an ihre Formulierung: »Meine Mutter war für mich ein unantastbares Heiligtum.« In diesem Zusammenhang habe ich den Einfall, daß sie mich einmal als Mut-

ter modellieren und betasten könne. Allein der Vorschlag löst bei ihr wieder die altbekannten, in der letzten Zeit schon überwunden geglaubten Kratz- und Krampfbewegungen aus. Dabei krümmt sie sich auf dem Boden, kratzt sich am ganzen Körper, streicht mit dem einen Fuß heftig am anderen Bein hinunter und herauf und bietet ein Bild, das an ein krampfendes Kind erinnert. Sie bekommt allein schon bei der Vorstellung einen fürchterlichen Schrecken und dieser wird angesichts der katastrophalen Gefühlserfahrung, die sie erwartete, auch verständlich.
Sie will es trotz ihrer bösen Vorahnungen wissen. Sie legt mich dazu auf die Liege. Dann streichelt sie meine Haare, meinen Kopf und meinen Hals. Ihr Streicheln erlebe ich als liebevoll und zärtlich. Allmählich wird es immer schwächer, geht zu meinen Schultern hin, und ich merke, wie sie fast anfängt, mich zu kneifen und dann zu ihrem Körper wechselt, um ihn aggressiv zu bearbeiten. Sie kratzt, kneift, piekst und schabt sich. Nachher gerät sie in eine desolate Verfassung, weint, schreit und schlägt um sich. Ich spüre bei diesem Anblick ein Gefühlsgemisch: sie besorgt beruhigen oder wütend auf sie einschlagen zu wollen. Nachdem sie sich wieder beruhigt hat, stellt sie fest, wie sehr sie unter der Kontaktlosigkeit zu ihrer »unantastbaren« Mutter gelitten hatte, wie sehr deren Erstarren im leiblichen Kontakt für sie zu einer fürchterlichen Qual geworden war, wie sehr Abwendung, Trennung, ja sogar Verselbständigung für sie mit einer geradezu tödlichen Bedrohung zusammenhinge. Ihre massiven Auseinandersetzungen mit ihrem älteren Bruder seien eine selbstzerstörerische Form seelischer Überlebensstrategie geworden. Auch ihr sie lange Zeit verfolgender Zwang, ihrem Mann ein großes Fleischermesser in den Bauch zu stoßen, wird hier noch einmal verstehbar als behelfsmäßige Bewältigung einer Situation, in der sie sich existentiell bedroht und ohnmächtig ausgeliefert fühlt und die selbst erlebte Gefährdung in eine aktive Bedrohung anderer umzukehren versucht. Davor schreckt sie dann wegen ihrer drohenden Verlustängste zurück und wendet die Aggression, wie die herausgestaltete Szene offenbart, gegen sich. Da sie diese Wendung gegen sich nicht ausreichend erleichtert, fordert sie ihren Partner heraus und reizt ihn, körperliche Gewalt anzuwenden, um so der archaischen Wut doch noch eine notdürftige Form des Ausdrucks zu ermöglichen.

Bei einem Beispiel wie diesem melden sich erfahrungsgemäß die »Triebängste« von Analytikern (Worm 1989). Eine solche Behandlung erscheint den meisten undenkbar. Sie antizipieren schlimme Kollusionen zwischen Patient und Therapeut, zumal gerade weibliche Borderline-Patienten häufig Opfer sexuellen Mißbrauchs geworden sind. Bei diesen Einwänden scheinen Phantasien mitzuspielen, die den Analytiker unausdrücklich hemmen. Ich frage mich, ob nicht in den Bedenken die Unsicherheit mitschwingt, auch in solchen Fällen bei einer erwachsenen, unabhängigen Position zu bleiben und sich dem Wunsch des Patienten, sexuelle Bedürfnisse zu realisieren, verweigern zu können. Nehmen wir an, was übrigens kaum passiert, daß der Patient oder die Patientin dem Therapeuten eine intime Berührung nahelegt, dann versteht der Patient sofort, wenn der Analytiker sich weigert und erklärt, daß ihm die Berührung zu nahe sei und bei ihm eigene Bedürfnisse wecken könnte (Moser 1989a, S. 200). Selbst wenn der Patient anfänglich enttäuscht ist, wandelt sich sein Gefühl meistens über die exemplarische Erfahrung einer eindeutigen Abgrenzung in eine befreiende Erleichterung.

4.2.5 *Der Patient lotet den Spielraum seiner Selbstbewegung aus*

Durch die bisher dargestellten Vorkehrungen ist die leibdramatische Szene so vorbereitet, daß sie handlungsmäßig umgesetzt werden kann. Alle Beispiele dieses Buches könnten hier angeführt werden. Ich möchte an dieser Stelle an zwei Therapieausschnitten zeigen, daß auch unpassende körperpsychotherapeutische Interventionen genutzt werden können, wenn der Therapeut die Irritation des Patienten wahrnimmt und zu verstehen versucht.

Der oben beschriebene purzelbaumschlagende Patient geht in der Anfangsphase der Analyse auf das schwierige Los einer Kollegin ein, deren neugeborenes Kind lebensbedrohlich erkrankt ist. Er finde angesichts eines solchen Leides keine Worte mehr, erlebe alle verbalen Bekundungen als falsch. Der einzig wahre Trost sei, sie in den Arm zu nehmen und festzuhalten. Er selbst habe auch keiner verbalen Beileidsbekundung am Grabe seines Vaters glauben können. Er habe damals alle Worte als Verrat, wie ein Im-Stich-gelassen-werden empfunden. Seine Mutter, seine Schwester und sein Bruder schienen ihm nicht in dem Maße betroffen gewesen zu sein wie er. Er berichtet weiter von Menschen, denen er durch unmittelbare Präsenz und nicht durch Worte geholfen habe, für die sein bloßes Dasein tröstend gewesen sei. Er kann nachvollziehen, daß diese Situation modellhaften Charakter für seine Kindheit hat, wenn er sich immer wieder durch unpassende Worte überredet gefühlt hat. Er findet auch Entsprechungen in der aktuellen Beziehungssituation zwischen uns. Dabei erlebe ich eine Diskrepanz zwischen dem, was er sagt, und dem, was ich als emotionale Ausdrucksbewegung bei ihm wahrnehme. Seinen Augen, aus denen ohne sonstige Regung eine Träne herausläuft, merke ich eine verhaltene Trauer an. Um die Kluft in seinem Erleben überbrücken zu helfen, und in der Hoffnung, daß er dann mehr in Kontakt mit sich kommt, biete ich ihm an, einmal den »bioenergetischen Bogen« zu machen. In der nachträglichen Reflexion wird mir deutlich, daß ich bei meinem Angebot nicht beachtet habe, daß es darum ging, wortlos gehalten zu werden, um überhaupt erst einmal die innere Verlorenheit zulassen zu können.

Er macht »brav« das, was ich ihm vorgeschlagen habe, schlafft aber innerlich völlig ab. Ich habe den Eindruck, daß der Erlebensprozeß wie abgeschnitten ist. Er bestätigt das: Er erlebe jetzt eine Situation, in der er etwas leisten müsse. Ich kann nachvollziehen, daß er mein Angebot wie eine Aufgabe erlebt, Gefühle herzugeben. Als wir uns dann die Szene angucken, die wir beide geschaffen haben, wird sein Muster deutlich: Da er sich von den Erwartungen wichtiger Bezugspersonen aus Angst, ihre Zuneigung zu verlieren, nicht abgrenzen kann, erlebt er sich immer wieder unter einem enormen Anforderungsdruck. Er hat das Problem bisher durch eine überspannte Gegensatzeinheit aus scheinbar willentlicher Unterwerfung und scheinbar unwillentlicher Verweigerung »gelöst«.

Ihm fällt dazu eine Situation aus seinem Studium ein, als ein Professor, der viel Sympathie für ihn, einen höflichen und strebsamen Studenten, zeigte, ihn für die Demonstration eines Lügendetektors auswählte. Er sollte sich aus einem Kartenspiel eine Karte merken, um sich unter Anschluß an das Gerät so lange befragen zu lassen, bis schließlich durch Aufdeckung aller »Lügen« die von ihm zufällig gezogene Spielkarte identifiziert war. Die Vorführung mißriet jedoch völlig.

Während des Experimentes stellte der Patient plötzlich fest, daß er »vergessen« hatte, welche Karte er gezogen hatte. Er wußte, daß damit die Demonstration seines Professors, den er als sehr empfindlich erlebte, zunichte gemacht wurde und bekam einen panischen Schrecken. Er fand allerdings auch hier seine personcharakteristische Lösung von gleichzeitiger Unterwerfung und Verweigerung, und zwar indem er im Hörsaal in Ohnmacht fiel.

Hierin erkennt er sein übersteigertes Bedürfnis, dem anderen gefällig zu sein, und das entsprechende, diese Überanpassung kompensierende Bedürfnis, seine Autonomie zu betonen. Nun versteht er auch, wie sehr er sich immer wieder selbst dabei im Wege steht, die therapeutische Situation zu nutzen,da er das Verhältnis von Patient und Therapeut generell als eine Erwartungs- und Forderungssituation apperzipiert, die er unbewußt zu boykottieren versucht. Ebenso wird mir und ihm deutlich, wie ich mich durch seine oftmals rigide Verweigerung hatte provozieren lassen, meine Bemühungen, ihn emotional zu erreichen, zu intensivieren. Nachdem dieser Wirkungskreis im therapeutischen Dialog einmal wahrgenommen und begriffen worden war, wurde die zwanghafte Selbstbehinderung immer besser analysierbar und reduzierte sich zusehends.

Auch das folgende Beispiel kann zeigen, daß bei unpassenden Angeboten die aufhellende Bedeutung reflexiv begleiteter Handlungsproben erhalten bleibt:

Ein Patient, dessen Verarbeitung früh erlittener Beziehungsabbrüche bis in die aktuelle Lebensgestaltung hinein nachwirkt, trauert über den Tod seines Großvaters und beginnt verhalten zu weinen. Dabei phantasiert er ein lebendiges Familienbild, in dem alle seine frühen Bezugspersonen vorkommen. Das bewegungs- und spannungsreiche Bild sieht er in einem großen stabilen Rahmen vor sich. Als ich zu bedenken gebe, ob er in seiner Phantasie nicht ein frühes Stadium seiner Entwicklung einfassen und festhalten wolle, fühlt er sich sehr betroffen und fängt noch stärker an zu weinen: »Ich will nicht, daß mein Opa stirbt, ich will nicht, daß meine Oma und meine Eltern weggehen.« Ich meine, daß sich seine Trauer nicht richtig ausformen kann und eine Hilfestellung förderlich sein könnte. Ich schlage ihm vor, seine Arme nach Opa, Oma und Eltern auszustrecken. Während er das in die Tat umsetzt, ebbt sein Erleben deutlich ab. Mir ist sofort klar, daß meine Intervention ihn blockiert hat. Ich denke noch darüber nach, daß ich ihm, wie seine frühen Bezugspersonen, nicht sein Entwicklungstempo habe lassen können, da zeigt er mir, wie er mein inadäquates Angebot kreativ genutzt hat.
Beim Ausstrecken der Arme habe er gemerkt, daß etwas nicht stimme. In seiner Trauer schwinge auch eine gehörige Portion Wut mit. Während er das sagt, verändern sich seine Stimme und seine Bewegungen. Er schlägt heftig mit beiden Fäusten auf die Couch und schreit seine vorgestellten Bezugspersonen wütend an: »Ihr sollt hier bleiben! Ich sollt nicht gehen! Verdammt noch mal, hierbleiben! Ihr Scheißkerle, ihr Arschlöcher ...« Er wird immer lauter und wütender. Es dauert lange, bis er sich wieder beruhigt hat. Schließlich ebbt die Erregung ganz ab. Dann bleibt er eine Weile nachdenklich liegen, schüttelt seinen Kopf, wendet sich mir zu und beginnt mit der Reflexion. Über die letzte Sequenz ist ihm bewußt geworden, mit welcher Intensität sich in ihm, einem erwachsenen Mann, ein mächtiger Kinderwunsch gehalten hat, nämlich beängstigende Verände-

rungen durch trotziges Verleugnen von Entwicklungsnotwendigkeiten zu vermeiden. Er weiß natürlich selber, wie unvernünftig sein Wunsch ist. Gleichzeitig stellt er betroffen fest, wie wirksam dieses irrationale Anliegen noch in ihm ist und in wie vielen konkreten Situationen seines erwachsenen Lebens er »auf die Bremse tritt«, anstehende Entwicklungen immer wieder zu behindern versucht oder sich von solchen bedroht fühlt. In der nächsten Sitzung stellt er erstaunt fest, daß er sich in der Zwischenzeit erstmals nicht so unzufrieden wie sonst, sondern erleichtert, teilweise fast befreit gefühlt habe.

Die Beendigung der Erprobung erfolgt meistens nach einem bestimmten Ablauf. In den überwiegenden Fällen deutet der Patient durch unverwechselbare Kommunikationssignale die Abrundung der Szene und den Beginn der Reflexion an: indem er sich aus seiner Position allmählich herausbegibt oder sie nur leicht verändert, indem er die Arme unter dem Kopf verschränkt, die Augen öffnet, einen abschließenden tiefen Atemzug tut, nach Taschentüchern greift, um seine Tränen abzuwischen, die Augen öffnet und den Analytiker anguckt oder aber mit der nachträglichen, zusammenfassenden Reflexion beginnt. Mit einer auch bei sehr frühgestörten Patienten überraschenden Selbstverständlichkeit wird der Therapeut schließlich aus seiner Rolle in der psycho- und leibdramatischen Szene entlassen (Roth 1986b, S. 196). Auch während der Erprobung vermittelt direktes Nachfragen dem Patienten, daß er mit den Probehandlungen experimentieren kann.
»Die Patienten können in solchen Situationen oft mit großer Präzision angeben oder es mit den eigenen Händen steuern, wie die Hand oder die Hände des Therapeuten zu liegen haben: Ort, Stärke des Drucks, Ruhe oder vorsichtige Bewegungen. Auch auf die Frage, ob der Reizschutz (Hand über Ohren oder Augen) noch einmal symbolisiert werden soll, kommt meist eine präzise Antwort. Zentral ist die Tatsache, daß der Patient den Therapeuten körperlich als empathisches, gegenwärtiges und angstfreies Objekt erleben kann« (Moser 1989a, S. 130 f.).

Die Erkundigungen des Therapeuten sind selbst ein wichtiges Therapeutikum. Dabei ist die Körperpsychotherapeuten geläufige Erfahrung zu berücksichtigen, daß sich im Leib am längsten ein

Gespür für die Stimmigkeit des Erlebens bewahrt hat (Orth 1992, S. 167). So kann sich der Patient über eine Berührung in eine leibfundierte Selbstverwirklichung einfinden. Die Therapie geht dabei über die Arbeit an den Körpergrenzen hinaus, weil sie auf den Kern des Selbsterlebens bzw. Selbstbewegens bezogen ist. Man könnte hier m. E. von leibfundierter Entwicklungsarbeit an einer »zentralen Besetzung des Selbst« (Sies 1993) sprechen: »Ich bin, was ich sehe, was ich erlebe, was ich bin« (Sies und Nestler 1992, S. 380). Es ist eine Entdeckungsreise zu den verborgenen Resourcen eines unbekannten Kontinents, auf dem allmählich die Quellen der Lebendigkeit wiederentdeckt werden. Es darf hier insbesondere nicht vergessen werden, daß die freudigen Erlebnisse unserer Patienten fast regelmäßig der Abwehr ihrer ansonsten belastenden und sie überfordernden Erfahrungen zum Opfer gefallen sind und ein wesentlicher Teil der psychotherapeutischen Arbeit darin besteht, auch die dissoziierten Keime schöpferischer Entwicklungen wieder freizulegen und zu kultivieren.

Es ist beeindruckend, wie selbstverständlich Patienten aus ihrem »regressiven« Prozeß heraustreten und sich mit dem Therapeuten kurz verständigen, um dann wieder einzutauchen. Anfangs sah ich in diesem Wechsel mehr eine Störung, bis sich immer deutlicher die klärende und ermutigende Komponente herausstellte. Dieser fließende Wechsel ist eindeutig von Spaltungsvorgängen zu unterscheiden, die auftreten, wenn der Patient scheinbar in eine Probehandlung einwilligt, ohne jedoch innerlich dazu bereit zu sein. Der dabei entstehende Handlungsdialog wirkt aufgesetzt, da wesentliche Seiten abgespalten oder verleugnet werden. Das ist einerseits ein wichtiger Hinweis, daß ich bei der Einführung einer Bewegungsprobe Wesentliches beim Patienten oder bei mir übersehen habe. Andererseits kann sich daraus aber auch wieder, wie in dem obigen Beispiel, eine bedeutsame Szene ergeben.

Seitdem ich Patienten bei ihrem modellierenden Umgang mit ihren eingeschränkten Selbstbewegungen körpertherapeutisch begleite, hat sich meine Arbeitsweise mehr vom Typus des Aufdeckens zu dem des Entdeckens entwickelt. In den vorsichtigen Anfängen meiner leibfundierten Arbeit habe ich einen Weg des Kontaktes gefunden, die der Patient und ich gleichermaßen als wohltuend erleben: Wenn ich Erprobungen vorschlage und mit den Patienten nachbespreche, habe ich öfter, als ich das früher gewohnt war, nachgefragt und Patienten gebeten, ihr Erleben zu präzisieren. Ich habe so eine Haltung, die der eines Forschungsreisenden ähnlich ist, gewonnen, in der ich mit dem Patienten eine Expedition durch eine mir unbekannte und ihm noch weitgehend unzugängliche Seelenlandschaft mache. Dabei bin ich auf seine Hilfe angewiesen, denn ich bin jedesmal im Neuland einer originären Existenz. Durch meine Versuche, ihn zu verstehen und durch seine Hilfen dabei, wird er kompetenter. Dieses gemeinsame Erkunden schafft eine solidarische Behandlungsgemeinschaft, bei dem ich häufig – der Patient nicht selten auch – gespannt bin auf das, was sich in den nächsten Schritten tut. Natürlich bin ich auch oft genug besorgt. In dieser neuen Form von Beziehung gewinnen beide Seiten ihr Selbstbewußtsein und ihre Kompetenz hinsichtlich der Kooperation. In diesem Dialog erfahre ich in neuer Weise, wie ich von meinen Patienten lernen kann. Ich entwickle ein immer größeres Vertrauen in die schöpferischen Kräfte des Seelischen, und nicht zuletzt finde ich immer mehr Freude an meiner therapeutischen Arbeit und ihren kreativen Entwicklungsmöglichkeiten.

4.2.6 *Der Handlungsdialog wird reflexiv begleitet und abgerundet*

Als Grundbegriff zentriert die Mit-Bewegung eine Behandlungstheorie um ein prozessuales Konzept vom Seelischen. Unter der aktualgenetischen Perspektive relativieren sich Begriffe wie »Einsicht« oder »Deutung«, die in ihrer punktuellen Ansatzlogik ein Verständnis der Vorgänge, die sie meinen, erschweren. »Deutung« ist dann nicht etwas, was man zu einem bestimmten Zeitpunkt gibt oder nicht gibt, sondern das, was im therapeutischen Wirkungsgeschehen an Bedeutung gewinnt (Bauriedl 1980, S. 53 ff.). Der fruchtbare Moment einer »gefühlsmäßig getragenen Einsicht(en)« (Mertens 1990b, S. 156) ist nicht ein plötzlicher Geistesblitz, sondern resultiert aus einem interaktiven Geschehen, bei dem sich die komplexe Vielfalt von beobachtbaren und spürbaren Momenten nach einem durchgehenden Bewegungsmuster sinnhaft zusammenfügt. Das ist eine ganzheitliche Wahrnehmung, die sich über die Modalitäten aller Sinnesempfindungen ausformt. Die Rede von »Einsicht« und »Evidenz« macht noch auf eine »diagnostische« Vereinseitigung aufmerksam und verweist auf die Notwendigkeit einer organismisch-ganzheitlichen Auffassung des Verstehens.

Wie alle bisherigen Beispiele belegen, begleitet das reflexive Moment von Anfang an den therapeutischen Prozeß in vielfacher Hinsicht. Es stellt ein menschliches Wesensmerkmal dar, das sozusagen naturgemäß in das therapeutische Wirkungsgeschehen mit eingeht. Diese genuine Kompetenz wird durch die Rahmenbedingungen des therapeutischen Settings ausdrücklich hervorgehoben. In der Quasirealität der therapeutischen Situation, in der zwei Menschen verabreden, sich »als« Patient bzw. »als« Therapeut zu verhalten, wird gerade der therapeutische Zweck, insbesondere die dem vertieften Verstehen dienende Modellhaftigkeit der Situation, betont. Die aktive Imagination enthält als solche eine immanente Sinnfindung, die der hermeneutischen, die bisher für die analytische Psychotherapie konstituierend ist, vorausgeht. Sie zeigt, »daß die Gestaltung selbst eine verarbeitende Kraft hat, eine narrative Qualität, ein interpretatives Moment« (Orth 1992, S. 171) hat.

Die Reflexion begleitet den gesamten Prozeß auch insofern, als die therapeutische Kompetenz gerade darin besteht, die Stellen im therapeutischen Prozeß, wo der Patient steckengeblieben ist und sich seine Selbstbehinderung in Szene setzt, zu merken und ihm diese Form seiner Selbstsicherung vermitteln zu können. Durch die Kunst therapeutischer Interventionen (z.B. durch Fokussieren, Klarifizieren, Interpretieren) werden also die Fixstellen der individuellen Entwicklung dem reflexiven Bewußtsein des Patienten zugänglich gemacht.

Die Nachbetrachtung ist nicht ein Anhängsel, sondern die vorläufige Abrundung einer therapeutischen Phase im Sinne der Prägnanztendenz. Das vorangegangene, gemeinsam durchlebte Wirkungsgeschehen und das aufgetauchte analytische »Material«, wird auf eine sprachsymbolische Ebene gehoben, zusammengefaßt und mit den bisherigen Einsichten verbunden. Ein wesentlicher Bestandteil der abschließenden Reflexion besteht auch in der Klärung, ob die körperbezogene Arbeit für den Patienten bekömmlich war.

»Auch ist es nötig, jeden neu gelungenen Schritt zu befragen, ob er wirklich dem Kind im Patienten gedient hat oder ob er doch die Wiederholung irgendeiner Form von Mißbrauch mitenthält. Das kann nur der Therapeut leisten, der in einem eigenen analytischen Prozeß dauernd dazulernt, seine eigenen Regungen zu erkennen, und der durch Fragen seinen Patienten dazu ermutigt, die eigene Kritik zu schärfen« (Roth 1986, S. 189).

Eine leiborientierte Intervention wird also wie jede andere im analytischen Prozeß vorbereitet, in ihrer Wirkung beobachtet und nachbereitet. Es passiert nichts prinzipiell Neues, lediglich die Dimensionen des Ausdrucks und des Zugangs werden im Sinne einer ganzheitlich orientierten Therapie erweitert.

Zum Abschluß meines Buches möchte ich noch einmal ein konkretes Beispiel sprechen lassen. Es handelt sich um einen Ausschnitt aus der langjährigen Psychotherapie einer Frau mit einer Borderline-Störung (s. S. 166 ff.). Nach drei vorzeitig von ihr abgebrochenen Therapieversuchen löste ein vierter, durch den Therapeuten bedingter Abbruch eine schwere seelische Krise bei ihr aus. Sie hatte rund dreißig Sitzungen bei einem Bioenergetiker absolviert, die ihr gut zu bekommen schienen. Dann verliebte sie sich in ihn, und, wie sie meinte, er auch in sie. Zu diesem Zeitpunkt beendete der Therapeut die Therapie, weil er seine Praxis in ein anderes Bundesland verlegte. In dieser Situation, in der sich ihre Ängste vor dem Verlorensein wiederbelebten, geriet sie in eine Phase panischer Verzweiflung. Sie wandte sich an mich. Da sie in nächster Zeit keine anderweitigen Einzelstunden bekommen konnte und ich nur noch einen Platz in der Gruppe frei hatte, bot ich ihr, nachdem ich im Vorgespräch eine gewisse Impulskontrolle und eine durch die therapeutischen Vorerfahrungen hinlängliche Introspektionsfähigkeit festgestellt hatte und da sie trotz aller familiären Konflikte in einer dauerhaften Beziehung lebte, die Teilnahme an einer analytischen Gruppenpsychotherapie an, in die körper- und bewegungstherapeutische Verfahren integriert wurden. Nachdem sie zweieinhalb Jahre daran teilgenommen hatte, schloß sich eine ebenso lange Einzelbehandlung mit je einer Stunde pro Woche an. Die Stunde, von der ich ausführlich berichten möchte, liegt im letzten Drittel der einzeltherapeutischen Phase:

Die Stunde beginnt damit, daß ich auf ihre Begrüßung eingehe. Mein erster Eindruck sagt mir, wie bedrückt sie ist. Als wir uns begrüßen, wechselt schlagartig ihre Stimmung, und sie reicht mir freundlich lächelnd die Hand. Ich spreche diesen abrupten Wechsel an. Sie beginnt sofort zu weinen. Sie sei sehr traurig darüber, daß ihr das selber überhaupt nicht aufgefallen sei. Erst nachdem ich sie darauf aufmerksam gemacht habe, merke sie, daß es ihr derzeit schlecht gehe. Sie dürfe diese negative Verfassung niemandem zeigen, aus Angst, ihn sonst zu verscheuchen. Das passe auch zu dem, was sie nach der letzten Sitzung beschäftigt habe.
Sie habe sich noch mit drei Themen länger befaßt. Zum einen habe sie darüber nachgedacht, daß sie, die so sehr unter dem Fassadenhaften von anderen Menschen leide, selbst eine Fassade aufbaue, wenn sie gegenüber Leuten, über die sie sich ärgere, ihren Ärger nicht artikuliere. Zum anderen habe sie sich noch weiter mit ihrer Mutterbeziehung befaßt. Sie erlebe sie wie eine Heilige. Sie kann sich gar nicht vorstellen, daß diese mal aggressiv zu ihr gewesen sei. Sie wisse nicht, woher ihre mörderische Wut auf sie komme. Sie kann sich nicht erinnern, daß die Mutter sie jemals geschlagen oder irgendein böses Wort gegen sie gerichtet habe. Alle Erinnerungen an die Mutter seien weg. »Meine Mutter ist unantastbar«.
Schließlich sei ihr deutlich geworden, daß sie überhaupt keine lustvollen und freudigen Entwicklungen zulassen könne, weil sie sofort Angst bekomme, daß diese Stimmung umschlage. Sie könne alles Aggressive gut aushalten. Auch die aggressiven Auseinandersetzungen mit mir seien für sie ja sehr bald und sehr deutlich möglich gewesen. Sobald es zärtlich werde, würde es für sie schwierig. Wenn ihr Mann ihr liebevolle Worte sage, dann müsse sie ihm zurufen: »Hör auf!« Zärtlichkeit bedrohe sie immens. Sie ist darüber verzweifelt und meint, daran arbeiten zu »müssen«. Sie phantasiert eine »Übung«, in der ich ihr »einfach« die Wange streichle und sie das dann »einfach« versuchen will zu ertragen. Ich merke, wie sie mit ihrer Körpersprache noch deutlicher als mit ihren Worten das Angebot selbst hintertreibt. Ich spüre, wie ich mich gegen diesen doppeldeutigen Vorschlag sträube und nicht gewillt bin, mich in diese Double-bind Position zu begeben. Statt dessen stelle ich ihre Ambivalenz heraus, mir einerseits einen zärtlichen Handlungsdialog nahezulegen und andererseits davor zurückzuschrecken.

Im folgenden fallen mir ihre Ausdrucksbewegungen auf: Sie streichelt mit dem Daumen der einen Hand über den Handrücken der anderen, sie nimmt ein Kissen zwischen die Beine und preßt die Oberschenkel daran, sie reibt Füße, Schenkel und Oberschenkel aneinander, sie fährt sich mit der Hand durch das Gesicht, sie kratzt sich an den Beinen usw. Alle diese Bewegungen wählen eine Richtung ›auf sich zurück‹ und ›in sich hinein‹, so als wolle sie sich, während sie Kontakt mit sich selber sucht, zu einer Schutzhaltung einigeln. Ich sehe darin den Kompromiß zwischen grenzenloser Sehnsucht nach Zärtlichkeit und furchtbarer Angst, in der Verschmelzung umzukommen.

Ich weiß aus ihrer Ehe, daß sie oft eine handfeste Auseinandersetzung provoziert. Wenn ihr Mann nicht darauf reagiert, fleht sie ihn zuletzt an, sie zu schütteln und sie sogar zu schlagen. Erst dann merkt sie, daß sie lebendig ist und verspürt anschließend Lust, mit ihm zu schlafen. Sexueller Genuß ist für sie oft erst möglich, wenn sie vorher verprügelt worden ist. Ich nehme wahr, daß sie sich jetzt ähnlich provozierend verhält., Ich habe die Phantasie, daß sie auch von mir hergenommen werden möchte. Ich teile ihr meine Phantasie mit, und sie bestätigt sie. Sie erwähnt dabei das Buch von Friday »Wie meine Mutter«, das sie sehr beeindruckt habe: Die Autorin vertrete die These, daß Frauen deswegen so häufig Vergewaltigungsphantasien oder unter Umständen sogar das Bedürfnis nach Geschlagen- oder Genommenwerden haben, weil sie dann der Verantwortung für den anschließenden Sexualkontakt enthoben würden. Das sei eine Kompromißhandlung, in der die Frau einerseits Lust verspüren dürfe und andererseits nicht gegen ein mütterliches Verbot verstoße. Wenn sie mit ihrem Mann ihre Mutter besuche – wie am letzten Wochenende –, habe sie ein ganz anderes Verhältnis zu ihm. Sie nehme dann das bißchen Zärtlichkeit, das sie inzwischen für ihren Mann spüren könne, auch noch zurück. Vor den Augen anderer (der Mutter!) müsse sie sich in ihren Zärtlichkeitsbedürfnissen zurückhalten. Sie merke das mittlerweile, weil die Beziehung zu ihrem Mann erfüllter geworden sei. Er bringe ihr sehr viel Zuneigung entgegen. Sie könne jetzt zunehmend Liebevolles spüren und es ganz vorsichtig erwidern. Dieses gehe sofort weg, wenn andere da seien.

Als sie von ihrem eigenen Zärtlichkeitsbedürfnis spricht, hält sie sich öfters die Augen zu, so als müsse sie sich dessen schämen. In den vorausgegangenen Wochen und Monaten war ihre Beziehung zu Männern, der Mißbrauch durch ihren Schwager als junges Mädchen, die Verstoßung durch ihren Vater, eine Kette von Verlassenheitserfahrungen durch sekundäre Bezugspersonen bearbeitet worden. Lediglich die früheste Mutterbeziehung, die sich wahrscheinlich in all diesen Erfahrungen wieder-

holt, war bisher nicht ansprechbar, weil die Mutter bisher eben eine »unantastbar Heilige« war.
Sie hält sich ein Kissen vor die Augen, als sei es ihr peinlich, dieses Thema anzugehen. Plötzlich bricht es wie ein Donnerwetter aus ihr heraus, indem sie das Kissen heftig und abrupt wegreißt und mich anschreit: »Ich will aber!« Über diese plötzliche Reaktion erschrecke ich. Sie sieht mein Erschrecken und wirft sich laut schreiend und weinend in die Ecke: »Ich will aber doch niemanden erschrecken.« Sie ist entsetzt über die Reaktion, die sie ausgelöst hat. Ich habe nur einen kurzen Schrecken bekommen, weil ich aus Erfahrung weiß, daß ich manchmal damit rechnen muß, ein Kissen an den Kopf zu bekommen. Ich bitte sie, mir in die Augen zu sehen und zu sagen, was sie sehe. Ich möchte prüfen, ob sie noch zwischen Übertragung und Realität unterscheiden kann. Das ist glücklicherweise möglich. Sie sieht in meinen Augen keinen Schrecken mehr, sondern Annahme und auch Freude darüber, daß sie sagen kann, ich will aber Freundlichkeit und Zärtlichkeit. Ich freue mich tatsächlich über den spontanen Wunsch nach Kontakt. Ihr fällt dazu ein, daß ihr Wunsch, mit ihrem Mann zu schlafen, immer wie ein Überfall wirke. Ihr Mann sei dann zunächst vor Überraschung völlig erstarrt. Das wolle sie ja auch nicht. Das Schlimmste für sie sei, wenn der andere vor Schreck erstarre (wie ich, ihr Mann usw.) und ich fahre fort, wie die Mutter, »die heilige unantastbare Person«, die vermutlich in ihrer eigenen Beziehungsangst erstarrte, wenn ihr lebhaftes Kind einen leibhaftigen Kontakt mit ihr suchte. Das versteht sie sofort. Das sei genau die Urerfahrung, die sie gemacht habe. Ich bleibe mit ihr bei dem Erschrecken, einen geliebten Menschen anzufassen und dann zu erleben, daß er innerlich erstarrt, hart und leblos wird. Aus dem Dilemma zwischen der Sehnsucht nach Kontakt und der Angst vor dem antizipierten Schock sendet sie ihre ambivalente Botschaft aus: »Hau ab und nimm mich her!« Während wir das besprechen, windet sie sich am Boden und verkrampft sich dermaßen, daß es schwer auszuhalten ist, nicht einzugreifen. Nachher sagt sie, es sei ihr, als würde sie platzen. Dann richtet sie sich auf, schaut mich ernst und fragend an und sagt dann bestimmt: »Ich möchte jetzt meinen Kopf in deinen Schoß legen.« Ich freue mich wiederum, daß sie ihr Bedürfnis so klar artikulieren kann und willige gern ein: Sie legt ihren Kopf seitlich auf meinen Oberschenkel und kuschelt sich in Embryostellung zusammen. Ich lege eine Hand auf ihre Schulter und die andere auf ihr Haar. Sie genießt offensichtlich diese Lage. Auch ich habe ein wohliges Gefühl dabei. Nach einer Weile öffnet sie sich langsam, dreht sich zu mir herum und guckt mich direkt an. Ich merke, daß ich meine Hand auf ihren Bauch lege, um nicht an ihre Brust zu kommen. Für einen Moment habe ich den Eindruck, als be-

wege sie ihre Brust in die Nähe meiner Hand. Es ist meine Entscheidung, mich hier deutlich abzugrenzen. Dann liegt sie in dieser offenen Position und genießt sichtbar den nahen Kontakt zu mir. In dieser Situation fällt mir wieder ihr Vorschlag vom Beginn der Stunde ein, nämlich ihr die Wange zu streicheln. Ich sage ihr, daß ich die Situation jetzt passend finde und sie streicheln könne, wie sie es sich anfangs gewünscht habe. Sie freut sich über meinen Vorschlag, den sie gern annimmt und sichtbar genießt. Es ist nichts mehr von ihrer anfänglichen Ambivalenz und Angst zu spüren, was sie im nachhinein bestätigt. Sie freut sich darüber, und ich tue es auch. Mir fällt ein intensives und auch sehr befreiendes Gespräch mit einer meiner Töchter ein, die mich als Vater »von Angesicht zu Angesicht« gefordert hatte. Ich fühlte mich nachher sehr erleichtert.

Während ich das noch für mich bewege,berichtet sie selber von ihrer Tochter. Am Morgen habe sie die Tochter auf den Arm gehoben und dabei die Hand zwischen den Beinen ihrer Tochter gehabt. Die Tochter habe ganz wohlig »gegrunzt« und gesagt »Mama, das ist aber schön«. Sie habe ihre Hand einfach zwischen den Schenkeln ihrer Tochter gelassen, bis diese von allein den Druck mit den Oberschenkeln gelöst und wieder zu spielen angefangen habe. »Wenn ein solcher Kontakt bei meiner Mutter zustande gekommen wäre, dann wäre sie wirklich erstarrt und gestorben.« Sie hat die unerträgliche Erfahrung durch Umkehrung der originären Leidenssituation (der andere erstarrt unter ihren Händen) in eine aktive Machtposition zu bewältigen gelernt: Nun komme sie der vorweggenommenen Erstarrung des anderen zuvor, indem sie ihn ihrerseits erschrecke oder überrumpele.

Nach Beendigung der Stunde frage ich mich, ob nicht bei ihr die Phantasie wirksam gewesen sei, daß ich sie sexuell stimulieren solle, z.B. die Hand auf ihre Brust oder zwischen ihre Beine zu legen. Ich selber bin mir sicher, daß ich weder diesen Wunsch noch diese Phantasie hatte, nehme mir aber vor, in der nächsten Stunde mit ihr diese Frage zu klären. So greife ich noch einmal die Szene mit ihrer Tochter auf und frage sie, ob sie eine ähnliche Phantasie mit mir gehabt habe, als sie sich herumgedreht habe und meine Hand nah an ihre Brust gerutscht sei. Ich hebe hervor, daß für mich klar sei, daß ich meine Hand nicht auf ihre Brust legen wolle, weil das eine für unsere therapeutische Beziehung unpassende Form sei und ich deswegen meine Hand auf ihren Bauch gelegt hätte. Sie habe das gar nicht gemerkt. Sie findet meine Äußerung jedoch wichtig, weil das in ihren Beziehungen ja so oft durcheinander gegangen sei. »Ich wollte einfach deine Zärtlichkeit und deine Nähe.«

Dann berichtet sie eine erfreuliche Veränderung. Sie mache zur Zeit mit ihrem Mann einen Tanzkurs. Während sie miteinander getanzt hätten, habe sie zum ersten Mal etwas wie Verliebtheit gegenüber ihrem Mann gespürt, und das habe sie sehr glücklich gemacht. Sie hätten wohl immer Rumba tanzen sollen, aber sie hätte ihn am liebsten immer mit den Armen umschlungen und ganz eng mit ihm getanzt. Daran merke sie, daß sie auch in Gegenwart anderer immer mehr von diesen zärtlichen Gefühlen zulassen könne; dennoch stelle sie auch fest, daß diese Gefühle dann wieder plötzlich verschwinden, so als könne sie »den Strom der Zuneigung einfach abknipsen«. Darüber hinaus beobachte sie, daß sie sich zur Zeit in einer Art »Beziehungsschule« befinde. Sie merke, daß sie ihre Beziehungen neu kläre und ein realitätsgemäßes Verhältnis z.B. zu ihrer Freundin entwickle, insofern sie deren positive und negative Seiten zu akzeptieren versuche und nicht mehr darauf warte, doch endlich die Person zu finden, die nur gute Eigenschaften habe. Die gebe es ja sowieso nicht. Sie knüpft gleich an dieses Thema an, indem sie ihre Erfahrungen in den bisherigen Therapien resümiert. Sie hat zwischenzeitlich detailliert aufgezeichnet, was für sie dabei hilfreich und was für sie hinderlich gewesen ist. Diese Überlegungen gehen fließend über in eine Bilanz unserer gemeinsamen Arbeit und ich stelle überrascht und etwas traurig fest, daß sich die Ablösungsphase ankündigt.

4.3 Zusammenfassung

Psychoanalytisch fundierte Körperarbeit findet im Rahmen einer durch die analytischen Vereinbarungen eingerichteten Situation statt. Das therapeutische Feld ist über die Couch hinaus auf den ganzen Praxisraum ausgedehnt. Die analytischen Regeln werden ergänzt durch Vereinbarungen und Informationen über den Sinn und die Form möglicher Körperarbeit.

Das Angebot zu einer Handlungsprobe ist auf die sich ausformende Selbstbewegung des Patienten sowie auf die Fixstellen seiner notgeborenen Selbstbehinderung bezogen. Es greift die für den Patienten erfahrbaren Bewegungsansätze auf.

Über die Mit-Bewegung des Therapeuten mit den leiblichen Ausdrucksbewegungen des Patienten setzen sich unbewältigte Entwicklungsschritte in Szene. Dieses Bild strukturiert die Vielfalt der aktuellen Lebensprobleme des Patienten nach einem durchgängigen Bewegungsmuster.

Wenn der Patient die vorgeschlagene Erprobung in Gedanken durchspielt, wird bereits eine Fülle personbedeutsamer Phantasien wachgerufen, mit denen das noch vage Deutungsbild in individueller Weise ausgestaltet wird. Die Besprechung dieser Vorstellungen bietet eine weitere Klärung, ob und wie der Patient die imaginierte Szene aktiv umsetzen will und ob dieser Versuch für ihn bekömmlich sein wird.

Wenn die so vorbereitete und durchgearbeitete Probehandlung ausgeführt wird, modelliert sie der Patient ein weiteres Mal im Sinne seines unbewußten Bewegungsgesetzes. Patienten können hier mit großer intuitiver Sicherheit dem Therapeuten die für sie notwendige Rolle im Handlungsdialog zuweisen.

Nachdem die Erprobung beendet ist, schauen sich Patient und Therapeut die eingerichtete Szene noch einmal an. Die Ergebnisse der begleitenden Reflexion regen oft Zusammenfassungen an. Die neuen, leiblich fundierten Einsichten werden dabei mit früheren verknüpft. Angedeutete Komplexe können vom Patienten wieder aufgegriffen und weiter bearbeitet werden.

LITERATUR

Adler, A. (1907), Die Theorie der Organminderwertigkeit und ihre Bedeutung für Philosophie und Psychologie. In: Adler, A., Heilen und Bilden, Fischer, Frankfurt a.M. 1973, S. 42-52

Adler, A., (1908), Das Zärtlichkeitsbedürfnis des Kindes. In: Adler, A., Heilen und Bilden, Fischer, Frankfurt a.M. 1973, S. 63-66

Adler, A., (1912a), Organdialekt. In: Adler, A., Heilen und Bilden, Fischer, Frankfurt a.M. 1973, S.114-122

Adler, A. (1912b), Über den nervösen Charakter. Fischer, Frankfurt a.M. 1972

Adler, A. (1920), Praxis und Theorie der Individualpsychologie: Vorträge zur Einführung in die Psychotherapie für Ärzte, Psychologen und Lehrer. Fischer, Frankfurt a.M. 1974

Adler, A. (1929), Neurosen. Fischer, Frankfurt a.M. 1981

Adler, A. (1930), Praxis und Theorie der Individualpsychologie. Fischer, Frankfurt a.M. 1974

Adler, A. (1931), Wozu leben wir? Fischer, Frankfurt a.M. 1979

Adler, A. (1933a), Über den Ursprung des Strebens nach Überlegenheit und des Gemeinschaftsgefühles. In: Adler, A. Psychotherapie und Erziehung, Bd. III, Fischer, Frankfurt a.M. 1983, S. 21-32

Adler, A. (1933b), Vor- und Nachteile des Minderwertigkeitsgefühls. In: Adler, A. Psychotherapie und Erziehung, Bd. III, Fischer, Frankfurt a.M. 1983, S. 33-39

Adler, A. (1933c), Der Sinn des Lebens. Fischer, Frankfurt a.M. 1973

Aebli, H. (1966), Psychologische Didaktik. 2.Aufl., Klett, Stuttgart

Anthi, P. (1983), Reconstruction of preverbal experiences. J. Am. Psa. Ass. 31, S. 33-39

Antoch, R.F. (1985), Zur Phänomenologie und Dynamik seelischer Störungen. In: Mohr, F. (Hrsg.), Individualpsychologie in der Bewältigung von Lebenskrisen. Reinhardt, München Basel, S. 9-20

Bauriedl, T. (1980), Beziehungsanalyse. Suhrkamp, Frankfurt a.M.

Becker, H. (1986), Körpererleben und Entfremdung – Psychoanalytisch orientierte konzentrative Bewegungstherapie als Therapieeinstieg für psychosomatische Patienten. In: Brähler, E. (Hrsg.), Körpererleben. Springer, Berlin Heidelberg New York Tokyo, S. 77-89

Becker, H. (1989), Konzentrative Bewegungstherapie. Thieme, Stuttgart New York

Berliner, J. (1986), Bioenergetische Analyse und Boderline-Patienten. In: Sebastian, U. (Hrsg.), Selbstfindung und bioenergetische Analyse. Norddeutsches Institut für bioenergetische Analyse, Vlotho, S. 22-44

Berliner, J. (1990), Ein kritischer Blickpunkt auf das theoretische Modell der Bioenergetischen Analyse. Bioenergetische Analyse (SOBAB)

Bittner, G. (1986), Vernachlässigt die Psychoanalyse den Körper? Psyche 40, S. 709-734.

Bittner, G. (1988), Heilende "Körpererfahrung"? In: Rechenberger, H.G. u. Werthmann, H.V. (Hrsg.), Psychotherapie und innere Medizin. Pfeiffer, München S. 135-144

Bittner, G. (1989), Psychoanalyse und Körper. In: Werthmann, H.V. (Hrsg.), Unbewußte Phantasien. Pfeiffer, München, S. 285-300

Blothner, D. (1992), Zum Umgang mit der Übertragung in langer und kurzer Analyse. In: Zwischenschritte – Beiträge zu einer morphologischen Psychologie, 11. Jg.

Büntig, W.E. (1977), Das Werk von Wilhelm Reich und seinen Nachfolgern. In: Eicke, D. (Hrsg.), Die Psychologie des 20. Jahrhunderts. Bd III, Kindler, Zürich, S. 383-425

Büntig, W.E. (1983), Bioenergetik. In: Corsini, R.J. (Hrsg), Handbuch der Psychotherapie. Beltz, Weinheim Basel, S.66-110

Büntig, W.E. (1988), Körpertherapie. In: Asanger, R. u. Wenninger, G. (Hrsg:), Handwörterbuch Psychologie. Psychologie Verlagsunion, München Weinheim, S. 345-352

Buytendijk, F.J.J. (1958), Das Menschliche. Wege zu seinem Verständnis. Koehler, Stuttgart

Cremerius, J. (1983), Die Sprache der Zärtlichkeit und der Leidenschaft. Reflexionen zu Sandor Ferenczis Wiesbadener Vortrag von 1932. Psyche 37, S. 998-1015

Cremerius, J. (1984), Die psychoanalytische Abstinenzregel. Vom regelhaften zum operativen Gebrauch. Psyche 38, S. 769-800

Dietrich, R. u. Pechtl, W. (1992), Ernergie durch Übungen. Eigenverlag Dietrich, Salzburg

Ferenczi, S. (1933), Sprachverwirrung zwischen den Erwachsenen und dem Kind. In: Ferenczi, S., Schriften zur Psychoanalyse, Bd. II, Fischer, Frankfurt a.M. 1972, S. 303-313

Ferenczi, S. (1970), Schriften zur Psychoanalyse, Bd. I, Fischer, Frankfurt a.M.

Ferenczi, S. (1972), Schriften zur Psychoanalyse, Bd. II. Fischer, Frankfurt a.M.

Freud, S. (1895), Entwurf einer Psychologie. In: Freud, S., Aus den Anfängen der Psychoanalyse. Imago Publishing, London 1950, S. 371-466

Freud, S. (1896), Zur Ätiologie der Hysterie. GW Band I, Fischer Frankfurt a.M. 1952, S. 425-459

Freud, S. (1898), Die Sexualität in der Ätiologie der Neurose. GW Band I, Fischer, Frankfurt a.M. 1952, S. 489-516

Freud, S. (1900), Die Darstellung durch Symbole im Traume – weitere typische Träume. In: GW Band II/III, Fischer, Frankfurt a.M. 1942, S. 355-409

Freud, S. (1905), Meine Ansichten über die Rolle der Sexualität in der Ätiologie der Neurose. GW Band V, Fischer, Frankfurt a.M. 1942, S. 149-159

Freud, S. (1909), Allgemeines über den hysterischen Anfall. GW Band VII, Fischer, Frankfurt a.M. 1941,S. 237-240

Freud, S. (1923a), Das Ich und das Es. GW Band XIII, Fischer, Frankfurt a.M. 1940, S. 235-289

Freud, S. (1923b), Psychoanalyse und Libidotheorie. GW Band XIII, Fischer, Frankfurt a.M. 1940, S. 211-233

Freud, S. (1943), GW Band VIII, Fischer, Frankfurt a.M.

Fürstenau, P. (1977), Praxeologische Grundlagen der Psychoanalyse. In: Pongratz, L.J. (Hrsg.), Handbuch der Psychologie, Bd. 8, 1. Halbband, Hogrefe, Göttingen, S. 847-888

Fürstenau, P. (1979), Zur Theorie psychoanalytischer Praxis. Klett-Cotta, Stuttgart

Fürstenau, P. (1992), Entwicklungsförderung durch Therapie. Pfeiffer, München Weinheim

Gedo, J. (1979), Beyond Interpretation: Toward a Revised Theory for Psychoanalysis. Int. Univ. Press, New York

Greenson, R.R. (1975), Technik und Praxis der Psychoanalyse. Band I, Klett, Stuttgart

Heimann, P. (1950), On Countertransference. International Journal for Psycho-Analysis 31, S. 31-83

Heisterkamp , G. (1980), Prototyp im Physikunterricht der Hauptschule: Einführung in die Mechanik. In: Ennenbach, W. u. Westphal, E. (Hrsg.), Kognitive Strukturierungshilfen im Unterricht. Schwann, Düsseldorf, S.81-87

Heisterkamp, G. (1984), Zur Dialektik der Beziehung zwischen Patient und Therapeut. In: Mohr, F. (Hrsg.), Beiträge zur Individualpsychologie 7, Reinhardt, München Basel, S. 33-43

Heisterkamp, G. (1985), Bewegungsgesetz. In: Brunner, R., Kausen, R., Titze, M. (Hrsg.), Wörterbuch der Individualpsychologie. Reinhardt, München Basel, S. 52 - 54

Heisterkamp, G. (1990), Konturen einer tiefenpsychologischen Analyse originärer Lebensbewegungen. Teil I und II. Zeitschrift für Induvidualpsychologie 15, S. 83-85 und S. 163-176

Heisterkamp, G. (1991a), Zur Körperarbeit in der analytischen Psychotherapie. Praxis der Psychotherapie und Psychosomatik 36, S.77-87

Heisterkamp, G. (1991b), Zur Be-Handlung blockierter Selbstbewegungen in der Psychotherapie. Praxis der Psychotherapie und Psychosomatik 36, S. 297 307

Heisterkamp, G. (1991c), Freude und Leid frühkindlicher Lebensbewegungen. Empirische Säuglingsforschung und tiefenpsychologische Entwicklungstheorien. In: T. Ahrens u. U. Lehmkuhl (Hrsg.), Beiträge zur Individualpsychologie 14, Reinhardt, München Basel, S. 24-41

Heisterkamp, G. (1992a), Zur Frage der Körperarbeit in der analytischen Psychotherapie. In: Lehmkuhl, U. (Hrsg.), Beiträge zur Individualpsychologie, Band 15, Reinhardt, München, S. 187-198

Heisterkamp, G. (1992b), Perspektiven frühkindlicher Selbstbewegungen. In: Zwischenschritte. Beiträge zu einer morphologischen Psychologie 11. S. 22-35

Heisterkamp, G. (1993a), Psychotherapie aus der Mit-Bewegung. In: Blothner, D. und Endres, N.: Entschieden psychologisch

Heisterkamp, G. (1993b), Auseinandersetzung der Psychoanalyse mit der Körpertherapie. In: Mertens, W.(Hrsg.), Psychoanalyse. Ein Handbuch in Schlüsselbegriffen. Urban u. Schwarzenberg, Wien, München, Baltimore

Huizinga, J. (1965), Homo Ludens: vom Ursprung der Kultur im Spiel. Rowohlt, Reinbek bei Hamburg

Jaeggi, E. (1987), Einen Goldschatz bewahren – das Problem der Integration verschiedener Therapien in die Psychoanalyse. In: Springer-Kremser, M. u. Ekstein, R. (Hrsg.), Wahrnehmung Fantasie Wirklichkeit. Franz Deuticke, Wien, S. 52-69

Janssen, P.L. (1990), Inszenierung der Borderlinestörung. Praxis der Psychotherapie und Psychosomatik 35, S. 1-12

Jung, C.G. (1931), Das Seelenproblem des modernen Menschen. In: GW Band 10, Walter, Olten und Freiburg im Breisgau 1974, S. 91-113

Jung, C.G. (1934), Über die Archetypen des kollektiven Unterbewußten. In: GW 9.1, Walter, Olten und Freiburg im Breisgau 1976, S.11-51

Jung, C.G. (1946), Theoretische Überlegungen zum Wesen des Psychischen. In: GW Band 8, Walter, Olten und Freiburg im Breisgau 1971, S. 185-267

Kafka, J.S. (1992), Körperphantasien. Praxis der Psychotherapie und Psychosomatik 37, S. 81-91

Keleman, S. (1985), Emotional Anatomy. Center Press, Berkeley, CA

Keleman, S. (1990), Körperlicher Dialog in der therapeutischen Beziehung. Kösel, München

Kirsch, S. (1990), Analyse nach Lowen oder Bioenergetische Analyse? SOBAB 1990

Kirsch, S. (1991), There is no Analysis in Bioenergetic Analysis. In: Bericht Nr. 1 vom 10.04.91 des Arbeitskreises "Bioenergetische AnalytikerInnen in der GBA"

Klüwer, R. (1983), Agieren und Mitagieren. Psyche 37, S. 828-840

Körner, J. (1989), Arbeit an der Übertragung? Arbeit in der Übertragung! Forum der Psychoanalyse 5, S. 209-223

Kohut, H. (1979), Die Heilung des Selbst. Fischer, Frankfurt a.M.

Krizan, H. (1992), Atemtherapie. In: Buchheim, P., Cierpka, M., Seifert, Th. (Hrsg.), Lindauer Texte 1991: Liebe und Psychotherapie. Der Körper in der Psychotherapie. Weiterbildungsforschung. Springer, Berlin Heidelberg, S. 203-216

Kühn, R. (1989), "Seele" als Leiblichkeit. Eine meta-psychologische Besinnung. Fundamenta Psychiatrica 3, S. 229-233

Kühn, R. u. Titze, M.(1991), Die leib-seelische Identität im "Können" des Lebensstils. In: Zeitschrift für Individualpsychologie 16, S. 203-216

Kühn, R. (1991), Zum transzendenten Status von Leiblichkeit und Befindlichkeit bei Heidegger. In: Pustet, A., Salzburger Jahrbuch für Philosophie, Universitätsverlag Anton Pustet, Salzburg München, S. 91-97

Kummer, I.E. (1988), Macht und Ohnmacht der Familie. In : Mohr, F. (Hrsg.) Macht und Ohnmacht. Reinhardt, München Basel, S. 88-105

Kummer, I.E. (1989a), Leibhafter Dialog. Die somatische Dimension in der Arbeit mit primären und therapeutischen Gruppen. In: Ahrens, T., Lehmkuhl, U., Mohr, F. (Hrsg.), Psychotherapie und Beratung in Gruppen. Reinhardt, München Basel, S. 158-176

Kummer, I.E. (1989b), Männliche und Weibliche Dynamik im therapeutischen Prozeß – Macht und Machtmißbrauch. Zeitschrift für Individualpsychologie 14, Reinhardt, München, S. 17-32

Kummer, I.E. (1992), Körperlichkeit, Sexualität und Verkörperung – Perspektiven für die therapeutische Arbeit mit Frauen. Zeitschrift für Individualpsychologie 17, Reinhardt, München, S. 123-148

Lehmkuhl, G. (1992), Körperarbeit in der analytischen Psychotherapie: Integration oder reine Lehre? In: Lehmkuhl, U. (Hrsg.), Beiträge zur Individualpsychologie 15, Reinhardt, München, S. 199-213

Lewis, R. A. (1986a), Der cephale Schock – die psychosomatische Grundlage vorzeitiger Ich-Entwicklung. In: Sebastian, U. (Hrsg.), Selbstfindung und bioenergetische Analyse, Norddeutsches Institut für bioenergetische Analyse, Vlotho, S. 61-73

Lewis, R.A. (1986b), Der cephale Schock als somatisches Verbindungsglied zur Persönlichkeit des falschen Selbst. In: Sebastian, U. (Hrsg.), Selbstfindung und bioenergetische Analyse, Norddeutsches Institut für bioenergetische Analyse, Vlotho, S. 74-86

Lewis, R.A. (1986c), Den Kopf dazu bringen, wirklich auf den Schultern zu sitzen – ein erster Schritt, das falsche Selbst zu erden. In: Sebastian, U. (Hrsg.), Selbstfindung und bioenergetische Analyse, Norddeutsches Institut für bioenergetische Analyse, Vlotho, S. 87-106

Lichtenberg, J.D. (1983), Psychoanalysis and Infant Research. Analytic Press, Hillsdale

Lichtenberg, J.D. (1987), Die Bedeutung der Säuglingsbeobachtung für die klinische Arbeit mit Erwachsenen. Zeitschrift für psychoanalytische Theorie und Praxis 2, S. 123-147

Lowen, A. (1977), Bioenergetische Analyse: Eine Weiterentwicklung der Reich'schen Therapie. In: Petzold, H. (Hrsg.), Die neuen Körpertherapien. Junfermann, Paderborn, S. 51-61

Lowen, A. (1979), Lust: der Weg zum kreativen Leben. Kösel, München

Lowen, A. (1981), Körperausdruck und Persönlichkeit. Kösel, München

Lowen, A. (1984a), What is Bioenergetic Analysis? Bioenergetic Analysis, Volume 1, Number 1, S. 1-20

Lowen, A. (1984b), Two Brief Essays. What ist Bioenergetic Analysis? Bioenergetic Analysis, Volume 1, Number 1, S. 21-28

Lowen, A. (1984c), Narzißmus. Die Verleugnung des wahren Selbst. Kösel, München

Lowen, A. u. L. (1985), Bioenergetik für Jeden. Kirchheim, München

Lowen, A. (1986), Bio-Energetik. Rowohlt, Reinbek bei Hamburg

Lowen, A. (1989), The International Institut for Bioenergetic Analysis. Rundbrief an alle Institutsmitglieder vom 28.11.89

Meltzer, D. (1990), Die Beziehung der analen Masturbation zur projektiven Identifizierung. In: Bott Spillius, E. (Hrsg.), Melanie Klein Heute, Verlag Internationale Psychoanalyse, München Wien, S. 130-147

Mentzos, S. (1983), Abwehrmechanismen. In: Mertens, W. (Hrsg.), Psychoanalyse. Ein Handbuch in Schlüsselbegriffen. Urban u. Schwarzenberg, München, S. 62-68

Mentzos, S. (1984) Neurotische Konfliktverarbeitung. Fischer, Frankfurt 1982

Mertens, W. (1990a), Einführung in die psychoanalytische Therapie. Bd. 1. Kohlhammer, Stuttgart Berlin Köln

Mertens, W. (1990b), Einführung in die psychoanalytische Therapie. Bd. 2. Kohlhammer, Stuttgart Berlin Köln

Mertens, W. (1991), Einführung in die psychoanalytische Therapie. Bd. 3. Kohlhammer, Stuttgart Berlin Köln

Miller, A. (1979), Das Drama des begabten Kindes und die Suche nach dem wahren Selbst. Suhrkamp, Frankfurt a.M.

Miller, A. (1981), Du sollst nicht merken. Suhrkamp, Frankfurt a.M.

Moser, T. (1987), Der Psychoanalytiker als sprechende Attrappe. Suhrkamp, Frankfurt a.M.

Moser, T. (1989a), Körpertherapeutische Phantasien. Suhrkamp, Frankfurt a.M.

Moser, T. (1989b), Psychoanalyse und Körper. In: Werthmann, H.V. (Hrsg.), Unbewußte Phantasien. Pfeiffer, München, S. 301-318

Moser, T. (1990a), Formen der Gegenübertragung in der psychoanalytisch orientierten Körpertherapie. Psychoanalyse im Widerspruch 2, S. 42-65

Moser, T. (1990b), Lehranalyse und Körperarbeit – Gegensatz oder Ergänzung? Statement zur Arbeitsgruppe beim DGPT-Kongress 1990 in Lindau

Moser, T. und Pesso, A. (1991), Strukturen des Unbewußten. Klett-Cotta, Stuttgart

Moser, T. (1992), Stundenbuch. Protokolle aus der Körpertherapie. Suhrkamp, Frankfurt a.M.

Müller-Braunschweig, H. (1986), Psychoanalyse und Körper. In: Brähler, E. (Hrsg.), Körpererleben. Springer, Berlin Heidelberg New York Tokyo, S. 19-33

Ogden, T.H. (1988), Die projektive Identifikation. Forum der Psychoanalyse 4, S. 1-21

Orth, I. (1992), Leibliche Begegnung. In: Buchheim, P., Cierpka, M., Seifert, Th. (Hrsg.), Lindauer Texte 1991. Liebe und Psychotherapie. Der Körper in der Psychotherapie. Weiterbildungsforschung. Springer, Berlin Heidelberg, S. 160-173

Peter, H. (1989), Integration von Psychoanalyse und Bioenergetik in der Person und Rolle des Therapeuten. In: Schweizerische Ges. für

Bioenergetische Analyse und Therapie, Körper und Seele. Alternativ-Verlag, Dortmund, S. 11-23

Petzold, H. (1984), Der Schrei in der Therapie. In: Sollmann, U. (Hrsg.), Bioenergetische Analyse. Synthesis, Essen, S. 79-98

Piaget, J. (1946), Psychologie der Intelligenz. Rascher, Zürich

Reich, W. (1971), Charakteranalyse. Kiepenheuer und Witsch, Köln

Reich, W. (1972), Die Funktion des Orgasmus. Fischer, Frankfurt a.M.

Reinelt, T. u. Gerber, G. (1990), Autogenes Training im Rahmen des genetischen Entwicklungsmodells "Spüren - Fühlen - Denken". In: Gerber, G. u. Sedlak, F., Autogenes Training - mehr als Entspannung - . Reinhardt, München Basel, S. 138- 143

Reinelt, T. u. Gerber, G. (1991), Der Beitrag der Funktionellen Entspannung zur Analyse und zum Wandel des Lebensstils. Zeitschrift für Individualpsychologie 16, Reinhardt, München Basel, S. 125-129

Rohde-Dachser, C. (1986), Ringen um Empathie. Ein Interpretationsversuch masochistischer Inszenierungen. Forum der Psychoanalyse 2, S. 44-58

Roth, N. (1986), Nachwort in: Moser, T., Das erste Jahr. Suhrkamp, Frankfurt a.M., S.149-190

Roth, N. (1991), Erfüllung und Begrenzung. In: Hoffmann-Axthelm, D. (Hrsg.), Der Körper in der Psychotherapie. Transform-Verlag, Oldenburg, S. 130-155

Russelmann, G.H.E. (1988), Der Energiebegriff in der Bioenergetik. In: Petzold, H. (Hrsg.), Integrative Therapie Zeitschrift für Verfahren Humanistischer Psychologie und Pädagogik. Junfermann-Verlag, Paderborn, S. 4-39

Salber, W. (1965), Morphologie des seelischen Geschehens. Henn-Verlag, Ratingen

Salber, W. (1969), Charakterentwicklung. Henn-Verlag, Ratingen

Salber, W. (1982), Der psychische Gegenstand. 5. erw. Aufl., Bouvier, Bonn

Salber, W., Rascher, G. (1986), Märchen im Alltag: eine empir. Untersuchung. Arbeitkreis Morpholog. Psychologie e.V. Köln

Salber, W. (1989), Die Wirklichkeit psychologischer Behandlung. In: Zwischenschritte – Beiträge zu einer morphologischen Psychologie, 8.Jg.

Salber; W. (1992), Einen Augenblick Stillstand (E. Hopper). In: Zwischenschritte. Beiträge zu einer morphologischen Psychologie 11. Bouvier, Bonn, S. 70-74

Sandler, J. (1976), Gegenübertragung und Bereitschaft zur Rollenübernahme. Psyche 30, S. 297-305

Schwieger, C. (1977), Bio-Energetik-Praxis. Sensus Fachbuchhandlung und Verlag für humanistische Psychologie Werner Flach KG, Frankfurt a.M.

Sies, C. und Nestler, V. (1992), Die psychische Realität der wechseljährigen Frau zwischen Illusion und Wirklichkeit. Psyche 46, S.366-387

Sies, C. (1993), Gefährliche Liebschaften. Vortragsveranstaltung des "Fördervereins für psychosomatische Medizin e.V." am 22.01.1993 an der Heinrich-Heine-Universität Düsseldorf

Spitz, R. (1976), Vom Dialog. Klett, Stuttgart

Sterba, R. (1934), The fate of the ego in psychoanalytic therapy. Int. J. Psycho-Anal. 15, S. 117-127; deutsch: (1934), Das Schicksal des Ichs im therapeutischen Verfahren. Int. Zschr. Psychoanal. 20, S. 66-73

Stoller, R.J. (1979), Perversion. Die erotische Form von Haß. Rowohlt, Reinbek bei Hamburg

Stolze, H. (1978), Konzentrative Bewegungstherapie. In: Eicke, D. (Hrsg.), Die Psychologie des 20. Jahrhunderts, Bd. III, Kindler, München, S. 1250-1273

Stolze, H. (1992), Der Körper in der Psychotherapie. In: Buchheim, P., Cierpka, M., Seifert, Th. (Hrsg.), Lindauer Texte 1991: Liebe und Psychotherapie. Der Körper in der Psychotherapie. Weiterbildungsforschung. Springer, Berlin Heidelberg, S. 106-108

Thomä, H. (1984), Der Beitrag des Psychoanalytikers zur Übertragung. Psyche 38, S. 29-62

Thomä, H. u. Kächele, H. (1985), Lehrbuch der psychoanalytischen Therapie 1 Grundlagen. Springer, Berlin Heidelberg New York Tokyo

Thomä, H. (1992), Der Körper in der Psychoanalyse. In: Buchheim, P., Cierpka, M., Seifert, Th. (Hrsg.), Lindauer Texte 1991: Liebe und Psychotherapie. Der Körper in der Psychotherapie. Weiterbildungsforschung. Springer, Berlin Heidelberg, S. 123-145

Ware, R.C. (1984), C.G. Jung und der Körper: Vernachlässigte Möglichkeiten der Therapie? In: Sollmann U. (Hrsg.), Bioenergetische Analyse. Synthesis, Essen, S. 225-251

Wienen, G. u. Janssen, P.L., (1989), Gruppenpsychotherapie bei Darmerkrankungen. Gruppenpsychotherapie und Gruppendynamik, Bd.25, S. 159-170

Winnicott D.W. (1984a), Reifungsprozesse und fördernde Umwelt. Fischer, Frankfurt a.M.

Winnicott, D.W. (1984b), Familie und individuelle Entwicklung, Fischer, Frankfurt a.M.

Winnicott, D.W. (1988) Von der Kinderheilkunde zur Psychoanalyse. Fischer, Frankfurt a.M.

Worm, G. (1990a), Psychoanalyse und Körperarbeit. In: Streeck, U. u. Werthmann, H.-V., Herausforderungen für die Psychoanalyse. Pfeiffer, München, S. 142-149

Worm, G. (1990b), Lehranalyse und Körperarbeit – Gegensatz oder Ergänzung? Statement zur Arbeitsgruppe beim DGPT-Kongress 1990 in Lindau

Worm, G. (1992), Über die Schwierigkeit therapeutischer Beziehung anhand des Schicksals der "Verführungstheorie". In: Hoffmann-Axthelm, D. (Hrsg.), Verführung in Kindheit und Psychotherapie. Transform-Verlag, Oldenburg, S. 64-78

Zwiebel, R. (1988), Einige Bemerkungen über die Rolle der projektiven Identifizierung in der analytischen Beziehung. In: Kutter, P., Paramo-Ortega, P., Zagermann, P. (Hrsg.), Die psychoanalytische Haltung. Verlag Internationale Psychoanalyse, München Wien, S. 259-277

Zwiebel, R. (1992), Der Schlaf des Analytikers. Die Müdigkeitsreaktion in der Gegenübertragung. Verlag Internationale Psychoanalyse, Stuttgart